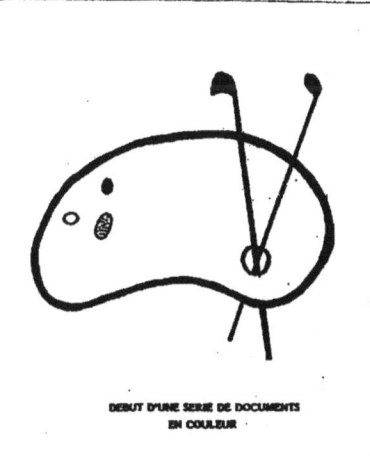

DEBUT D'UNE SERIE DE DOCUMENTS EN COULEUR

Couverture inférieure manquante

ERNEST BOSC
(J. MARCUS DE VÈZE)

DICTIONNAIRE
D'ORIENTALISME, D'OCCULTISME
ET
DE PSYCHOLOGIE
OU
DICTIONNAIRE DE LA SCIENCE OCCULTE

Tome II — I. - Z.

PARIS
CHAMUEL, ÉDITEUR
79, Rue du Faubourg-Poissonnière, 79
NICE
BUREAU de la CVRIOSITÉ
M.DCCCXCVI
TOUS DROITS RÉSERVÉS

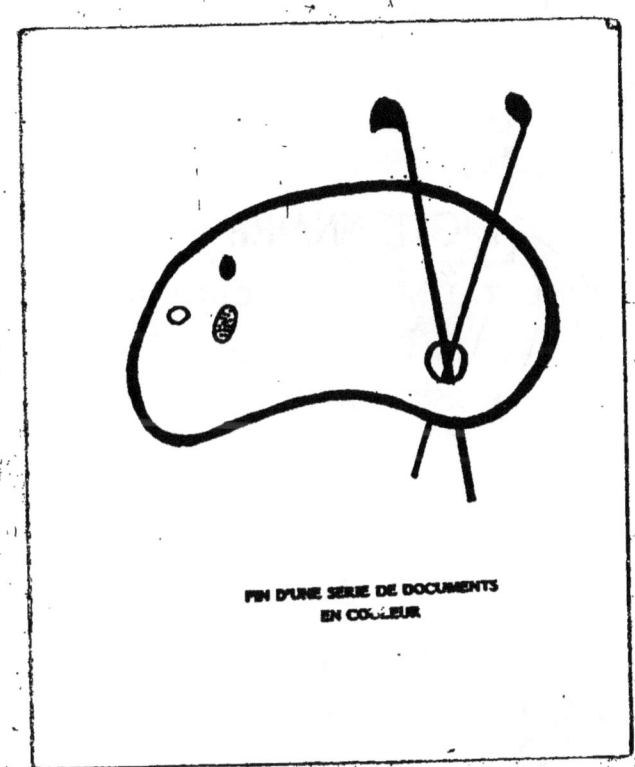

FIN D'UNE SERIE DE DOCUMENTS
EN COULEUR

DICTIONNAIRE
D'ORIENTALISME, D'OCCULTISME
ET DE
PSYCHOLOGIE

Imprimerie des Alpes-Maritimes et de la *Cvriosité*
Rue Saint-François-de-Paule, 16 — Nice

PRINCIPAUX OUVRAGES DU MÊME AUTEUR

Du Chauffage en général et plus particulièrement du chauffage à la vapeur et au gaz hydrogène. — Conférence faite à la société centrale des Architectes, le 10 janvier 1875. Br. in-8°, Paris, V° A. Morel et C¹°, Editeurs, 1875.— (Epuisée.)

Isis Dévoilée ou l'Egyptologie sacrée, 1 vol. in-8° de VI-304 pages avec un portrait de l'auteur. Paris, Chamuel, Editeur, 1892.

Addha-Nari ou l'Occultisme dans l'Inde antique, 1 vol. in-12 de XIV-359 pages, avec une planche en couleur, Paris, Galignani, 1893. — 2ᵐᵉ édition, Chamuel, 1894.

La Psychologie devant la science et les savants, 1 vol. in-18 de XVIII-300 pages, Paris, Chamuel, Editeur, 1894.

De la Vivisection, Etude Physiologique, Psychologique et Philosophique, 1 vol. in-18, Paris, Chamuel, Editeur, 1894.

Traité du Haschich, et autres substances psychiques, plantes narcotiques et herbes magiques, 1 vol. in-18, Paris, Chamuel, Editeur, 1875.

La Chiromancie Médicinale, Traité de la Physionomie, par Philippe May, avec un avant-propos et une chiromancie synthétique (Réédition) 1 vol. in-18 avec figures, Paris, Chamuel, Editeur, 1895.

HISTOIRE

Histoire Nationale des Gaulois, sous Vercingétorix, 1 vol. in-8° illustré de nombreuses vignettes, Paris, Firmin-Didot et C¹°, Editeurs, 1882 (en collaboration avec Bonnemère).

Précis historique de l'intolérance religieuse à travers les siècles.   (en préparation)

ERNEST BOSC
(J. MARCUS DE VÈZE)

DICTIONNAIRE
D'ORIENTALISME, D'OCCULTISME
ET
DE PSYCHOLOGIE
OU
DICTIONNAIRE DE LA SCIENCE OCCULTE

Tome II — I. - Z.

PARIS
CHAMUEL, ÉDITEUR
79, Rue du Faubourg-Poissonnière, 79
NICE
BUREAU de la CVRIQSITÉ
M.DCCCXCVI
TOUS DROITS RÉSERVÉS

Imprimerie des Alpes-Maritimes et de la *Cyriosité*
Rue Saint-François-de-Paule, 16 — Nice

DICTIONNAIRE
D'ORIENTALISME, D'OCCULTISME
ET DE
PSYCHOLOGIE

DICTIONNAIRE
D'ORIENTALISME, D'OCCULTISME
ET DE PSYCHOLOGIE
ou
DICTIONNAIRE DE LA SCIENCE OCCULTE

Iacha, Sans. — Serviteur de l'un des huit vaçous, de Paulastia.

Iachoda, Sans. — Nourrice de Krischna.

Iackchas, Sans. — Génies hindous qui distribuent aux hommes la fortune et font partie de la cour du Vaçou Paulastia. Voyez KINNARAS.

Iadavou, Sans. — Radjah de la race des Tchandravansi et chef de la famille des Iadavers, il était fils d'EIADIA, voyez ce mot.

Iadia, Sans. — Célèbre muni ou ascète, frère d'Eiadia et fils de Nagoucha.

Iadinadatta ou **Iadjnadatta,** Sans. — Fils d'un brahmane aveugle, qui fut tué involontairement par Daçaratha, au moment où il puisait de l'eau dans le fleuve Saraïou. — C'est un épisode du Mahabharata, qu'on peut lire en français dans la *Curiosité*, n° 126, à 128, c'est-à-dire du 3 avril au 8 mai 1895.

Iama, voyez Yama.

Iama-Loka, voyez Yama-Loka.

Iamapur, voyez Yama Loka.

Iamouna, voyez Yamouna.

Ianni, Sans.— Radjah hindou, fils de Sandjati.

Ibis. — Oiseau sacré des Égyptiens ; on l'élevait dans l'enceinte des temples. Quand il mourrait, on l'embaumait et l'on entourait son corps de bandelettes ; c'est l'échassier que les arabes modernes dénomment *Abou-hannès*.

Iça, Sans. — Un des surnoms de Çiva qui signifie littéralement : *Seigneur*.

Içani, Sans. — Un des noms de Bhavani, femme de Çiva. — Voyez Bhavani.

Ichthyomancie. — Art de deviner l'avenir par l'inspection des entrailles des poissons ou bien encore en observant leur mouvement dans l'eau ou à leur sortie si on les jette sur le gazon.

Içuara, Sans. — Un des surnoms de Çiva qui signifie *Seigneur*.

Iddhi. — Ce terme pali est synonyme du sanskrit *siddhi* et sert à désigner les facultés psychiques, les pouvoirs anormaux de l'homme. Il y a, nous dit La Voie du silence (1), deux espèces de siddhis : un groupe contient les énergies psychiques et mentales inférieures, grossières ; l'autre exige le plus haut entraînement des pouvoirs spirituels. Comme dit Krischna dans le Shrimad Bhagavat : « Celui qui est engagé dans l'accomplissement de Yoga, qui a soumis ses sens et concentré son esprit en moi, est un des yoguis que tous les Siddhi sont prêts à servir. »

Iddhividhanâna. — Terme pali qui sert à désigner l'Initiation aux secrets de la branche scientifique, contenue dans les livres sacrés Bouddhistes, secrets dont la pleine connaissance donne à l'homme des pouvoirs en lui latents qui lui permettent de produire des phénomènes particuliers, dénommés parfois *Miracles* dans d'autres religions. Ces phénomènes ne se produisent bien souvent que par l'application de certains secrets de la nature ou plutôt de certaines lois inconnues à la généralité des hommes. — Les Bouddhistes emploient deux moyens pour l'obtention de ces phénomènes, l'un nommé *Lankika*, c'est-à-dire l'art de produire les phénomènes à l'aide de drogues, par la récitation de *Mantras* (charmes), etc. ; l'autre appelé *Lokottara,* dans lequel le pouvoir

---

(1) *La voix du silence*, traduit et annoté par H. P. B.— Traduit de l'anglais par Amaravella ; petit.-in-8°, Paris, 1893.

en question est obtenu par le développement méthodique et rationel de certaines facultés internes de l'homme.

Les hommes qui obtiennent ces pouvoirs se livrent à une sorte de vie ascétique nommée *Dhyana.* — Le Lokottara une fois acquis ne se peut perdre, contrairement au Lankika. Buddha possédait ce pouvoir Iddhi. (Lokottara). — l'Iddhividhanâna est le second stade dans la voie de la sagesse (Bodhi).

Idiot ou **Innocent.** — Dans bien des pays, en Ecosse, par exemple, les gens du peuple loin de regarder comme un malheur d'avoir un idiot dans une famille, considèrent celui-ci comme un signe de protection. Cette opinion accréditée chez un grand nombre de peuples orientaux, l'est également en Provence, qui a tant tiré de l'Orient ; de là, le personnage introduit dans l'*Arlésienne* d'Alphonse Daudet.

Ifurin, Celte.— Nom de l'enfer Gaulois, région sombre et terrible dans laquelle n'arrivaient point les rayons du soleil ; cet enfer n'était pas un lieu, mais un état de misère et de ténèbres dans lequel se trouvait l'âme du mort avant d'arriver dans une situation meilleure.

Ignispicium, Lat. — L'art de deviner l'avenir au moyen du feu. L'ignispicium aurait été inventé par Amphiaraüs, fils d'Oïclès ou d'Apollon et d'Hypemnestre ; le célèbre devin grec ayant prévu l'issue de la fatale guerre de Troie, refusa d'y prendre part.

Ikchémavarma, Sans. — Radjah de la race lunaire, qui doit rendre le trône à son fils Ikchétrata, lequel alors donnera naissance à Viddiçara.

Ikchétrata, voyez l'article ci-dessus.

Ikchimadida, Sans. — Radjah de la race solaire, fils de Poundariga.

Ikachvakou, Sans. — Radjah hindou, fils de Vaivaçouta ; il fut père de cent fils qui régnèrent sur Aoude et Vitora pendant le Tetra-yug, le Duapara-yug et une partie du Kali-yug.

Ila, Sans. — Personnage mythique hindou, fille du Menu Vaivaçouta. A la prière de son père, elle fut changée en garçon par Vacikhtha, mais ayant passé dans un bois maudit par les Maharchis, elle redevint femme et se rendit amoureuse de Bouddha qui lui donna un fils dénommé Puru. — Après son accouchement, elle désira redevenir homme ; mais Bouddha ne consentit qu'à la rendre alternativement un mois homme et un mois femme. Sous sa forme masculine, on la nomme Sadumnica.

Illuminé. — Ce terme se prend en bonne et en mauvaise part ; aussi pour les uns, est-il synonyme de voyant et pour les autres synonyme de fou. — Au pluriel : *Illuminés*, désigne une secte, qui, en Allemagne, eut un moment une grande célébrité, car les illuminés possédaient la seconde vue ou *vue interne* et prophétisaient.

En 1575, Jean de Vilalpando et une carmélite du nom de Catherine de Jésus fondèrent, en Espagne, une société d'illuminés, mais qui fut bien vite détruite par l'Inquisition de Cordoue. Pierre Guérin ramena bien en France en 1632 les débris de cette société, mais Louis XIII rendit un édit pour leur dispersion.

Images de cire, voy. ENVOUTEMENT.

Immolation. — Cérémonie religieuse qui consistait à répandre sur la tête des victimes de la farine de pur froment mélangée à du sel, et que pour cela on nommait *mola salsa* ou simplement *Mola* d'où *Immolatio*, Immolation.

Immortalité. — Etat de ce qui ne meurt pas ; qui n'est pas mortel, qui vit par conséquent éternellement.

D'après les spiritualistes, l'âme de l'homme est immortelle, elle jouit du don d'immortalité ; c'est là un fait absolument certain, mais qui a été et sera encore longtemps controversé. Nous n'essaierons pas de discuter ici cette haute question de philosophie et de morale, il nous faudrait y consacrer beaucoup trop de pages et se serait du reste bien inutile puisque dans divers articles de ce *Dictionnaire*, le lecteur trouvera des arguments en faveur de l'immortalité de l'âme, mais nous donnerons en manière de conclusion une superbe page d'un très modeste auteur, qui a écrit tous ses livres comme médium mécanique ; or voici ce qu'Antoinette Bourdin de Genève, une spirite convaincue a écrit sur l'immortalité dans son livre *Cosmogonies des Fluides*, pages 78 et 79.

« L'immortalité est sans limites ; gardienne des mondes, des esprits et des hommes, de tout ce qui a reçu l'existence, l'immortalité s'identifie avec le fluide universel, qui alimente la vie, avec le fluide vital qui la distribue, et le fluide divin qui la purifie.

L'amour se repose dans son sein ; l'éternité lui ouvre ses horizons, le temps lui obéit.

L'immortalité s'étend sur le bien comme sur le mal ; elle ne dérange rien des lois naturelles, les conserve. Lorsque Dieu veut créer un nouveau monde, elle s'en empare aussitôt, parceque son avenir est vivant dans la pensée du Créateur ; l'éternité le déroule ; le temps, ce grand régulateur des destinées, le mesure ; l'avenir est dessiné, le passé est gravé ; elle les conserve au milieu de son mouvement lent et majestueux.

« L'Immortalité enveloppe toute la création et toutes les créatures ; les incrédules et les croyants, les méchants et les bons, les esprits supérieurs comme les esprits imparfaits, les meurtriers et les victimes, les nations amies ou ennemies, la mort, la vie, rien ne peut échapper à sa pénétrante influence, et c'est sur ses ailes que les êtres et les mondes accomplissent leurs destinées. »

Voilà une fort belle page, mais pour ceux de nos lecteurs qui voudraient étudier la question et avoir des preuves sur l'immortalité de l'âme, nous les renverrons à notre volume d'Addha-Nari, Chapitre XIX, page 246, et Ch. XX, page 260, in-8°, Paris, 1891, et 2° Ed. 1894.

Imprécations. — Sorte de menaces ou de conjurations prononcées contre les personnes ; les anciens avaient personnifié et même divinisé les imprécations sous le nom de *Diræ* ou *Deorum iræ*.

Incarnation. — Action de s'incarner, c'est-à-dire de devenir chair, de rentrer dans un *vêtement de peau*, suivant l'expression Biblique.— L'homme, avant de naître à la vie matérielle, vit dans l'astral, c'est-à-dire dans les espaces interplanétaires ; quand il meurt, il y retourne, de là des naissances successives dénommées incarnations et réincarnations. — Ces incarnations successives de l'homme sont absolument nécessaires à son perfectionnement, car la vie matérielle (sur le plan sthulique) est une sorte d'alambic ou une première distillation donne un liquide moins impur, une seconde distillation fournit un liquide plus pur. Pour arriver à l'essence supérieure, superfine, il faut distiller et redistiller un grand nombre de fois, c'est-à-dire vivre un grand nombre d'existences, d'où les nombreuses réincarnations, qui conduisent, suivant la Doctrine Bouddhique, l'homme à l'état de Bouddha, c'est-à-dire à un degré de perfection qui est le dernier chaînon de ses renaissances. Cet état met l'homme en possession du complet développement de ses facultés psychiques. — L'homme arrivé à ce point, à la *pleine connaissance* ou *conscience* qui précède l'état de Bouddha aurait, d'après les Bouddhistes, le pouvoir de contempler toutes ses existences passées. Ceci est parfaitement démontré par le passage suivant de la Bagavad-Gitâ (IV, yoga de la science, 5) :

« J'ai eu bien des naissances et toi-même aussi Arjuna ! Je les connais toutes ; mais toi héros, tu ne les connais point ! »

Incinération. — Action d'incinérer, c'est-à-dire de brûler, de réduire en cendres ; tout particulièrement : mode de sépulture qui permet de rendre rapidement à la terre la dépouille mortelle de l'homme. Si, au point de vue de l'hygiène, tout le monde est d'accord sur l'incinération des morts, au point de vue religieux, la question de la *Crémation des cadavres* a été fort discutée. Nous n'avons pas à en parler ici, car il nous faudrait absolument sortir des limites de notre cadre, aussi nous ne traiterons de l'incinération qu'au point de vue occulte ; mais il y a lieu de dédoubler la question, il faut l'examiner au point de vue du profane en occultisme, et à celui de l'Initié. — Un profane incinéré ne peut se communiquer aux personnes auxquelles il désirerait se manifester, ni dans les localités où il voudrait se montrer, car n'étant pas initié à la science occulte, il ignore absolument les moyens à employer pour produire les manifestations, c'est là peut-être pour le profane un inconvénient ; mais d'un autre côté, au lieu de souffrir et de pourrir longtemps en terre, comme s'il avait été inhumé, il ne souffre que pendant le temps fort court de l'incinération, c'est-à-dire de 35 à 45 minutes, ce qui n'est pas très-long ; c'est donc là un avantage.

Quant à l'*Initié*, par l'incinération, il n'éprouvera aucune souffrance, puisqu'il connaît le moyen de fuir sa coque, sa dépouille mortelle, en dégageant son périsprit, son astral et en le portant bien loin de sa coque, de son cadavre. D'où première utilité et agrément pour l'homme de se faire initier à la science occulte et de l'étudier à fond. Mais là ne se borne pas cette utilité. En effet, l'Initié sachant manipuler le fluide astral, l'*aither*, a ainsi la faculté de reconstituer physiquement son corps et de faire apparaître, s'il le veut, son Fantôme, comme du reste de pouvoir créer avec le même fluide, tout ce que lui suggère son imagination.

En résumé, l'incinération est douloureuse pour le profane ; peut l'être pour le demi-initié, à moins qu'elle ne soit pratiquée huit ou dix jours après la mort ; elle n'est nullement douloureuse pour le véritable initié, qui au moment de la mort possède assez de sang-froid pour reconnaître son véritable état.

Chez les Aryas pendant la Période Védique, seule existait comme sépulture, l'incinération. On brûlait les morts sur des bûchers, avec leurs vêtements et en accomplissant le sacrifice d'une vache, destinée à les accompagner dans un monde meilleur. C'était du reste le feu qui portait au mort sa nourriture, mais ce n'était pas un feu quelconque, mais bien celui de son bûcher et non celui qui porte l'offrande aux Dieux.

Du reste, les Aryas savaient fort bien que le mort n'était pas là où résidait ses cendres. Il habitait, selon eux, les régions supérieures dans lesquelles s'élève la fumée du bûcher. C'est cette même fumée produite par Agni *le porteur de chair*, comme ils le nomment, qui transportait le mort. Celui-ci pouvait en dehors du ciel habiter trois mondes et un séjour mystérieux : *le giron de* YAMA (voy. ce mot.) *qui conquiert les hommes*, séjour le plus reculé du ciel et qui est *la source invisible de la lumière et des eaux, où l'homme espère devenir immortel.*

Inconscient. — Principe que possèderait l'homme et qui dirigerait ses organes en dehors de lui, de sa volonté, de sa conscience, d'où le terme. Disons tout d'abord, que rien n'est moins prouvé que ce principe ; c'est une Ecole de néo-occultistes qui a créé le mot en ayant éprouvé une nécessité absolue pour expliquer certains phénomènes psychiques dit *spiritiques*. D'après ces néo-occultistes, l'homme possèderait plusieurs inconscients ; l'un organique ou matériel qui présiderait ici à la marche des organes et l'autre psychique ; le premier est dénommé par eux *Inconscient Inférieur*, et le second *Insconscient Supérieur*. Nous ne voyons pas bien pourquoi l'homme, s'il possède des inconscients, puisque inconscient il y a, n'en aurait que deux ; il est vrai qu'un seul d'après nous, serait suffisant, pour expliquer tous les phénomènes psychiques du spiritisme.

Incubes et **Succubes.** — Elémentaires qui ont le pouvoir de se manifester, de se matérialiser et d'avoir des rapports intimes : les *Incubes* avec des femmes, les *Succubes* avec des hommes. De ces unions pourraient naître des humains ; certains prétendent que Servius Tullius, roi de Rome, était le fils d'une esclave et d'un Salamandre ou démon incube. Un ouvrage des plus curieux sur la question de l'Incubat est intitulé *Démonalité, des Incubes et des Succubes* par le R. P. Sinistrari d'Ameno ; il en existe trois édition, Paris, Lisieux, éditeur, 1875, 1882 et 1884.

Individualité et Personnalité. — On confond beaucoup trop dans le langage ordinaire ces deux termes qui dans la science occulte ont deux sens bien déterminés.

La *Personnalité*, c'est la forme passagère et transitoire que le moi (l'Ego) revêt à chaque incarnation nouvelle et qui disparaît à jamais à la mort de l'individu.

L'*Individualité* est la longue vie, autour de laquelle s'enroulent nos existences successives, comme les grains d'un chapelet qui forment une suite non interrompue du premier au dernier grain.

Donc la *personnalité* meurt et change et ce qui est *individuel* ne meurt jamais et constitue cette ondulation qui pour les Bouddhistes part du Nirvâna pour y retourner, après une série d'épreuves et de successives transformations pendant la durée d'un Manvatara, voyez ce mot.

Indra, Sans. — Dieu de l'air et des saisons, régent de l'Orient et l'un des gardiens du monde. — C'est le premier des huit vaçous et passe pour le fils de Kaciapa et d'Aditi, pour l'époux d'Indrani, dénommée également Sarati ou Aindra ; il habite avec sa fille Devani dans l'Indraloka. Il a de nombreux surnoms ; en voici les principaux ; *Dives pitir*, le père du jour, d'où est venu sans doute Dispater, Jupiter, le Père des Dieux ; *Sahasruckcha*, le dieu aux mille yeux, *Souargaradjah*, le roi des Souargas ; *Legrchaba*, le Dieu de l'hiver ; *Pagachakna*, le dispensateur des saisons ; *Mégavahana*, le conducteur des nuages ; *Maroutra*, le venteux ; *Megahavan*, l'éthéréen, etc., etc.

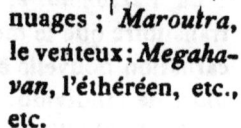

Indra est représenté comme un homme blanc avec quatre bras, il porte dans sa main droite la Foudre *(Vajra)* et monté sur un éléphant blanc ayant trois trompes et dénommé Airavata, Airavati et Irava ; voyez notre figure. On lui donne comme attribut, outre la foudre dont nous venons de parler, le croc et le lotus. D'autres représentations figurées, nous montrent le dieu les yeux bandés ; parfois il parcourt les airs sur le char rapide (*Vimana*), conduit par Matali.

Indrachina, Sans. — Radjah indou de la race solaire et père de Vidikotra.

Indradhiumna, Sans. — Monarque hindou qui reçut l'ordre de Krischna de bâtir un temple magnifique ; aussi ce roi éleva-t-il la pagode célèbre de Djahannathâ aujourd'hui Djagrenath ; c'est le temple le plus célèbre de l'Asie, surtout à cause des trois idoles qu'il renferme et dont la principale a des yeux de diamants. Ces trois idoles faites par Indradhiumna ont été taillées dans le bois de l'arbre sacré Vata ; on les nomme : Djagannathâ, Balabhadra et Soubhadra.

Indrani, Sans. — Femme d'Indra le Dieu de l'air.

Indratuima, Sans. — Radjah hindou qui fut métamorphosé en éléphant par Pradjapati Agastia ; après avoir essuyé un grand nombre de tribulations, il recouvra sa première forme.

Indriya Samvara Sila, Sans. — Règle à suivre pour arriver à réprimer ses sens ; c'est une des principales règles mise en pratique par les prêtres hindous.

Influence des astres. — Voici en quelques lignes, ce qui concerne les signes du Zodiaque relativement aux différentes parties du corps.

Le *Bélier* a reçu la tête en partage ; le cou, le *Taureau* ; les bras jusqu'à la naissance des épaules, les *Gémeaux* ; la poitrine, l'*Ecrevisse* ; les flancs et les épaules appartiennent au *Lion* ; les reins à la *Vierge* ; les fesses à la *Balance* ; les parties Génitales au *Scorpion* ; les cuisses au *Sagittaire* ; les genoux au *Capricorne* ; les jambes au *Verseau* ; les pieds aux *Poissons*.

L'Ecole de Salerne a établi le rapport du corps humain avec les signes du Zodiaque. Voici ce qui concerne ce sujet d'après la traduction française de Ch. Meaux Saint-Marc.

> Aux signes éclatants dont le ciel est paré,
> Dans ses membres divers l'homme s'est comparé ;
> Comme lui, le Bélier lève sa tête fière ;
> Le taureau de son cou dresse sa force altière ;
> Des bras unis aux mains les Gémeaux ont le don ;
> Du Cancer la poitrine enfle un large poumon ;
> Sur l'estomac, les reins, le Lion veut l'empire ;
> Sur le seul intestin, la Vierge le désire ;
> La Balance adopta fesses, côtés égaux ;
> Le Scorpion l'anus, les membres génitaux ;
> Sur les cuisses monté s'arme le Sagittaire ;
> Le Bouc sur les genoux saute non loin de terre ;
> Sur les jambes répand son urne le Verseau ;
> A la plante des pieds, les Poissons cherchent l'eau ;

Il existe à la Bibliothèque Mazarine, un manuscrit qui donne une figure représentant les rapports des douze signes du Zodiaque avec le corps humain qui a été reproduit dans un ouvrage de

M. Plytoff. Les sciences occultes, in-8° jésus, 1894, Paris, Librairie illustrée.

Les heures ont également une influence plus considérable qu'on ne le croit généralement sur les parties du corps. — Cf. Isis Dévoilée, page 248 et suiv., in-12, Paris, 1892.

Inhalation. — Moyen artificiel pour faire manœuvrer l'appareil respiratoire atrophié par la maladie ou la faiblesse anémique.

Dans une crise aiguë quelconque, l'inhalation est le meilleur moyen d'arrêter et de combattre le mal, de permettre aux forces de l'organisme de défendre la poitrine, jusqu'à ce qu'elle puisse reprendre, au moins en partie, son fonctionnement normal ; de plus l'air ingéré avec force réagit sur celui qu'infecte la cause du mal.

Si l'homme connaissait bien l'art de respirer, il n'aurait pas besoin d'employer l'inhalation. Voyez Respiration.

Iniangas. — Sorciers chez les Cafres Amazoulous, qui exercent principalement la médecine magique. — A. Delegorgue, *Voyage dans l'Afrique australe*, Tome II, p. 246.

Initiation. — Sorte d'éducation graduelle, où l'élève instruit tout d'abord de ses *possibilités*, au moyen d'un exposé dogmatique et encore hypothétique, développe en soi par ses propres efforts des facultés transcendantes, dont il ne possède actuellement que le germe, etc. — *Revue des hautes études*, p. 14, n° 1, 1886.

Il existe, du reste, deux genres d'initiation ; celle des *Petits mystères* et celle des *Grands mystères*.

La première de ces initiations ne comportait qu'une sorte de revue synthétique des sciences élémentaires, des principes généraux, partant peu définis de l'occultisme.

L'Initiation aux Grands Mystères, la grande Initiation ou plutôt l'*Initiation* tout court, embrassait la métaphysique des sciences dans leur grand développement, ainsi que la pratique de l'art sacré ou Occultisme.

L'art sacré était enseigné dans les temples par des professeurs hiérarchisés, qui faisaient passer le Néophyte par les degrés divers de l'Initiation.

La grande initiation était identique dans tous les sanctuaires occultes.

Initié. — L'Initié est celui qui a connaissance des Mystères, c'est-à-dire qui connaît la science occulte, l'art sacré.

Tel est le véritable Initié.

« L'Initié de haut grade, nous dit Anna Kinsford (1), est celui qui a pouvoir de commander aux Esprits élémentaux, et, par conséquent,

---

(1) *In* Lotus, 2° vol. n° 2, 7 août 1890.

celui qui peut imposer silence à la foudre, commander aux vagues et à la tempête. Il peut aussi rétablir dans le corps humain, l'équilibre rompu ; régénérer les organes et ramener la santé. Et tout cela, s'accomplit par l'exercice de sa propre volonté, qui met en mouvement le fluide magnétique.

« Une personne douée de tels pouvoirs, est une personne qui a à son actif des quantités d'*incarnations*. C'est dans l'Est (1), que de semblables personnes se trouvent principalement. Le sol, le fluide astral, sont, dans cette contrée de l'Orient, *chargés* de pouvoirs, si l'on peut parler ainsi ; ce sont autant de vastes batteries composées de nombreuses piles.

« Le *Hiérarch de l'Orient* est une âme développée, évoluée depuis les temps les plus lointains, et qui a l'aide magnétique d'âmes, encore plus anciennes que la sienne. La terre qu'il foule aux pieds est un *médium* chargé de force électrique à un tel degré, qu'on ne le retrouve nulle part.

« Le corps *Odique* ou *Sidéral* est le véritable corps de l'homme ; le corps phénoménal est secondaire.

« Pour gagner le *pouvoir* il faut, selon le langage symbolique des anciens mystères, avoir

---

(1) En Orient.

atteint l'âge de 33 ans. Cet âge est atteint, quand on a accompli les *douze* labeurs, passé les *douze* portes, vaincu les *cinq* sens et obtenu la domination sur les *quatre* esprits des éléments. Celui qui essaie, doit être né immaculé, baptisé par l'eau et par le feu, tenté dans le désert, crucifié et enterré. Il doit avoir reçu *cinq* blessures sur la Croix et avoir répondu au rébus du Sphinx.

« Quand ceci est accompli, on est libre de la matière et l'on n'aura plus jamais le fardeau du corps phénoménal.

« Qui peut atteindre à ce faîte ?

« L'homme qui est sans crainte et sans concupiscence, qui a le courage d'être absolument pauvre et absolument chaste ; à qui il est indifférent d'avoir de l'or ou non, des maisons et des terres, ou de n'avoir rien ; d'avoir une réputation dans le monde, ou d'être pour lui un paria. — Alors vous êtes volontairement pauvre.

« Il n'est pas nécessaire de n'avoir rien, mais il ne faut s'inquiéter de rien.

« Quand il vous est indifférent d'avoir un mari ou une épouse, ou de n'en avoir pas, d'être célibataire ou non ; alors vous êtes libre de toute concupiscence. Il n'est pas nécessaire d'être vierge, il est obligatoire de ne donner aucune prédominance à la chair. Rien n'est plus difficile que d'atteindre cet équilibre.

« Qui est celui qui peut se séparer de tous ses biens sans regrets ? Qui est celui que les désirs de la chair ne consument plus ?

« Vous, si vous avez cessé de vouloir posséder et si vous « ne brûlez plus. » Le remède est entre vos mains. C'est une dure et terrible épreuve, mais néanmoins n'ayez pas peur. *Tuez vos cinq sens* et *surtout le goût* et *le toucher*.

« Le pouvoir est en vous, essayez de l'atteindre.

« Prenez vos aliments pleins de vie, et ne laissez pas la mort les toucher : ne buvez rien de fermenté ; ne cherchez aucuns plaisirs sexuels qui affaiblissent la force magnétique de l'âme. — Si vous satisfaites le corps, vous augmentez ses désirs, ses besoins, le nombre de ses réclamations et le corps n'est que corruption. *Tuez le goût*, d'abord, puis après, le *toucher*... Je vous ai montré la voie joyeuse, voilà la voie douloureuse.

« Jugez si la résurrection vaut la passion.

« Quand un homme a atteint le *pouvoir*, il est libre et peut manger et boire ce qu'il lui plaît, mais tant qu'il est esclave des éléments, les « Elémentals » ont pouvoir sur lui.

« Hephaïstos », est un destructeur, et le souffle du feu est un souffle de mort. Le feu qui passe sur les éléments de vos aliments, les prive de leurs esprits vitaux et vous fait nourrir de *cadavres*, au lieu de choses vivantes.

« Et encore l'esprit du feu entre dans les éléments de votre corps, vous brûle et vous excite à la concupiscence.

« L'esprit du feu » est subtil ; c'est un esprit pénétrant et diffusible ; il pénètre toute matière sur laquelle il agit.

« Quand vous prenez une substance passée au feu, vous faites avec elle, pénétrer en vous l'esprit du feu, et vous vous l'assimilez avec la matière dont il est devenu une partie. »

Comme on voit, il n'est pas facile de devenir un initié, et c'est pour cela, qu'il y en a si peu et que le commun des mortels ne peut croire ni à leur existence et encore moins à leur haut pouvoir.

Aujourd'hui en occultisme, on désigne sous le nom d'Initié tout chercheur qui possède les données élémentaires de la science occulte ; l'initié est sur la bonne voie pour arriver à devenir ADEPTE, c'est-à-dire atteindre un haut degré d'élévation dans la science occulte, dans l'Esotérisme.

Intuition. — Dans le sens occulte celui dont nous nous occupons ici, on nomme *Intuition*, un sixième sens tout psychique qui permet à l'homme de voir sans ses yeux, d'entendre sans le secours de ses oreilles, etc. C'est ce qu'on nomme encore sens intérieur, qui est en voie de développement dans notre humanité.

Involution. — Descente de l'esprit dans la matière ; c'est le contraire de l'Evolution, voyez ce mot.

Iouddhichtira, Sans. — Muni, l'un des fils de Pandou.

Ioudhou, Sans. — Fils de Sandana, père de Dritarachtra et de Pandou.

Ioun, Héb. — Signifie jour ou plutôt *Evolution*, car Ioun correspondant dans la Bible à environ un jour de Brâhma, c'est-à-dire à l'évolution d'un cycle entier. Manvantara, voyez ce mot.

Irapadam, Sans.— Un des noms de l'éléphant d'Indra, d'Airavata ; c'est l'un des huit éléphants, qui soutiennent les mondes supérieurs ; voici les noms de ses sept compagnons : Anchanam, Boundarigam, Koumourdam, Pondiakendaman, Tcharouaboudam, Tchouk-Kiratibam et Vamanam.

On voit dans les temples hindous des représentations figurées de Irapadam.

Ironamaïa, Sans. — Fils du Radjah Aknidrouva.

Irri, Sans. — Corruption d'Hari, un des noms de Vishnu ; ce terme est usité à Ceylan seulement.

Isées. — Fêtes en l'honneur d'Isis la Bonne Déesse ; elles commençaient le 17 du mois d'Athyr par la simulation des Thrènes d'Isis (Lamentations d'Isis) ; puis le mois suivant, on figurait la recherche des membres d'Osiris, enfin le 7 de Tybi la sépulture de ce Dieu. Le 30 du mois d'Epiphi, des réjouissances avaient lieu en l'honneur de la naissance d'Arouère, c'était la dernière fête Isiaque.

Isiaques. — Prêtres de la Déesse Isis. On les représente vêtus d'une longue robe de fin lin blanche ayant une besace et une clochette à la main.

Isis. — Déesse égyptienne personnifiant la puissance génératrice et fécondatrice de la nature ; c'est Cérès, l'Alma parens, etc.

Israël. — Ce terme dérivé de l'hébreu de *Iswara-El* signifie Esprit royal de Dieu, Intelligence suprême ; le peuple d'Israël était donc le peuple de Dieu, le peuple de l'intelligence divine.

Ithyphalle, Ithyphallos, Grec. — Ce terme est un surnom de Priape, qui lui est donné à cause d'un organe de ce Dieu.

Izeds, Zend. — Génies Parsis de deuxième classe qui viennent immédiatement après les sept Amchaspands, et leur servaient de ministres, les izeds étaient eux-mêmes secondés par les Hamkars ou serviteurs subalternes. — Ce sont les

Izeds qui sont chargés d'amener les âmes au pont de Tchinevad ou Tchivât ; ils sont au nombre de vingt-huit. Voici les noms de ces génies bienfaisants : Aban, Achtad, Ader, Anhadid, Anirham, Ard, Ardviçour, Asman, Barzo, Behrain, Dahman, Din, Farvardin, Goch, Gochoroun, Khorchid, Mauresfand, Mirh, Nériocengh, Parvand, Ramechne-Karom, Rachné-Rast, Seroch, Vad, Vanant ; les trois izeds femelles sont : Arching, Mah et Zémiad.

Jabamniah, Héb. — Terme sacré de la cabale dont la signification n'est pas connue.

Jalendra, Pali. — Géant hindou que la légende nous montre comme invulnérable. Il fut tué cependant par Vishnu, parce qu'il avait osé convoiter Bhavani ; ce désir coupable avait détruit le charme auquel était attaché la vie de Jalendra.

Jambavan, Sans. — Père de Jambavati et le roi des ours ; il seconda Rama dans la guerre de Lanka.

Jamblique. — Philosophe Néo-Platonicien du IV° siècle, disciple de Porphyre. Il naquit en Syrie, mais on ignore où il est mort et à quelle époque. Il avait beaucoup étudié l'astrologie et a écrit un volume célèbre qui a pour titre : *De mysteriis Œgyptiorum, Chaldœorum, Assyriorum*, in-16, 1607.

Jambrès et **Jamnès**. — Noms de deux magistes égyptiens qui luttèrent de savoir avec Moïse devant le Pharaon ; ce sont deux des plus anciens mages connus et nommés dans les livres saints.

Jammabos, Jap. — Anachorètes de l'Orient qui connaissent beaucoup de magie et de science occultes. — Ils diffèrent des Munis de l'Inde, en ce qu'ils se nourrisent de viandes. Ils passent leur vie en pèlerinage dans des lieux saints.

Jean. — Il existe un grand nombre de personnages ainsi dénommés, qui appartiennent directement au sujet traité dans cet ouvrage ; nous allons passer en revue très brièvement les plus célèbres : JEAN, magicien, disciple d'Apollonius de Tyane, acquit une grande célébrité par ses cures vraiment merveilleuses ; il séjourna longtemps à Lugdunum (Lyon). — JEAN XXII, qui fut Pape pendant 18 années, était un alchimiste remarquable ; il est l'auteur d'un Livre, intitulé : l'*Elixir des Philosophes* ou l'*Art transmutatoire des métaux* ; ce livre a été traduit du latin, in-12, Lyon, 1557. — Jean XXII, qui s'occupait aussi d'astrologie est mort vers 1334. — JEAN DE MEUNG, alchimiste distingué est auteur du *Roman de la Rose* ; il le composa n'ayant que 17 ans. — JEAN de Milan, célèbre astrologue du XVᵉ siècle, prédit l'heureuse issue de la guerre du Pérou, entreprise par Fernand Cortès. — Jean de Sicile, astrologue et théologien, prédit par son art le couronnement de l'Empereur Sigismond.

Jéchidaou ou **Yechidah**. — Ce terme signifie littéralement *Unité en soi* ; c'est la troisième puissance de Meschamah, le neuvième élément dans l'homme d'après la Kabbalah.

Jéhovah, Iévé, Hébr. — Nom du Dieu ou plutôt du Démiurge des Hébreux. C'est un nom sacré, très utilisé dans les conjurations magiques ; on le lit dans tous les grimoires.

Jeu. — Nous n'avons à nous occuper ici que d'un terme de cartomancie connu sous le nom de *Grand Jeu* et *Petit Jeu*. — Sous le nom de Grand Jeu, on désigne la consultation des cartes qui se fait à l'aide du jeu de tarots ou *Grand Livre de Thoth* ; mais, à la rigueur, on peut aussi faire le grand jeu avec les 52 cartes du jeu de Whist ou de Boston. Cependant les personnes qui désirent des consultations complètes doivent, sans contredit, préférer le système des 78 cartes, appuyé sur les principes et les règles de la cartomancie d'Aliette dit Etéilla (voy. ce mot) soit 78 lames du grand Livre de Thoth.

Pour le *Petit Jeu*, on prend un jeu de piquet composé de 32 cartes, celles-ci battues, coupées et assemblées, on fait deux tas à peu près égaux ; le cartomancien demande au consultant de choisir le tas qu'il désire. Le tireur de cartes retire la première carte du tas choisi et la met de côté, comme carte de réserve ; puis, le cartomancien retourne le reste du paquet choisi et il donne l'explication, d'après le sens des cartes.

Dans le grand jeu de tarot ; on nomme *Arcanes majeures* les vingt-deux lames du tarot qui correspondent aux 22 caractères hébraïques.

Jhana. — Etat d'élévation intellectuelle qui permet à celui qui l'atteint de se rappeler et de pouvoir retracer ses existences antérieures, c'est-à-dire l'*ondulation vitale* depuis son origine.

Jiva ou **prana.** — Termes sanscrits qui signifient *Vitalité*, c'est un des sept principes qui entrent dans la constitution de l'homme parfait, et qui transforme la matière inerte et en fait une *force*, qui a tant d'affinité pour la matière inerte quelle ne peut être séparée d'une masse quelconque à laquelle elle adhère, sans se précipiter instantanément sur une autre masse ou particule d'une masse, pour se combiner avec elle. Aussi, quand le corps d'un homme est mort la *Vitalité* qui adhère à chacune des particules de son corps va se joindre à de nouveaux organismes au fur et à mesure que se produit la décomposition ou dispersion de ce corps.

Dans la *crémation* ou *incinération* des corps, la *vitalité* qui est indestructible, s'envole immédiatement et se dirige vers un corps conforme à ses affinités. — D'après le Bouddhisme ésotérique, cette vitalité s'envolerait vers le corps de la planète, duquel elle est venue, pour entrer dans de nouvelles combinaisons conformes à ses affinités. Les autres principes qui entrent dans la Constitution de l'homme parfait sont : Rupa, Linga Sharira, Kama-Rupa, Manas, Buddhi et Atma. (Voyez ces mots) et Incinération.

Joghi, voyez Yogui.

Johilla, Sans. — Personnage mythique ; suivante de Nasmada femme hindoue ; elle avait été chargée par celle-ci de négocier son union avec le dieu Soana, mais la suivante se fit passer auprès du Dieu, pour Nasmada même et s'en fit aimer. Sa maîtresse furieuse châtia Johilla et elle pleura si abondamment que ses larmes formèrent une rivière qui porte son nom.

Jours, voyez Ages.

Jouvence, voyez Fontaine de Jouvence.

Kabbalah, kabbale. — Voyez Cabale.

Kacher. — Nom d'un vieillard divin auquel les habitants de Kachemire attribuent leur civilisation. Il apparut sur la terre pendant un grand déluge, et pour la purger des eaux, il scinda en deux le mont Baramonté.

Kaciapa, Sans. — Personnification de l'espace déifiée. Ce Dieu est le fils de Maritchi et de Dakcha et petit-fils par conséquent de Brâhma.— Il fut le mari de douze femmes parmi lesquelles figurent Aditi ou Diti *la Noire*, qui rendit Kaciapa père des Daïtias ; voyez ce mot.

Kadroma, Thib.— Personnage de la mythologie lamaïque, c'était la femme de Tsenréci ; elle s'était incarnée dans un singe femelle Bradimno et donna ainsi naissance à l'espèce humaine.

Kaiomords ou **Kaiomorts,** Zend. —Ce serait le nom du premier homme, selon le Zend-Avesta, il serait né *(sorti)* de l'épaule droite du taureau Aboudad, au moment où Gochorum, le génie de toute création animale serait sortie de l'épaule gauche du même taureau. — Parvenu à l'âge de 30 ans, Kaiomords tomba sous les coups d'Ahrimane et de ses Dews, mais il ne purent cependant détruire l'espèce humaine dans Kaiomords, parce qu'il fut protégé par Ormuzd.

Kaka-Bhouçonda, Sans. — Première incarnation de Brahma, qui dans le Satia-yug apparut sous la figure d'un corbeau du nom de Kaka-Bhouçonda.

Kala, Sans. — Un des noms de Çiva.

Kala-Savana, Sans. — Allié de Djaraçanta, qui fut réduit en cendres par Krischna contre lequel il s'était mesuré.

Kalama-Sutta, Sans. — Ouvrage remarquable de Bouddha qui se termine ainsi : « Je vous ai enseigné à ne croire qu'à ce qui ne répugne pas à votre propre conscience, mais aussi vous devez absolument conformer vos actes aux préceptes que vous avez admis.

Kalapani, Sans. — Ce terme signifie littéralement : Eaux noires de l'Océan.

Kali, voyez Cyana et Mahakali.

Kalia ou **Kalya,** Sans. — Dans la mythologie Bouddhique, on désigne sous ce terme le grand serpent *(Ananta)* vaincu par Krischna et chassé de la rivière Yanuma dans la mer, où Kalia prit pour femme une sorte de sirène, de laquelle il eut une nombreuse famille.

Kalika, Sans. — Nom que prit Bhavani après avoir mis au monde Ambica-Kauciki.

Kalindi, Sans. — Une des deux femmes de Bahou et mère de Sagara, Radjahdaladhia. — C'est aussi le nom d'une concubine de Krischna.

Kali-yug ou **Kaly-yug,** Sans. — Espace de temps qui doit durer 432,000 ans ; c'est littéralement l'âge noir, dont les 5,000 premières années ne seront écoulées qu'en 1897.

Kalki ou **Kalkim,** Sans. — Mot à mot, *celui*

que l'on attend, sur le cheval blanc de l'apocalypse. C'est la dixième incarnation de Vishnu (son dixième *avatar*), elle est encore à venir. —
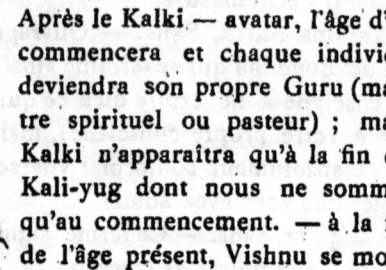
Après le Kalki — avatar, l'âge d'or commencera et chaque individu deviendra son propre Guru (maître spirituel ou pasteur) ; mais Kalki n'apparaîtra qu'à la fin du Kali-yug dont nous ne sommes qu'au commencement. — à la fin de l'âge présent, Vishnu se montrera sous l'aspect d'un cheval blanc, d'une blancheur éclatante, il sera précédé d'un génie portant un glaive, voyez nos figures. Sitôt que ce coursier aura touché terre, celle-ci tombera en poussière. Le serpent Adicéchen aidera Vishnu

dans son œuvre de destruction, en incendiant tout par les torrents de flammes qui jailliront de sa gueule. Cependant au milieu de cet embrasement général, les semences de toutes choses seront recueillies dans le Lotus et de ces germes naîtra un monde nouveau.

Kalpa, Sans. — Longue période de temps composée de périodes moindres dénommées MANVANTARAS, ceux-ci à leur tour comprennent des périodes plus courtes dénommées *Yugs*.

Il y a eu deux Kalpas : le Brâhma Kalpa et le Mahakalpa.

Il y a quatre Yugas : le Kali-yuga ou l'âge noir qui embrasse 432,000 ans ; le Dwapara-yuga qui comprend 864,000 ans le Tetra-yug qui comporte, 1,296,000 ; enfin le Krita-yuga ou Critayuga qui embrasse 1,728,000 ans.

Les quatres Yugas réunis fournissent une somme totale de 4,320,000 ans qui constituent le Kalpa dénommé Maha-Yug. — Le Brahma Kalpa est un jour et une nuit de Brahma, il comporte quatorze Manvantaras ou quatorze périodes d'un siècle de Manou qui est égal à soixante et onze Maha-Yugas.

Kama. — Dieu de l'amour en Perse et dans l'Inde ; dans le premier de ces pays, on le représente perçant le cœur à l'aide de fleurs pointues avec un arc fait avec une canne à sucre. — Dans l'Inde, Kama est fils de Kaciapa et de Maïa. Il embrasa Brahma et les Bramadikas d'une passion incestueuse pour Sandia (fille de Brahma) et rendit Çiva amoureux de Bhavani. — Pour le punir Çiva le réduisit en cendres par un seul de ses regards, ainsi que sa compagne Rati. Mais l'amour se réincarna bientôt, il naquit de Krischna et de Roukmini. Il prit alors le nom d'Adhioïoni. Voici les principaux surnoms de Kama: *Ananga*, (sans corps) *Dépaka*, (enflammé) *Manmadin*, (guérisseur) ; etc.

Kamadhénon, Sans. — Vache ailée que les légendes Vischnuïtes nous disent être née au milieu de la mer de lait, ce serait une sorte de Vénus ou d'Isis.

Kamalaoéna, Sans. — Un des surnoms de Brahma qui signifie littéralement *Assis sur le Lotus.*

Kama-Loka, Sans. — Monde du désir et de la passion des goûts terrestres non satisfaites. C'est le séjour des esprits, des élémentaires, des fantômes et des suicidés.

Kama Rupa, Pali. — *L'âme animale,* c'est-à-dire l'un des principes qui appartient à la plus haute nature de l'homme; d'autres principes inférieurs sont : RUPA *(le corps)* JIVA *(la vitalité)* et LINGA SHARIRA *(le corps astral)*. L'âme animale est considérée comme le véhicule de la volonté aussi la surnomme-t-on, *le corps du désir* ; c'est le point central des sept principes, qui constituent l'homme parfait. On le considère comme l'axe autour duquel pivotent les six autres principes. Le *Kama-Rupa* est le siège des désirs sensuels, c'est une puissance qui agit en maître absolu et qui tend à élever l'homme ou à l'abaisser suivant que ce *corps du désir* se dirige vers les parties matérielles ou vers les éléments supérieurs. — Voyez Manas, Buddhi et Atma.

Kaméoth, Héb. — Ce terme qu'on retrouve souvent dans la Kabbalah est synonyme de notre terme amulette.

Kamis, voyez Camis.

Kammouva, Pali. — Ouvrage écrit en langue pali ; c'est le code des rites et cérémonies à exécuter pour élever aux ordres majeurs un prêtre de Bouddha.

Kamlât. — Evocation magique des mauvais esprits, chez différents peuples de l'Orient ; elle est précédée chez les arabes de percussions sur la darbouka ; d'autres peuples frappent sur une sorte de tambour de basque.

Kamotken.— L'un des quatre Camis du trente-troisième ciel.

Kandarpa, Sans — Un des surnoms de Kama : Dieu de l'amour hindou.

Kanjur. — C'est le Tanjur des Bouddhistes du Nord, il ne comprend pas moins de 325 volumes.

Kansa, Sans. — Fils d'Ougracena, roi de

Madoura ou Mathoura et antagoniste de Vishnu. Un devin lui ayant prédit qn'il serait détrôné par son neveu, le fils de sa sœur Dévaki, il essaya de faire périr cet enfant, qui n'était autre que Krischna ; aussi après une lutte inutile, il fut tué par Krischna.

Kansama, Hind. — Chef de la domesticité dans bien des pays de l'Orient ; c'est la même appellation en hindoustani que celle de Dobachy en Tamoul.

Kaouchiki, voyez AMBICA.

Kaoumari, Sans. — L'une des huit *matris* ou énergies personnifiées ; elle préside à l'Occident.

Kapila, Sans. — Muni hindou, célébré dans les légendes et qui passe pour un des sept grands Richis, tantôt comme une incarnation d'Agni ou même de Vishnu. Fondateur d'une philosophie dénommée *Sankhya*, Kapila est aussi l'auteur d'une collection de Soutras divisée en six livres, c'est encore ce muni qui vola le cheval destiné par Sagara à l'AÇVAMEDHA (voy. ce mot) et qui réduisit en cendres soixante mille Sagaravanças.

Karana-Sharira. — Corps lumineux des êtres qui habitent dans le monde des Dévas.

Karma, Sans. — Les Théosophes hindous désignent sous ce terme, *la loi de la cause et de l'effet*, loi qui s'accomplit au cours des réincarnations. — Cette doctrine est celle d'un déterminisme relatif qui, dans chaque incarnation, peut être modifiée par la ferme volonté de l'individu. Les pensées, les paroles, les actions sont les causes déterminantes du Karma. — Une fois que l'âme humaine a été lancée dans le courant de l'évolution, elle traverse comme individualité des périodes alternatives d'existences physiques et spirituelles. — Ce mot possède donc un double sens ; il signifie la *loi de Causalité* et c'est aussi le *Doit* et *Avoir* ou la balance du mérite ou du *démérite* de l'individu.

Au commencement de chaque nouvelle incarnation, c'est la loi du Karma qui détermine le genre de *personnalité* que notre *individualité* assume en revenant sur la terre ; c'est le *Karma* en un mot, qui décide *où* et comment, c'est-à-dire dans quelles conditions, le *réincarné* doit naître. Cette loi du Karma est inflexible mais d'une absolue justice, suivant la façon dont l'homme a vécu, elle détermine les joies et les douleurs de chaque nouvelle incarnation.

Voici d'après M. Sinnett la définition du *Karma*.

« Karma est une expression collective qui dénomme un *groupe d'affinités bonnes* ou *mauvaises* générées par l'Etre humain durant la vie terrestre, et dont le caractère s'imprime pour ainsi dire, dans chaque molécule du cinquième principe (l'âme humaine) auquel il reste inhérent pendant toutes les périodes de changement que ce dernier traverse, depuis le moment où il sort de la vie objective jusqu'à ce qu'il y rentre. »

C'est le Karma qui donne à l'âme humaine l'impulsion directrice vers les affinités qui la sollicitent ; guidée par ces affinités karmiques, l'âme passe d'un plan ou d'une condition de la nature à un autre plan ou à une autre condition. — Dans chacune de ses incarnations, elle vit la vie que son Karma a déterminée. Après chaque existence physique, elle retourne à une existence spirituelle, mais après avoir traversé une région intermédiaire (état) dénommée dans la Philosophie Bouddhique Kama-Loka, voyez ce mot.

Kartika, Sans. — Nymphes qui élevèrent et firent l'éducation de Kartikeia ou Skanda. — C'est également aux Indes, le nom d'une constellation.

Kartikeya, Sans. — Divinité Hindoue qui commande aux génies, on la représente parfois avec deux faces et plusieurs bras armés de massues et de flèches ; souvent aussi elle n'a qu'une face et deux bras et elle est montée sur un paon. (Voyez notre figure page suivante). Bien des mytholographes l'identifient ou la confondent avec Skanda ; nous croyons que c'est là une erreur ; voy. Skanda.

On la confond aussi avec Sarawati, parce que

la monture de cette divinité est également un paon ; voyez Sarawati et la fig. qui l'accompagne.

Kartum, Héb. — Aben-Esra pense que le terme *Kartum*, au pluriel Kartumim désignait les tireurs d'horoscopes ; évidemment, on peut admettre cette interprétation, car les magistes ou magiciens versés dans l'astrologie pouvaient fort bien tirer des Horoscopes, voyez ce mot.

Kartikeya

Katapontana. — Esprits malfaisants de la mythologie Hindoue.

Kaustcubba. — Nom hindou du joyau que Vishnu porte parfois sur sa poitrine et qui est placé entre ses *Cri-Vatsa*.

Kchatriya, voyez Tchatriya.

Késava, Sans. — Un des surnoms de Vishnu, qui signifie à la longue chevelure.

Kélaça ou **Kélasa,** Sans. — Sorte d'Olympe hindou.

Képhalomancie et **Képhalonomancie.** — L'art de divination au moyen d'une tête d'animal quelconque *Képhalomancie*, ou d'une tête d'âne *Képhalonomancie*. Tandis que les Lombards employaient une tête de chèvre, les Germains faisaient cuire une tête d'âne et, en arrachant la chair cuite, ils en tiraient divers présages.

Kernunos ou **Cernunnos**, Celte. — Dieu Gaulois qu'un bas-relief trouvé dans les abords de N.-D. de Paris nous montre ayant des cornes et des oreilles d'une bête fauve.

Kési, Sans.— Sorte de Centaure, génie du mal tué par Krischna.

Kessini, Sans.— Epouse de Sagara roi d'Alodhia et fille de Vidharba.

Khahho-manson.— Prince des grands singes. Il s'était voué à la vie ascétique, un jour se rendant en un lieu pour rendre hommage à Bouddha, il tomba dans un puits et s'y noya.

Khara, Sans. — Frère de Ravana qui fut vaincu et tué par Rama ; c'est aussi le nom d'un mauvais génie tué par Krischna.

Khédes, voyez FONTAINE DE JOUVENCE.

Khem, Egyp. — Divinité Ithyphallique, qui représente la Divinité dans son double rôle de père et de fils : comme père, il est appelé *mari de sa mère*, les textes égyptiens emploient même un mot plus naturaliste. Comme fils, il est assimilé à Horus. Ce Dieu symbolise la force génératrice, principe des naissances et des renaissances, survivant à la mort, mais stationnant un certain temps dans un état d'engourdissement ou d'extase ; (état de *Samadhi* en occultisme hindou). Le Dieu ne parvient à vaincre cet état d'engourdissement, que quand il a recouvré l'usage de son bras gauche ; car nous devons ajouter qu'on représente Khem ou *Ammon-Générateur* debout, le bras doit élevé dans l'attitude du semeur, tandis que le bras gauche est enveloppé comme tout son corps de bandelettes, à la manière d'une momie ; seul le bras droit est dégagé, tandis que le gauche est censé serré sur le corps par des bandelettes ; c'est ce qu'explique très-bien le passage du chapitre CLVIII, du *Livre des Morts*, dans lequel chapitre, le défunt s'écrie : « *O mon père, ma sœur, ma mère Isis ! Je suis dégagé de mes bandelettes, je vois, et il m'est accordé d'étendre le bras (le bras gauche). Je vois Seb*..... »

D'après quelques archéologues, Khem symboliserait aussi la végétation ; nous ne saurions rien affirmer à ce sujet. Son rôle de générateur, au contraire est incontestable, car les représentations figurées de ce Dieu, ne permettent pas de le mettre en doute.

Khôdom (PHRA). — Fondateur du Bouddhisme siamois ; quatrième Bouddha de l'âge actuel du monde.

Khons, Egyp. — C'est l'Harpocrate Thébain, le troisième membre de la Triade Thébaine : Ammon, Maut, Khons. Khons-Thot joue un rôle lunaire. Il est vénéré sous les noms suivants : *Khons en Thébaïde, bon protecteur ; Khons conseiller de la Thébaïde, qui chasse les mauvais esprits.*

Khorchid, Zend. — Nom du soleil dans la mythologie Parsi ; il habite une sphère dénommée Khorchidpaï, située au centre du monde.

Khordad, Zend. — Sixième Amchaspand, identifié avec l'eau ; il préside aux jours, aux mois, aux années ; il a trois Hamkars, ce sont : Ardabfréoech, Bad et Tacheter.

Khouçor, Chousoros, Phén.— Dans la mythologie Phénicienne, ce terme désigne la première émanation de l'essence céleste.

Kimpuruchas, Sans. — Génies hippocéphales, qui font partie du chœur des musiciens de la Cour d'Indra.

Kinchok, Thib. — Un des noms thibétains de Bouddha.

King, Chinois. — Livres chinois classiques et sacrés au nombre de cinq, transmis par Confucius et ses disciples, et qui remontent à une très haute antiquité ; ce sont les plus anciens monuments de la littérature chinoise. Le plus estimé des *Kings* et celui qui est le plus important au point de vue occultiste, c'est le yih-king ou *Traité des transformations*.

Kinnaras, Sans. — Génies hindous qui forment avec les Iakchas la cour du vaçou Paouastia ; ils chantent ses louanges.

Kissen. — Un des surnoms de Vishnu.

Knef ou **Cheph**, Egyp. — Dans la mythologie Egyptienne, c'est l'Etre suprême, le Créateur des Mondes. D'après les livres d'Hermès, il apparut ainsi : « Des ténèbres infinies étaient répandues sur l'abîme, les eaux les couvraient et un esprit pur et subtil, une haute intelligence résidait au sein du chaos par la puissance divine... Tout à coup, brilla au sein de la nuit éternelle un rayon sacré, lumière suave, réjouissante, ineffable, la lumière primitive qui est Knef, plus ancien que l'humide que l'eau primordiale venue de la nuit. Un grand mouvement, une agitation inexprimable se fit dans l'humide ; il s'éleva une vapeur et un grand bruit et de celui-ci partit une voix, comme la voix de la lumière et par cette voix fut articulée la parole : le *Verbe*. »

Kobolds. — Sortes de gnomes, protecteurs des mines, dans lesquelles ils vivent et dont ils semblent surveiller les travaux. Suivant que le mineur est bon et honnête, méchant et peu probre, ils l'aident ou le contrecarrent.

Kolpia, Phén. — Principal Dieu de la mythologie Phénicienne, l'époux de Baau ou Baal et père d'Eon et de Protogone.

Kondanya, Sans. — L'un des cinq compagnons du disciple de Bouddha, le plus âgé, qui fut le premier à suivre la route qui mène à l'état d'Arahat, voyez ce mot

Kouan, Chinois. — Livres appendices dénommés aussi les *dix ailes*, dont Confucius serait l'auteur. — Ces appendices seraient joints aux Héxagrammes connus sous le nom de *Yih-King*.

Koucha, Sans. — Nom du fils de Krischna.

Kouhou, Sans. — Dans la mythologie hindoue, ce terme désigne la déesse du jour dans lequel apparaît la nouvelle lune.

Koundalini, Sans. — Littéralement, le *pouvoir enflammé*, qui habite la chambre intérieure du cœur, dénommée en sanskrit *Brahma puri* ; ce terme désigne également la ville capitale de Brâhma. — Dans l'ésotérisme hindou, Koundalini est dénommé le *pouvoir serpentin*, le pouvoir annulaire à cause de son travail ou progrès s'effectuant en spirale dans le corps du yogui, qui a la faculté de développer ce pouvoir en lui même. « C'est un pouvoir électrique, igné, occulte ou fohatique, la grande force primitive cachée sous toute matière organique ou inorganique » nous dit la *Voix du silence*. — Koundalini est aussi dénommée *Pouvoir* et *Mère du Monde* ; ce pouvoir mystique ou forces des yoguis, c'est encore Buddhi considéré comme principe actif, au lieu du principe passif; c'est alors une force électro-spirituelle, un pouvoir créateur, qui, une fois éveillé à l'activité, peut aussi bien tuer que créer, la destruction étant dans bien des cas, une des formes de la création.

Kounti, Sans. — Femme de Pandou, de qui elle eut les trois Pandavas : Iouddichthira, Bhima et Ardjuna ; amante de Suria, elle eut de celui-ci, un fils nommé *Karna*.

Kourma-Avatar, Sans. — Seconde incarnation de Vishnu, qui transformé en tortue, soutint le monde ébranlé lors du barattement de la mer de lait pour obtenir l'Amrita, voyez ce mot.

Kourous, Sans. — Race de guerriers hindous.

Kousti, Pers. — Quand les jeunes filles persanes ont atteint l'âge de 15 ans et sont déjà nubiles, elles doivent ceindre comme les garçons, le *Cordon sacré* ou *Kousti*. Il n'est permis de dénouer ce cordon que la nuit. — Le Kousti est formé de 72 fils, la laine noire ne peut entrer dans sa confection. — Aujourd'hui encore en Perse, l'investiture du cordon est accompagné de maintes formalités. — Dès que l'adolescent porte le *Kousti*, il doit choisir un protecteur parmi les *Yaçatas* et un guide spirituel parmi les *Desturs* ou prêtres. Le Destur devient pour l'âme de l'enfant un protecteur, de même que le père et la mère sont les protecteurs de son corps.

Krishna ou **Krischna,** Sans. — C'est le nom de Vishnu dans la huitième incarnation ; celle qui passe pour la plus belle et la plus pure. Suivant une légende fort accréditée, Krishna (le noir) naquit à Mathura (Madura) de Vaçoudéva et de Devaki ou Devanaghi. — Krishna vint au monde à minuit, avec le lever de la lune ; il avait tous les attributs de la divinité. — Tous les ouvrages scientifiques, historiques et religieux de l'Inde, tous sans exception, témoignent du fait suivant ; c'est que Kansa, tyran de Madura pour arriver à détruire Krishna qui devait, d'après une prophétie, le détrôner, fit massacrer tous les enfants nés dans la même nuit que Krishna, fils de la Vierge Devanaghi. — On voit donc que le Massacre des Innocents ordonné par Hérode, n'est que la reproduction de l'ordre donné par le tyran de Madura.

Dès son plus bas âge, Krishna se signala par

de nombreux prodiges. — Pour divers rapprochements de noms sanskrits et européens, cf. — Bible de l'humanité, pages 26 et 27, de même que pour lire une Biographie plus complète de Krishna, qui est bien le prototype de Jésus-Christ, nous renverrons le lecteur à notre volume d'Addha-Nari, pages 175 à 182.

Kritanta, Sans. — Un des surnoms du dieu hindou de l'amour, de Kama.

Kshanti, Sans. — Patience inépuisable, infinie que rien ne saurait fatiguer, ni froisser. C'est le nom de la troisième clef qui ouvre l'un des portails qui conduisent l'aspirant au Nirvâna.

Kurades et **Kyriades,** Grec. — Les grecs modernes désignent sous ce terme et sous celui de Καλαι κυριαδες *(Bonnes Dames),* certaines fées, qui dans leur opinion remplacent les nymphes de l'Antiquité.

Kuvera, Sans. — C'est d'après les *Védas,* le chef des mauvais esprits vivants parmi les ombres et

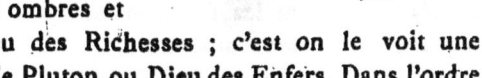

le Dieu des Richesses ; c'est on le voit une sorte de Pluton ou Dieu des Enfers. Dans l'ordre mythologique, c'est le huitième Dieu védique, il vient donc après Brahma, Vishnu et Siva, tandis que dans le Panthéon Puranique, il vient en premier lieu, avec les divinités célestes ; voyez notre figure.

Lachos ou **Lachus,** Grec et Lat. — Génie céleste des Basilidiens (Gnostiques) dont le nom gravé sur des pierres d'aimant, constituait un talisman magique.

Lacini, Ital. — Moine Calabrais du XV° siècle, (1459), auteur d'un Traité d'Hermétisme.

Laensberg (Mathieu). — Célèbre Liégeois astrologue et météorologue moderne qui passe pour excellent pronostiqueur ; son premier almanach a paru en 1636.

Lakchamana, Sans. — Fils de Daçaratha et frère de Rama ; il le seconda contre Ravana, lors de l'expédition de Rama contre ce dernier.

Lakshmi, Sri ou Cri, Sans. — La Vierge-mère, la Mère du monde naquit dans tout l'éclat de sa beauté, comme Vénus Aphrodite de l'écume de l'Océan, agité par les Dieux et les Asuras. Une légende la représente aussi au moment de la création du monde, flottant sur l'eau, sur une fleur de Lotus. A chaque nouvelle incarnation de Vischnou, Lakshmi se réincarne également pour suivre sa fortune. On la nomme aussi Lokamata (mère du monde). (V. ce mot). — D'après le *Satapatha-Brahmana*, Lakshmi est fille de Prajapati ou Brahma ; elle tient presque toujours une fleur de Lotus à la main droite ; souvent elle se place dans les représentations figurées à la droite de Vischnou. Comme fille de l'océan de lait, elle est surnommée Kshirabdhi-Tanayâ. On l'identifie avec Rambha comme idéal féminin, c'est la Vénus hindoue et quand Vishnu est Ramá ou Krischna elle est Rakmeni et Rhadha, c'est-à-dire la maîtresse de Kischna ou encore Sita l'épouse de Rama ; voyez notre figure. — Pour d'autres détails, conférer Addha-Nari ou *l'Occultisme dans l'Inde*, pages 181 et suivantes.

Lamas, Thib. — Noms des prêtres Thibétains Bouddhistes qui se divisent en deux classes dénommées : les *Bonnets rouges* et les *Bonnets jaunes*. La première classe possède à sa tête le Dalaï-Lama ou Grand Lama qui a deux grands prêtres sous ses ordres, dénommés le Bogdo-

Lama et le Taranaout-Lama ; au-dessous de ces grands dignitaires sont les Chammars.

Généralement le Dalaï-Lama est un sage, un illuminé, Inspiré ou Initié ; aussi ce peut être un tout jeune homme ou un vieillard ; mais il exerce toujours un grand ascendant auprès des Lamas et du peuple, car il possède le pouvoir temporel et spirituel.

Lamia, voyez Lamies.

Lamies. — Démons féminins qui, d'après la légende, habiteraient les cimetières pour dévorer les cadavres, dont elles ne laissent que les ossements ; leur nom viendrait de Lamia, reine de Libye, qui éventrait les femmes enceintes pour dévorer le fruit de leurs entrailles. — La légende nous apprend que cette reine douée d'une beauté remarquable fut aimée de Jupiter, aussi Junon fit périr tous ses enfants. — Jalouse du bonheur des autres mères, la malheureuse Lamia se précipitait sur les nourrissons pour les dévorer.

Lampadomancie. — Divination au moyen d'une lampe dont le devin observait la lumière, la forme et la couleur de celle-ci, puis il tirait de ces observations des présages.

Lampe merveilleuse. — Il existe un grand nombre de lampes merveilleuses. Le vulgaire ne connaît guère que la lampe d'Aladin, mais combien en existe-t il d'autres ? Nous n'en mentionnerons qu'une toutefois, celle d'un fameux rabbin de Paris, nommé Jeschiel, que les juifs considéraient comme un grand Saint ; sa lampe avait paraît-il tous les avantages de la lumière électrique, comme le lecteur va voir. — La tradition nous apprend, en effet, que quand tout le monde dormait, Jeschiel travaillait à la clarté d'une lampe qui répandait dans sa chambre une lumière aussi pure que celle du jour ; elle brûlait toujours, sans huile ni mèche et sans aucune sorte d'ingrédient ; il l'allumait et l'éteignait à volonté. Ne serait-ce pas la lumière électrique ? Saint-Louis ayant entendu parler de ce rabbin et de sa lampe merveilleuse, le manda auprès de lui et fut très étonné de sa science et de son érudition.

Lankika, voy. IDDHIVIDHANANA.

Lanous, Sans. — Disciple, ce terme est synonyme de Tchélas.

Lao-tse, Chinois. — Prédécesseur de Confucius, a écrit environ 930 livres sur l'Ethique et les Religions et 70 sur la Magie, en tout mille livres, dont la plupart sont perdus.— Le plus grand ouvrage de Lao-tse qui renferme le *cœur* de sa doctrine, le *Tao-te-King* ou écriture sainte de Taosse, ne contient d'après le sinologue Stanislas Julien, qu'environ 5,000 mots (Tao-te-king, p. XXVII) à peine une douzaine de pages et cependant le professeur Max Müller, trouve que « le texte est inintelligible sans commentaires et M. Julien a été obligé de consulter pour sa traduction plus de 60 commentateurs » dont les plus anciens écrivaient, paraît-il, vers l'an 163 de J.-C., et il est probable que pendant les quatre siècles et demi qui ont précédé cette époque, de plus anciens commentateurs, les prêtres et fidèles de Lao-tse ont eu largement le temps de voiler aux yeux du vulgaire la vraie doctrine du Maître, aussi croyons-nous que c'est chose impossible pour les sinologues européens de pouvoir traduire quoi que ce soit de ce philosophe, car les vrais commentaires, de même que les textes exacts ont été depuis longtemps défigurés à dessein pour tromper les profanes.

Larrivey (Pierre). — Poète dramatique du XVI° siècle, né à Troyes en 1596 ; on le connaît surtout comme astrologue, car il se fit connaître par les prédictions des almanachs qu'il publia de 1618 à 1647 ; il a été comme on voit prédécesseur de Mathieu Laensberg.— Aujourd'hui, dans le midi de France, à Avignon ou à Carpentras, on publie encore des almanachs sous le nom de cet astrologue, mais on écrit *Pierre Larrivée*.

Larves. — Etres malfaisants de l'astral qui ont des formes diverses et parfois très répugnantes. Ces êtres s'attachent aux hommes comme des parasites et vivent sur l'homme et à ses dépens. La larve doit être connue des humains, ce n'est pas un être chimérique ; bien qu'invisible, son existence est réelle et l'humanité doit compter avec elle. — Les peuples de l'antiquité le savaient fort bien. Nous allons consigner ici une expérience qui a été pratiquée pour ainsi dire sous nos yeux et qui a pleinement réussi. Voici le fait dont nous garantissons l'exactitude :

Thérèse, femme de charge, âgée de 46 ans, est fréquemment employée par Mme Erh., de Nice. Cette Thérèse avait constamment la fièvre, se sentait comme un poids lourd sur l'estomac. Elle avait, en outre, de l'enflure dans la gorge, et les bronches étaient dans un grave état d'irritation.

Depuis près de quatre mois, elle était sans force, et ne pouvait soulever le moindre fardeau, elle avait en outre perdu l'appétit et le sommeil.

Vainement elle avait consulté des médecins divers ; aucun n'avait pu la soulager. De guerre lasse, elle essaya du magnétisme et le docteur Coste, de Genève, de passage à Nice, la magnétisait. Un jour, Mme B..., un haut sensitif (médium auditif et clairvoyant) arriva pour voir son amie, Mme Erh. au moment d'une séance de magnétisation. Elle entendit ceci : prends un couteau de cuisine et opère la suppression de larves parasitaires, qui vivent sur Thérèse.

Au même instant, Mme B.., vit de chaque côté

de la figure de la femme Thérèse, à ses oreilles, deux larves qui affectaient la forme de deux grosses vessies ressemblant à l'outre d'une cornemuse. Ces vessies étaient couleur lie de vin, c'était, paraît-il, horrible à voir.

Mme B!... prit un couteau de cuisine et fit le geste de couper au ras des oreilles les larves ; celles-ci disparurent sans laisser autour d'elles aucune trace fluidique.

A partir de ce moment, Thérèse se sentit soulagée ; au bout de trois jours, elle avait repris le sommeil et l'appétit ; et peu de jours après, les forces étaient revenues comme avant la maladie.

Le docteur Coste avait légèrement magnétisé la malade pour la mettre en état de crédulité ou de suggestion.

Le médium voulut savoir à la suite de quoi ces larves s'étaient attachées à cette femme. Celle-ci, après bien des sollicitations, finit par avouer avoir eu de grands ennuis pour une affaire d'argent avec une belle-sœur qui passait pour *jeter des sorts* ; elle avait même quitté son pays par crainte de cette belle-sœur, qui devait certainement lui avoir jeté un sort.

Si nous avons consigné ici l'observation qui précède, c'est qu'on ne saurait trop recueillir des faits positifs au sujet et des larves et de l'occultisme, car nous disons avec Roger Bacon : « La conviction ne vient pas à l'aide d'arguments mais à l'aide d'expériences.

Laurier. — Arbre qui d'après Apulée, met les hommes à l'abri des mauvais esprits. Le bois de laurier sert à faire de petits cubes pour pratiquer la cubomancie ; voyez ASTRAGALOMANCIE.

Lavater (Louis). — Louis, qu'il ne faut pas confondre avec Jean Gaspard Lavater, est un théologien du XVI° siècle, il est né à Kyburg, en Suisse, près de Zurich en 1527, c'est l'auteur du célèbre *Traité sur les spectres et les Lémures*, publié en latin, in-12, Zurich, 1570. Cet ouvrage a été imprimé plusieurs fois. Quant à Jean Gaspard Lavater, né à Zurich en 1741 et mort en 1801, il est le célèbre auteur de l'art de juger les hommes par la physionomie, lequel ouvrage a eu de très nombreuses éditions.

Laya, Sans. — Passage d'un état à un autre, changement; transformation ou *devenir*. — *A-Laya*, signifie donc *immuable*, ce terme laya a aussi le même sens que le terme chinois *Yih*, c'est-à-dire *Chaos primordial*, laya signifie aussi comme le grec λω ; solution ou dissolution. — La Doctrine Secrète nous apprend que *Laya* est le point, où les atomes d'un plan d'existence atteignent ou dépassent l'horizon des facultés des êtres de ce plan, quand ces atomes passent sur un autre plan au cours de leurs transformations successives. — En chimie, la combustion, l'oxydation, les combinaisons quelconques sont des points *Laya*, quant à la forme des corps ; dans l'eau, par exemple, l'hydrogène et l'oxygène qui la composent sont à l'état de laya.

On nomme *Point de laya* d'un élément, le point où sa différentiation commence ou cesse. Dans la vie les points de laya sont la naissance et la mort ; tandis que les états subjectifs dénommés : Dévakhan, Kama-loka, etc., etc., sont les Pra-layas de l'entité humaine.

En Sanskrit, on nomme *Ch'Laya*, la forme animale humaine léguée par les Barishad Pitris. — Ces formes animales humaines, qui n'ont reçu qu'une étincelle, constituent le commun des hommes qui doivent acquérir l'intellectualité pendant le présent Manvantara.

Lébanomancie, voyez LIBANOMANCIE.

Lecanomancie. — Ce terme dérivé du grec λεκανομαντεία ou Divination à l'aide d'un bassin, n'est qu'une variété de la Captoptromancie ; en effet, le bassin rempli d'eau offre par sa surface une sorte de miroir, dans lequel le devin ou médium lit l'avenir.

On jetait parfois des lames d'or ou d'argent dans le bassin ; souvent on substituait à celui-ci, une coupe brillante, une lame d'épée ou un bouclier à la surface polie. C'est Jean de Salisbury, qui nous apprend ces faits, en nous donnant une énumération des procédés de divination usités de son temps. (J. Salisbury, *Polycraticon*, I. cap. XII, 27). « Speculatorios vocant qui in corporibus levigatis et tersis at sunt lucidi enses, pelves, cyathi, speculorumque diversa genera, divinantes curiosis interrogationibus satisfaciunt quam (artem) et Joseph exercuisse aut potius simulasse describitur. »

Ce genre de divination est également dénommé *Hydromancie*, puisque c'est l'eau qui est utilisée. Ce mode de divination a été employé par l'enchanteur Nectanébus, comme on peut le voir dans le *Livre de la vraie Histoire du bon roy Alexandre* (*In* Francisque Michel, *Roman d'Eustache le moine*, p. 90).

Lechies. — Divinités agrestes, qu'on assimile aux fauves et aux satyres ; elles attiraient les voyageurs au fond des bois et les chatouillaient jusqu'à ce que mort s'en suive. Les Russes croient encore aux Lechies.

Ledoux (Mademoiselle). — Cartomancienne parisienne qui, d'après Garinet, *Hist. de la magie*, p. 291) fut condamnée le 14 juillet 1818, à deux ans d'emprisonnement pour avoir extorqué de l'argent à une jeune fille.

Lémures. — Génies malfaisants que les Etrusques et après eux les Romains, identifièrent avec les Larves, les Lares et les Mânes ; ce sont des *Elémentals* ou même des *Elémentaires*, qui viennent tourmenter les vivants.

Lemuria. — Continent de la troisième race et qui fut submergé dans une Antiqué reculée; il s'étendait au sud de l'Inde dans l'emplacement occupé par l'Océan Indien ; voyez ATLANTIDE et CONTINENTS.

Lenglet-Dufresnoy (Nicolas). — Philosophe hermétiste, né à Beauvais en 1674 et mort en 1755, auteur d'un ouvrage célèbre : *Histoire de la Philosophie hermétique*, 3 vol. in-12.

Lenormand. — Cartomancienne célèbre qui a reçu dans son cabinet, sous le Directoire, la visite des notabilités de l'art, de la science, de la politique et des administrations militaires, civiles et financières.

Les *Muscadins* et les *Merveilleuses* de grand ton, ont tous consulté *Mademoiselle Lenormand*, comme ils disaient alors. On parlait d'elle, du reste, dans tous les salons en vogue, et il n'était pas permis à des gens du *bel-air* de ne point aller régulièrement chez la *Célèbre cartomancienne*.

Mademoiselle Lenormand était née en 1768 ; orpheline de père dès son enfance, elle fut élevée par le second mari de sa mère, lequel bientôt veuf épousa une seconde femme à son tour ; de sorte que la jeune Lenormand s'efforça toute jeune de gagner sa vie ; elle quitta Alençon, vint à Paris, ou tout en tenant les écritures d'une maison de commerce, elle étudia les sciences divinatoires et principalement la Cartomancie.

A peine âgée de 21 ans, elle ouvrit un cabinet de consultation où elle reçut la visite de Hoche et de Lefèbvre peu de jours après la Prise de la Bastille, alors que ceux-ci n'étaient que de simples gardes françaises ; du reste, les principales notabilités de la Révolution fréquentèrent le cabinet de la cartomancienne ; parmi elles, on mentionne Camille Desmoulins, Danton, Robespierre, Saint-Just, Barrère, etc. — Un peu avant le 9 Thermidor, Mademoiselle Lenormand fut arrêtée et emprisonnée au Luxembourg. En prison, elle prédit les prochains événements ce qui contribua au plus haut degré à confirmer sa réputation de devineresse. Aussi fut-elle mise en liberté après la journée où Robespierre et le Comité de salut public furent l'un et l'autre renversés.

Sa sortie du Luxembourg fut pour elle un triomphe véritable, et bientôt les nouvelles notabilités arrivèrent à ses consultations. c'étaient Barras, Tallien, sa femme et son amie Joséphine de Beauharnais, enfin toute la jeunesse dorée des conspirateurs royalistes.

Ce qui faisait le grand succès de Mademoiselle

Lenormand c'était son esprit et une grande finesse de tact, qui lui faisait dire rien que ce qu'il fallait, gardant pour elle seule ce qu'il n'aurait pas été convenable de dévoiler. Ce qui faisait sa supériorité sur la vulgaire cartomancienne, c'est qu'ayant étudié la plupart des sciences divinatoires modernes (cranioscopie, phrénologie, chiromancie, physiognomonie, etc.), elle s'en servait pour intéresser le consultant.

Il est regrettable que cette femme vraiment extraordinaire qui avait exercé pendant 40 ans, de 1789 à 1830, n'ait pas laissé de mémoires ; ils auraient certainement présenté un très grand attrait. Elle fit quelques élèves : Mme Clément, Mlle Lelièvre, Mlle Julia Orsini, etc., car beaucoup de cartomanciennes se disaient, naguère encore, élèves de cette célébrité.

Léon III, voyez ENCHIRIDION.

Lévitation. — On désigne sous ce terme, l'action d'être suspendu dans l'air sans le secours d'un agent quelconque ; la lévitation est donc le soulèvement spontané d'un corps, du corps d'un individu par exemple. — De tous les phénomènes psychiques, il n'en est certes aucun, qui paraisse plus en contradiction avec ce que l'on appelle *les lois de la nature*, et aucun aussi qui puisse prêter le moins à la supercherie.

HISTORIQUE. — De temps immémorial on a

constaté des phénomènes de lévitation dans toutes les contrées ; les histoires religieuses de tous les pays constatant de nombreux cas de lévitation de leurs *Saints*, car tous les hommes ne sont pas aptes à produire ce phénomène ; les personnes ayant cette faculté sont des MÉDIUMS, voyez ce mot. — A l'appui des lignes qui précèdent, nous mentionnerons ce que nous dit Apollonius de Thyane : « J'ai vu, dit-il, ces Brahmes de l'Inde qui habitent sur la terre et qui n'y habitent pas, qui ont une citadelle sans murailles et qui ne possèdent rien et cependant possèdent tout. » Il faut comprendre par ces mots qui habitent sur la terre et qui n'y habitent pas, le phénomène de lévitation. La science des Brahmes lui fut parfaitement démontrée aussitôt que ceux-ci connurent le but de sa visite. Dès qu'il fut en leur présence le chef de la caste lui dit : « Les autres hommes ont besoin de demander aux étrangers, qui ils sont, d'où ils viennent et ce qu'ils désirent. Nous, au contraire, comme preuve première de notre science nous savons tout cela ; jugez-en plutôt.

Alors le clairvoyant raconta à Apollonius, les principaux événements de sa vie, lui parla de sa famille, de son père, de sa mère, de ce qu'il avait fait, etc., etc. Apollonius frappé d'étonnement supplia alors les brahmes de vouloir bien l'initier à une science aussi profonde, aussi surhumaine ;

ce qui lui fut accordé. Après avoir accompli ses années d'épreuves, il revint en Europe où sa clairvoyance et les guérisons qu'il fit émerveillèrent tout le monde. Un jour au milieu d'une conférence qu'il faisait à Ephèse, il se recueillit, fixa un point de l'espace et s'écria tout-à-coup : « Frappe le tyran, frappe ! Puis se retournant vers les Ephésiens assez étonnés, il leur dit : Domitien n'est plus, le monde est délivré de son infâme oppresseur. — Ils apprirent quelques jours après, qu'au jour et l'heure où Apollonius avait eu cette vision à Ephèse, l'exécrable despote avait été assassiné à Rome.

Après l'autorité d'Apollonius de Thyane qui vivait dans le premier siècle de notre ère nous allons mentionner des modernes, Dunglas Home qui possédait à un haut degré ce pouvoir de Lévitation. — Voyez Maria d'Agreda.

Preuves. — Voici maintenant, d'après le célèbre médium, les sensations qu'éprouve le sujet, au moment où va se produire le phénomène de la lévitation (1).

« Durant ces élévations, dit-il, je n'éprouve rien de particulier en moi, excepté cette sensation ordinaire dont je renvoie la cause à une grande

---

(1) Dunglas Home, *Révélations sur ma vie surnaturelle*. Paris, 1864; p. 52-53.

abondance d'electricité dans mes pieds; je ne sens aucune main me supporter et, depuis ma première ascension..., je n'ai plus éprouvé de craintes, quoique si je fusse tombé de certains plafonds où javais été élévé, je n'eusse pu éviter des blessures sérieuses. Je suis en général soulevé perpendiculairement, mes bras raides et soulevés par dessus ma tête et je me trouve comme dans une position de repos. J'ai demeuré souvent ainsi suspendu pendant quatre ou cinq minutes... Une seule fois, mon ascension se fit en plein jour, c'était en Amérique.

En quelques occasions, la rigidité de mes bras se relâche et j'ai fait avec un crayon des lettres et des signes sur le plafond qui existent encore pour la plupart, à Londres. »

Voilà certes un témoin digne de foi, mais comme il est acteur et auteur dans la question, nous allons faire confirmer son dire par un homme très éminent, par William Crookes, Président de l'Académie royale de Londres.

L'éminent chimiste dans son livre *De la Force Psychique,* pages 156 et suivantes, nous dit : « J'ai observé divers cas de lévitation, notamment avec le fameux médium américain Dunglas Home. »

Et M. Wiliam Crookes termine sa narration à ce sujet, par les lignes suivantes : « Il y a au moins *cent cas bien constatés* de l'enlèvement de M. Home, qui se sont produits en présence de beaucoup de personnes différentes ; et j'ai entendu de la bouche même de trois témoins, le comte de Dunraven, lord Lindsay et le capitaine C. Wynne, le récit des faits de ce genre les plus frappants, accompagnés des moindres détails de ce qui se passa. Rejeter l'évidence de ces manifestations, équivaut à rejeter tout témoignage humain, quel qu'il soit, car il n'est pas de fait, dans l'histoire sacrée ou dans l'histoire profane, qui s'appuie sur des preuves plus imposantes. »

Après le savant anglais, voyons ce que nous dit un éminent écrivain français qui a longtemps vécu dans l'Inde et qui nous raconte le fait de lévitation également *de visu*, où le sujet était un fakir.

Voici ce que nous apprend Louis Jacolliot sur le même sujet (1) : « Ayant pris une canne en bois de fer que j'avais apporté de Ceylan, il (le fakir) appuyait la main sur la pomme, et, les yeux fixés en terre, il se mit à prononcer des conjurations magiques de circonstance et autres mômeries, dont il avait oublié de me gratifier les jours précédents... Appuyé d'une seule main sur la canne, le fakir s'éleva graduellement à deux pieds

---

(1) *Voyage au pays des Fakirs charmeurs*.

environ du sol, les jambes croisées à l'orientale et resta dans une position assez semblable à celle de ces Bouddhas en bronze, que tous les étrangers rapportent de l'extrême-Orient... Pendant vingt minutes, je cherchai à comprendre comment Covindassami pouvait ainsi rompre avec toutes les lois de l'équilibre... Il me fut impossible d'y parvenir ; aucun support apparent ne le liait au bâton, qui n'était en contact avec son corps que par la paume de sa main droite. »

Ajoutons que la scène se passait sur la terrasse supérieure de la maison de M. Jacolliot à Chandernagor, et que le fakir était presque entièrement nu.

EXPLICATION DU PHÉNOMÈNE. — Voici un essai d'explication de ce phénomène. On sait que la terre est un immense aimant ; divers savants l'ont dit, entre autres, Paracelse. La terre est donc chargée d'une électricité spéciale que nous dénommerons électricité positive, qu'elle génère incessamment dans son intérieur ou centre, qui est un centre de mouvement. Tout ce qui vit sur la surface de la terre, animaux, plantes, minéraux, tous les corps organiques en un mot, sont saturés eux, d'électricité négative, c'est-à-dire qu'ils se chargent spontanément, constamment et d'une manière automatique pour ainsi dire, d'électricité négative, c'est-à-dire de qualité contraire à celle de la terre. Du reste, la pesanteur n'est que la résultante de l'attraction terrestre, sans celle-ci, nous n'aurions pas de poids, et notre poids est en proportion avec l'attraction, c'est-à-dire que si celle-ci était deux, trois et quatre fois plus forte, c'est que le poids de la terre serait deux, trois et quatre fois plus lourd qu'il ne l'est.

Donc, si l'on parvenait à vaincre cette attraction, il n'y aurait pas de raison qui pourrait empêcher l'homme de s'élever dans l'air, comme le fait le poisson dans l'eau.

D'un autre côté nous savons que notre organisme physique peut être vivement influencé par l'action d'une forte volonté ; elle peut donc cette action, transformer l'état de l'électricité négative de l'homme en électricité positive ; alors la terre et l'homme étant d'électricité *isonomes* se repoussent ; la loi de la gravité disparaissant, il est facile à l'homme de s'élever dans l'air pendant le temps que dure la force répulsive. — Donc le degré de lévitation varie en raison de l'intensité, de la capacité, de la charge d'électricité positive qu'il peut condenser dans son corps.

Dès qu'un homme peut, à sa guise, emmagasiner dans son corps de l'électricité positive, il lui est facile de changer de poids ; il accomplit cet acte aussi facilement que celui de la respiration.

Libanomancie et **Lébanomancie.** — Divination à l'aide de la fumée de l'encens ; ce mode était employé dans la plus haute antiquité ; Dion Cassius a écrit assez longuement sur les cérémonies que les anciens pratiquaient dans la Libanomancie.

Licorne. — Animal fabuleux, porteur d'une corne sur le front qui préserve, dit-on, des sortilèges.

Ligatures. — Maléfice au moyen duquel, on liait ou paralysait certaines facultés physiques de l'homme ou de la femme. On nomme *Chevillement*, le maléfice qui bouche un conduit, le canal de l'urètre par exemple. On nomme *Embarrure* l'empêchement magique des mouvements d'un homme ou d'un de ses organes ; enfin, on nomme plus spécialement *ligatures* le maléfice qui empêche un membre d'agir, qui le frappe d'impuissance, un homme d'approcher une femme ; c'est là, ce qu'on nomme vulgairement *nouement de l'aiguillette* ; *aiguillette nouée*. Le chevillement, l'embarrure, le nouement de l'aiguillette constituent des maléfices désignés sous le terme générique de *Ligatures*. — D'après la tradition, Cham serait l'inventeur du nouement de l'aiguillette, les Grecs le connaissaient et le pratiquaient. — Platon *(Des Lois,* livre II*)* conseille à ceux qui se marient de bien prendre garde aux charmes et ligatures qui peuvent troubler la paix du ménage. Les Romains connaissaient le nouement de l'aiguillette ; on trouve même dans Ovide et dans Virgile, les procédés utilisés par les sorciers de leur temps ; le principal consistait en une figure de cire, une sorte de Priape, qu'on serrait avec des rubans ou cordons, en prononçant sur ces figures de cire des conjurations. — Le moyen-âge a également utilisé largement les ligatures.

Lilith. — Nom d'une femme dont l'identification est assez variable ; les uns disent que c'est le nom de la première femme d'Adam, les talmudistes y voient le nom d'une des quatre mères des démons ; Wierus et d'autres démonographes avec cet auteur, considèrent Lilith comme la reine des démons succubes, etc., etc.

Linga ou **Lingham.** — Symbole qui personnifie Çiva, le Saint-Esprit des Orientaux et que l'Occident ne comprend pas du tout ; car au lieu de voir dans cet organe le principe générateur et créateur le plus pur et le plus saint, les Occidentaux n'y voient, comme dans l'Antiquité, qu'un organe impur.

Linga Sharira. — Terme Pali, qui désigne l'*âme astrale*, c'est une sorte de doublure éthérée, de duplicata du corps physique dans lequel l'âme réside. Quand l'homme meurt, son corps astral le quitte, jusqu'à ce qu'il aille occuper un autre corps. Quelques personnes dans des conditions particulières, peuvent percevoir le corps astral d'un individu ; ces sortes d'apparitions assez rares, ne peuvent être obtenues que dans certaines conditions assez difficiles à déterminer. — Quand le corps astral d'une personne apparaît, comme l'ombre d'un mort, par exemple, on ne peut le voir que dans le voisinage immédiat de la personne endormie à qui appartient le corps astral.

Des individualités, nommées *Médiums* peuvent, en s'endormant, laisser apercevoir par d'autres personnes leur corps astral ; mais cette expérience ne peut se faire sans danger ; car le médium pourrait, par une brusque secousse, être séparé de son corps astral, c'est-à-dire tué sur le coup. Un exemple suffira à mieux faire comprendre notre pensée. Généralement ces expériences se font dans une obscurité complète, celle-ci est nécessaire, premièrement pour faciliter le sommeil du médium, ensuite pour permettre aux personnes qui assistent à l'expérience de voir le dégagement du corps astral. Or si une vive lumière venait tout à coup à surgir, le médium frappé sans transition par l'éclat de celle-ci, pourrait éprouver un malaise assez grand pour amener la mort.

Autre exemple. — Le corps astral projeté hors

du médium, s'il venait à être saisi fortement, à être pour ainsi dire brutalisé par un des spectateurs, cette action pourrait amener la mort du médium. *Tout initié* possède le pouvoir de dégager son corps astral, la puissance de projection de celui-ci est considérable ; ainsi dans des conditions particulièrement favorables, un individu bien malade, surtout s'il est sur le point de mourir peut, par la force de sa volonté, envoyer son corps astral à de grandes distances ; de là, les apparitions de personnes mourantes à des amis et cela un peu avant leur mort, ou au moment même où l'âme se dégage du corps.

Les trois premiers principes qui entrent dans la constitution de l'homme parfait : le corps, la vitalité, le corps astral sont essentiellement de nature terrestre, c'est pourquoi en tant qu'entité personnelle, ils doivent un jour disparaître et cela, bien que les molécules formant cette entité soient indestructibles.

Ces trois principes ne sont pour l'homme qu'une *agrégation* de molécules à sa naissance et une désagrégation à sa mort. — Voyez Jiva, Rupa, Kamarupa, Manas, Buddhi et Atma.

Linigera, Lat. — Surnom d'Isis, parce que les initiés à ses mystères, portaient des tuniques de lin.

Liseur de pensées, voyez Transmission.

Litanies. — Prières récitées ou chantées dans diverses religions ; il existe même des litanies du Sabbat que l'on récitait avant la *Messe noire*.

Lithomancie. — Divination pratiquée au moyen de pierres ; plusieurs modes étaient employés; on jetait par exemple, de petits cailloux, les uns contre les autres et suivant le son qu'ils rendaient on tirait des oracles.

Lituum. — Bâton augural, c'est-à-dire baguette recourbée, comme le *Pedum* Egyptien, que portaient les Augures.

Logos, Grec. — Le Verbe qui se présente sous trois aspects : le premier, le *logos non manifesté* est la radiation (rayonnement) primordiale de Parabram ; le second Logos est l'esprit substance, la vie, l'esprit de l'Univers émané du premier. Le troisième ou Logos manifesté se nomme Mahat, c'est l'Idéation divine, la pensée cosmique ; Mahat est au Cosmos, ce que Manas est à l'homme individuel. — Le terme de Logos a une toute autre signification pour les Théosophes néo-catholiques ; voyez l'article suivant.

Logosophie, Grec. — Ce néo-terme a passé sous nos yeux pour la première fois dans l'Aurore *du nouveau jour* (n° 6 juin 1893) sur la couverture de cette Revue nous lisons : « La Logosophie est la science du Logos ou Christ, telle qu'elle nous a été transmise dans les doctrines ésotériques des savants de l'Inde et des Philosophes Grecs et Alexandrins. Cette doctrine est celle qui nous est révélée dans la *Bhagavad-Gitâ* et le *Dhammapada* qui traitent de la vie de Krischna et de Bouddha. Nous la trouvons aussi dans l'Evangile selon Saint-Jean, où elle est l'expression de la vérité que Jésus le Christ a apportée au monde.

Le Christ ou Logos, qui forme la base de nos enseignements n'est pas précisément Jésus en sa qualité de personnage historique (le fils de l'homme), mais plutôt Jésus sous son aspect divin, le Fils de Dieu ou Christ. Cette divinité à laquelle nous croyons, doit être le but de nos aspirations. Nous avons le droit d'y prétendre, puisque nous sommes tous les fils du même Dieu, par conséquent d'essence divine, et ne nous a-t-il pas été ordonné de devenir parfait comme notre père qui est aux cieux est parfait? La Logosophie est donc la science de la divinité dans l'homme. Elle nous enseigne la manière d'attirer l'étincelle divine que tout homme porte avec lui en venant dans ce monde. C'est par ce développement que nous pourrons exercer, sur cette terre, des pouvoirs psychiques qui paraissent surhumains et que, après notre mort physique, notre esprit sera réuni à celui de son divin créateur et possédera l'immortalité dans les cieux.

Lois de Manou, voyez Manu.

Lokamata, Sans. — Un des noms de Laskmi ou Crî; il signifie littéralement *Mère du Monde*.

Lokottara, voyez Iddhividhanana.

Lotus, Lat. — Plante aquatique des pays chauds; il en existe trois variétés; le lotus blanc, le lotus rouge et le lotus bleu (en sanskrit *Poushkara*); il y a, dit-on, un autre lotus, le zizyphus, mais nous ne l'avons jamais vu. Ce dernier est comestible, mais une tradition ancienne prétend que ceux qui en mangent, oublient leur patrie et ceux qui leur sont chers.

En Egypte, comme précédemment dans l'Inde, le lotus *(Nelumbium speciosum)* le Nélumbo a été de tout temps considéré comme le symbole de l'Univers; c'est pourquoi, c'était une plante sacrée.

C'est du Padma-Yoni (du sein du lotus) de l'espace absolu ou de l'Univers qu'est sorti le *Cosmos*.

C'est du *Hiranya-Garbha* (Utérus, œuf ou matrice d'or), duquel est né Brahmâ appelé pour cela le *Lotus Céleste*.

C'est aussi étendu sur une fleur de Lotus flottant sur les eaux primordiales, qu'apparaît Vishnu la synthèse de la *Trimourti* ou Trinité hindoue.

Sa femme, la Déesse Lakshmi, surgissant du sein des eaux, comme plus tard Vénus Aphrodite, a sous ses pieds le lotus blanc; elle apparut aux Dieux émerveillés de sa beauté, après le baratage de la mer de lait (AMRITA) v. ce mot. Cet océan de lait, double symbole de l'espace et de la voie lactée, en donnant naissance à Lakshmi ou Crî, la fit déesse de la Beauté et Mère de l'amour (KAMA), voyez ce mot.

Loudun. — Ville célèbre de la Vienne, connue par les possessions des religieuses de Loudun et par le procès intenté au pauvre curé Urbain Grandier, pour sorcellerie en 1634. — Il avait été faussement accusé d'avoir avec le secours de la Magie noire, ensorcelé les Ursulines de Loudun. La prieure du couvent qui était en proie à des crises étranges avait son corps soulevé au-dessus du sol. — Voyez LÉVITATION.

Louki, Sans. — Ce terme signifie *Mère*, mère de la terre ; c'est la Déesse hindoue des grains et de l'Abondance.

Loup-garou, Lycanthropie. — Homme ou femme métamorphosé en loup par suite d'enchantements ou par sortilège. — On nomme les loups-garous lycanthropes. — D'après les Démonographes, c'est le démon qui transforme ainsi les hommes en loups. — L'existence des loups garous a été attestée par un grand nombre d'auteurs anciens, par Virgile, Strabon, Dionysius Afer, Pomponius Méla, Varron, et d'autres encore.

Lucifer. — Nom de la planète Vénus, quand elle se montre à l'horizon un peu avant le jour, c'est pourquoi, on la nomme aussi *Etoile du matin*. — C'est également le nom d'un génie infernal, qui gouverne à l'Orient.

Lugdus. — Gaulois fils de Narbo, qui aurait donné son nom à Lyon (Lugdunum).

Lune. — La lune est une portion ou plutôt un bloc détaché de la Terre au début de sa formation, alors que sa substance était encore fluide et pouvait donc se détacher sous l'influence de la force centrifuge (1).

La lune a une grande influence sur tout ce qui vit ou végète sur la terre. Les anciens avaient grandement étudié les influences lunaires ; les égyptiens et d'autres peuples avaient même dressé des tableaux de ces influences. De nos jours, on n'y croit guère et c'est un grand tort.

Lung, chin. — Le Dragon qui personnifie la sagesse, la tortue (Kwei), la Licorne et le Phénix sont quatre animaux symboliques (seu-ling) et les types de toutes les créatures à écailles, à caparace, à poils et à plumes. — Chez les chinois, la tortue passe pour concevoir par la seule méditation ; c'est, on le voit, un symbole ; car par la méditation, l'homme en effet peut créer beaucoup.

Lutins. — Esprits légers, sortes de farfadets ou d'esprits follets, qui passaient pour des espiè-

---

(1) Voir à ce sujet un article du D' Pascal, dans la Curiosité du 24 Avril 1895, numéro 127.

gles pendant le moyen-âge ; mais dans le fond, ils n'étaient pas méchants, puisqu'ils rendaient même des services dans la maison, où on les considérait comme des génies familiers.

Lycanthropie, Lycanthropes, Voyez Loup-Garou.

Lychnomancie. — Divination qui se faisait en inspectant la flamme d'une lampe. — Voyez Lampadomancie.

Ma, Egyp. — Déesse fille du Soleil, qui personnifie le vrai et le juste ; aussi son nom en Egyptien s'écrit hiéroglyphiquement avec la représentation d'une *Coudée*.

C'est *Ma* qui introduit le mort dans la salle où Osiris rend son jugement. On représente cette déesse accroupie, le corps enveloppé dans une robe collante et la tête surmontée du disque solaire ou de l'hiéroglyphe formé par la fronde du Palmier, qui est homophone de *Ma* (coudée).

Macédo, Egyp. — Dieu de l'Egypte qui n'est sans doute qu'une des formes d'Anubis, il avait la tête d'un loup ; il suivit son père Osiris dans la conquête de l'Inde.

Madan, Sans. — Classe d'élémentaires d'une nature méchante affectant la forme d'un animal, principalement d'un bœuf énorme avec des jambes fort courtes (presque sans jambes) et d'une stature monstrueuse. — Le Madan vit en bons rapports avec les sorciers, auxquels il prête un concours malfaisant, soit pour frapper les hommes de maladies ou même de mort ; car les Madans sont de divers ordres ; il existe en effet : le *Mâdan-Koumil*, le *Mâdan-Porouthou*, le *Mâdan-Schudala*, le *Mâdan-Schula*, etc., etc.

Le Madan-Koumil est un esprit élémentaire de l'eau, une *Ondine*, son nom de Koumil désigne le bruit que fait une bulle d'air en s'élevant dans l'eau ; cet esprit n'est pas mauvais, c'est plutôt un lutin espiègle, qui aide les hommes suivant ses moyens, c'est-à-dire qui aide à arroser, qui fait tomber la pluie et qui seconde les hydromanciens pour pronostiquer le présent et l'avenir.

Le Madan-Porouthou est une sorte d'esprit herculéen, le plus puissant de tous comme force musculaire, c'est lui qui dans les séances obscures de psychisme soulève les meubles, les déplace et les transporte et peut parfois faire exécuter des cas de lévitation.

Le Madan-Schoudâla, est une sorte de vampire, assoiffé de sang ; aussi vit-il autour des abbattoirs, fréquente-t-il les lieux de supplice et réside-t-il de préférence dans les cimetières, surtout autour des fosses communes, où l'attire l'abondance des cadavres frais.

Le Madan-Schoula est un mauvais esprit, très-gourmand et qui réside dans les cuisines. Il est l'ami de ceux qui lui font des compliments et du bien, il joue au contraire de mauvais tours à ceux qui lui déplaisent et qui ont un fluide qui les chasse d'auprès d'eux ; un fluide qui les repousse.

Madhava, Sans. — Littéralement, *Doux*, un des surnoms de Vishnu.

Madhou, Sans. — Nom appliqué à divers génies malfaisants de la mythologie hindoue.

Maga, Sans. — Fils de Suria (le soleil) ou d'Agni (le feu) et de Nickchumba. Suivant une tradition hindoue, Samba voulant dédier au Soleil une statue, enleva Maga sur l'aigle blanc de Vishnu et lui offrit Sambapoura pour y établir le culte du soleil.

Magdha, Pali. — Le plus ancien type d'écriture hindoue que l'on connaisse, est celui des inscriptions en langue *Pâli* ; cette écriture connue sous le nom de *Magdha* est alphabétique et se compose de trente-six lettres : cinq voyelles et trente-et-une consonnes. Il y a lieu d'observer un fait curieux, c'est que ce système de représentation des idées, qui remonte à la plus haute Antiquité n'offre pas, comme les autres, les transformations successives de l'Ecriture ideographiques, mais se trouve tout composé et répond par conséquent aux besoins, aux exigences d'un peuple civilisé. — Après le Magdha, l'écriture qui remonte à l'époque la plus reculée, c'est celle des Dieux Devanâgâri, parce qu'elle servait principalement à transcrire les textes des *Livres Sacrés ;* son alphabet est l'un des plus parfaits que l'on puisse imaginer.

Mage, Magie, Magisme. — La magie est la science traditionnelle des secrets de la nature, elle nous vient des mages. A l'aide de cette science, l'Adepte ou Initié se trouve investi d'une sorte de toute puissance relative ; il peut obtenir des résultats dont la portée est inconnue au commun des mortels.

Parmi les mages célèbres, nous mentionnerons : Hermès Trismégiste, Osiris, Orphée, Apollonius de Tyane, Julien *le Philosophe,* Cornelius Agrippa, Merlin, etc., etc. — Pour parvenir à la puissance magique, il faut quatre qualités indispensables : une intelligence éclairée et instruite, une audace que rien n'arrête, une volonté inflexible et une discrétion à toute épreuve ; du reste voici les quatre verbes du Mage :

SAVOIR, VOULOIR, OSER, SE TAIRE.

En magie, il n'y a qu'un dogme. Le visible est la manifestation de l'invisible, en d'autres termes : le verbe parfait est dans les choses appréciables et visibles en proportion exacte avec les choses inappréciables à nos sens, invisibles à nos yeux.

Le mage doit avoir une volonté ferme ; car la volonté exerce sur tout ce qui vit une influence universelle, aussi le développement de cette faculté doit être le but que doit poursuivre tout homme qui veut commander aux forces de la nature ; le mage doit élever aussi une main vers le ciel et abaisser l'autre vers la terre et dire : « Là-haut, l'immensité, là-bas, l'immensité encore, toujours l'immensité ; l'immensité = l'immensité.

L'ancien magisme aujourd'hui dénommé Magie, embrassait dans son ensemble toutes les sciences : l'astrologie, l'astronomie, l'alchimie ou l'hermétisme, la thérapeutique, etc., etc.

Il ne saurait être question dans le présent article de la magie des peuples sauvages qui n'est qu'un amas de grossières superstitions, et de procédés empiriques plus ou moins obscurs, ce magisme de même que la magie empirique des campagnes n'a rien à faire ici ; c'est du reste, du Fétichisme si l'on veut, une sorte de religion grossière et barbare, mais ce n'est nullement de la magie. — Chez les peuplades nègres, par exemple, la superstition est portée à son comble ; les amulettes et les Grisgris y jouent un rôle considérable. Ainsi pour un nègre de certaines peuplades africaines, tout objet peut devenir un talisman, un amulette protecteur habité par les *Esprits* et peut, dès lors, devenir l'objet d'un culte tout particulier.

La magie qu'on devrait plutôt appeler de son ancien nom le Magisme, a été la première doctrine religieuse morale et politique de l'humanité. — Son nom est dérivé du grec Μαγος et Μαγεια (mage, magie) qui n'est que l'altération des termes mog, megh, magh, qui en pehlvi et en zend, signifient prêtre, sage, excellent, d'où dérive le mot chaldéen *Magdhim*, qui signifie haute sagesse, philosophie sacrée, théosophie.

D'après cette étymologie, la magie serait donc l'ensemble des connaissances possédées par ces Mages ou philosophes de l'Inde, de la Perse, de la Chaldée et de l'Egypte.— Quelle que soit l'opinion qu'on professe pour la magie, il est un point indiscutable, c'est qu'elle a exercé et exercera toujours une attraction considérable sur tous les esprits chercheurs et que, par dessus toutes choses, elle ne cessera d'exciter une grande curiosité.

La magie était en grand honneur dans l'ancienne Egypte, non seulement les morts, nous l'avons déjà vu, avaient sur eux des talismans, mais les vivants en portaient aussi dans leur parure.

M. Th. Deveria nous dit (1) que « la magie était considérée comme une science divine ou un art sacré, inséparable de la religion, bien qu'elle se confondît entièrement avec ce que nous appelons la magie noire ou la sorcellerie ; en faire un mauvais usage constituait une sorte de profanation. Les coupables étaient alors jugés d'après les lois sacrées des Livres de Thoth et très probablement par la caste sacerdotale. »

Ajoutons que les *Livres des morts* font très souvent mention d'*incarnations* et d'*enchantements* qui devaient procurer au défunt des avantages considérables.

La magie des Grecs n'avait pas le caractère savant et méthodique des magies Assyrienne et Persane, elle n'était pas, du reste, associée à l'observation des astres, car les premiers Hellènes, ne connaissaient pas du tout l'astronomie.

Pline et d'autres écrivains (*Hist. Nat.* XXIV, 102 ; XXV, 5 ; XXX, 2 ; Diogène de Laërce VIII, § 3, 7, § 1.) nous apprennent que la magie fut importée en Grèce par Osthanès, dont le nom persan décèle l'origine. — Ce personnage était du reste, disciple de Zoroastre et il avait suivi Xercès comme devin dans sa mémorable expédition en Grèce. — Pline nous apprend aussi que la

---

(1) Th. Deveria. *Papyrus judiciaire* de Turin.

médecine populaire a été le point de départ de la Magie. (Hist. Nat. XXX, I.)

« *Natam, (Magiam) primum e medicinâ, nemo dubitat.* »

La Magie a Rome. — La Magie ne s'introduisit guère à Rome que deux siècles avant l'ère vulgaire. On sait aussi que la Divination, qui faisait partie de la religion y jouait un grand rôle.

Indépendamment des augures et des aruspices, il y avait d'autres moyens spéciaux d'interroger l'avenir et de détourner les mauvaises influences; (Tite Live. IV, 21 ; VI, 41 ; XXII, 1 ; XXIV, 10 ; XXVI, 23 ; XXX, 38; Cicer, *De Divinatione*, 11, 18, 43 ; *Tuscul*, p. 15 ; Pline, *Hist. Naturelle*, XXVIII, 4 ; Columelle, *De Re Rusticâ*, X, p. 340 ; Juvénal, Sat. XI, 96).

Du temps de Cicéron, on rencontrait à Rome quantité de diseurs de bonne aventure, de devins et faux pronostiqueurs, qui débitaient des prophéties de toutes sortes, tirées de livres Sibyllins. (Plutarque, *Cicer*. § 17).

Enfin, il y avait tant de sorciers qui jetaient des sorts et opéraient des maléfices (Pline, *Hist. Nat.* XXVIII, 23) qu'on fut obligé d'édicter contre eux des lois, (Tite Live, IV, 30 ; XXV, 1 ; XXXIX, 16). Ainsi la Loi des douze tables (Tab. VII, 2), édictait des peines contre les auteurs des maléfices, et les Romains très superstitieux, comme des gens ignorants qu'ils étaient, redoutaient tout particulièrement les sorciers, qui par leurs maléfices ou sortilèges attiraient la pluie, la grêle et les orages qui frappaient la terre de stérilité. (Pline, *Hist. Nat.* XXVIII, 4 ; Senec. *Quæst. Nat.*, IV, 7 ; Serv. ad Virg. *Eclog.* VIII, 99 ; Pallad., *De Re Rusticâ*, I, 35 ; Apulée *Metamorph.* 1, 3 ; St-Augustin, *De civitate Dei*, VIII, 10).

Mais bientôt la foi aux Augures, aux Devins et aux Sorciers disparut, et on ne les consultait guère que comme une simple formalité, par pure forme. (Cic. *De nat. Deor.*, II, 3).

Mais si les Romains n'avaient plus foi à leurs propres devins, ils avaient encore une très grande confiance aux Chaldéens, car les merveilles qu'on racontait des savants Mages de l'Asie leur attiraient le meilleur accueil chez les riches de Rome.

Aussi leur doctrine s'y répandit et s'y popularisa même, avec une rapidité incroyable, au point que Rome était peuplée de Chaldéens. (*Plutarque, Cicero*, § 17, p. 780 ; Ed. Reiske).

Les Patriciens qui avaient de grandes fortunes attachèrent à leurs familles des Chaldéens à gages, et les consultaient pour tout, même pour les choses les plus minimes. C'était auprès du beau sexe surtout, que les Chaldéens avaient un grand crédit.

Les belles Romaines les consultaient au sujet de leurs amants, de leur migraine ou de leurs vapeurs, et Juvénal avait bien raison de dire :

Chaldéis sed major erit fiducia. — (Satire VI, 553 et suiv.).

Nous n'ignorons pas que le critique ne ménageait pas les dames, mais, en tenant compte de ses exagérations mêmes, le poète nous donne des détails tellement circonstanciés qu'il ne saurait les avoir inventés. En voici un exemple : « Tout ce que leur prédit un astrologue (aux Romaines) leur semble émaner de Jupiter Ammon, mais non du temple de Delphes, qui ne rend plus d'oracles. »

Et dans la même satire, le poète recommande à son lecteur « d'éviter la rencontre de la femme qui feuillette sans cesse ses éphémérides, et qui est tellement forte en astrologie, qu'elle ne consulte plus, mais qu'elle est consultée ; il nous entretient ensuite de la femme qui, sur l'inspection des astres, refuse d'accompagner son mari à l'armée ou dans sa terre ; de celle qui voulant aller seulement à un mille, consulte son livre d'astrologie pour savoir l'heure du départ ; enfin, de celle qui malade et alitée ne prendra de la nourriture qu'aux heures fixées par son *Pétosiris* » comme nous dirons aujourd'hui, sans consulter les *Secrets du Petit Albert*.

Pétosiris était un astrologue Égyptien de très grande renommée ; les autres égyptiens qui avaient écrit des traités d'astrologie se nommaient Typhon, Nectanébo, Bérenice (Tertullianus, *De animâ*, § 35).

Ces dames consultaient également un poème astrologique grec dénommé *Le Manethon*.

Le même satirique Juvénal, nous apprend que « les riches Romaines faisaient venir à très grands frais de l'Inde et de la Phrygie, des astrologues versés dans la profonde connaissance des influences astrales. »

Octave, au dire de Suétone (Augus., §95.), étant un jour dans sa villa d'Apollonie, il lui prit fantaisie de consulter l'astrologue Théogène, afin de distraire son ami Agrippa ; le devin tira donc l'horoscope du futur époux de Julie, Théogène, lui annonça des prospérités inouïes. Octave craignant de ne pas être aussi bien partagé que son ami, refusa d'indiquer le jour de sa naissance à l'astrologue, mais celui-ci insista tant et si habilement qu'Octave vivement intéressé se décida à donner la date de sa naissance ; il avait à peine achevé de parler que Théogène se précipita à ses pieds et l'adora comme le maître futur de l'empire (Suét. *op. cit.*). Octave fut transporté de joie, et, dès ce jour, il crut fermement aux astrologues ; aussi quand il arriva au pouvoir suprême, il fit frapper des médailles qui représentaient le signe zodiacal, sous lequel il était né, et qui avait eu pour lui une si heureuse influence.

Les successeurs d'Auguste consultèrent également les astrologues ; mais nous devons ajouter que leurs oracles ne furent pas aussi heureux que celui de Théogène, et comme ces devins n'étaient pas des courtisans, qu'ils disaient toujours la vérité, il leur en coûta souvent leur liberté et parfois même, ils payaient de leur vie, leur franchise. Il est vrai que leur martyre ne servait souvent qu'à augmenter leur renommée, si nous en croyons Juvénal (Satire, VI, 581). « Un astronome, dit-il, n'a guère de crédit, qu'autant qu'il a été chargé de chaînes ou qu'il a pourri sur la paille d'un cachot de camp. S'il n'a jamais subi de condamnation, c'est un homme tout à fait ordinaire; mais s'il a vu la mort de près, si par une faveur insigne, il a été relégué dans les iles Cyclades, après avoir langui dans l'étroite Sériphe, alors s'il a obtenu son amnistie ou son rappel, on se l'arrache. »

Après ce qui précède, le lecteur pourra s'étonner de voir que ces mêmes empereurs aient édicté des peines sévères contre les astrologues.

Ainsi l'an de Rome 721, sous le Triumvirat d'Octave, de Lépide et d'Antoine, on chassa de Rome (Dion. Cassius, XLIX, 43 pag. 756. Ed.

Sturz), les astrologues, mathématiciens et magiciens ; et Mécènes, comme nous l'apprend Dion Cassius (LII, 36, p. 149. Ed. Sturz.), parla ainsi à Auguste : « Ne souffrez personne dans votre empire qui méprise les Dieux, personne qui s'adonne à la magie. » Et goûtant du conseil, Auguste ordonna qu'on recherchât tous les livres divinatoires *(fatidici libri)* soit grecs ou latins et Suétone nous apprend qu'Auguste en fit brûler plus de deux mille (Suet. Aug. 31).

Imitant son prédécesseur, Tibère par un sénatus-consulte fit bannir de Rome les magiciens et les astrologues ; l'un d'eux Pituanius fut précipité de la roche Tarpéienne, un autre Martius fut puni hors de la porte Esquiline selon la coutume ancienne *(more prisco)*. Tacite (Annal. II, 32).

Le même historien nous dit que la femme de Néron, la belle et charmante Popée, dont un grand nombre de bustes nous ont conservé et la figure et les coiffures, la belle Popée avait son palais rempli d'astrologues qu'elle consultait jour et nuit. Ce fut l'un d'eux : Ptolémée, qui prédit à Othon son élévation à l'empire, au moment où il y songeait le moins, pendant son expédition en Espagne. (Tacite, Histor., I, 23).

Et cependant Tibère avait été à Rhodes pour s'instruire sur l'astrologie auprès d'un devin très renommé. — Il avait même attaché à sa personne l'astrologue Thrasylle qui avait une renommée universelle et dont il avait éprouvé la science divinatoire par des moyens variés (Tacite, *Annal.* VI, 20 ; Suet. *Tiber*, § 14 ; Dion Cass., LV, 11).

Ce cruel empereur fit mettre à mort quantité de gens qui avaient commis *le crime* de tirer leurs horoscopes, mais lui-même faisait tirer l'horoscope des personnages les plus considérables pour savoir s'il n'avait pas à redouter en eux des rivaux. Septime Sévère faillit payer de sa tête la curiosité horoscopique que nous allons raconter.

Ayant perdu sa femme, il songea à contracter un second mariage et comme il le voulait faire excellent, il fit tirer l'horoscope des filles riches à marier. Or, il apprit par des thèmes génethliaques que tous ces mariages étaient peu engageants, mais il découvrit qu'il existait en Syrie une jeune beauté à laquelle les Chaldéens avaient prédit qu'elle aurait un roi pour époux. Sévère n'était alors que légat, mais il se hâta de demander la jeune syrienne en mariage et sa demande fut favorablement accueillie (Spartian. Æl. Verus § 3). La femme née sous une si brillante étoile se nommait Julie, mais lui Sévère, était-il bien l'époux couronné promis par les astres à sa femme ? Ne pouvait-il avoir lui le mari actuel, un successeur, auquel pourrait échoir alors la couronne. Sévère, très perplexe se rendit en Sicile pour consulter un astronome très renommé ; malheureusement la chose parvint aux oreilles de l'Empereur Commode, qui fut fort en colère et se montra furieux contre Sévère. Heureusement pour celui-ci, il avait à la Cour des amis qui parvinrent à le disculper auprès de Commode. (Spartian., Sever., § 3). Plus tard, l'athlète Narcisse vint donner à Sévère la réponse qu'il était allé chercher en Sicile, car il apprit que Commode était mort étranglé à l'instigation de Marcia.

Toutes les cruautés commises envers les astrologues avaient lieu, non pas, parce que les empereurs ne croyaient pas au savoir des astrologues, mais parce qu'ils voulaient s'en réserver à eux seuls les avantages, c'était bon pour eux, mais non pour leurs sujets, pour le peuple.

C'est ainsi que Néron ne voulait permettre à aucun de ses sujets l'étude de la philosophie parce que, disait-il, c'était une chose vaine, futile et inutile et qui ne servait de prétexte que pour étudier l'avenir. Et sous son règne, divers philosophes furent accusés de s'exercer dans l'art divinatoire et plusieurs, entre autres Musonius le Babylonien, fut emprisonné comme nous l'apprend Philostrate ; (*Vit. Apollon. Tyan*, IV, 35).

En résumé, Octave croit à l'astrologie magique qui lui annonce son avénement au trône. Devenu Auguste, il proscrit tous les astrologues indistinctement : mages, magistes, magiciens, chaldéens, goëtes (Dion Cassius, XLIX, LXI, p. 464. Ed. Sturz); Tibère, son successeur, chasse de l'Italie, tous ceux qui de près ou de loin se livrent aux pratiques magiques ; de ce fait environ quatre mille affranchis sont transportés dans l'île de Sardaigne. (Tacite, *Annal.* II, 75); mais cet exil ne dut pas être de longue durée, puisque sous Claude on édicte un nouvel exil. Vitellius qui abhorre les astrologues, leur assigne un délai fixe pour sortir de l'Italie et les astrologues se moquent de l'empereur en gens d'esprit ; ils font afficher une ordonnance envers le prince qui édicte sa sortie de la terre avant leur départ, ce qui s'accomplit puisque à la fin de l'année, Vitellius est mis à mort. Vespasien expulse à son tour les astrologues, mais il garde auprès de lui celui qu'il avait à son service, le mathématicien Babillus qu'il consulte fort souvent. (Dion, Cassius, LXVI, 10, § 9.)

Néron aurait bien voulu être astrologue, mais il ne put acquérir la science divinatoire ; aussi employait-il fréquemment Babillus. Héliogabale cruel envers tout le monde, le fut également contre les astrologues, bien qu'il usât de leur service. Enfin Marc-Aurèle, dit *Le Juste*, ne se montra pas cruel, comme Héliogabale envers les astrologues.

Magiques (INSTRUMENTS). — Les instruments magiques sont divers. Voici ceux que nous trouvons dans Homère : la Ceinture irrésistible de Vénus Aphrodite (1) ; la Baguette d'Hermès psychopompe (2) ; le Breuvage consolateur d'Hélène (3) ; la Baguette et le Breuvage de Circé (4) ; le Chant des Syrènes (5) et les Formules curatives des fils d'Autalycos (6).

Parmi les instruments magiques, nous devons nous étendre un peu longuement sur les disques ; ils sont en carton recouvert de papiers coloriés, qu'on emploie dans les expériences de magisme. — Au centre de chaque disque se trouve le numéro d'ordre que la couleur du disque occupe dans le rayon solaire. Du côté gauche, on peut lire l'action que les couleurs doivent produire sur le sujet, tandis qu'à droite, on voit le signe de la planète protectrice du disque. — Les disques magiques sont au nombre de neuf : sept représentent les couleurs primitives. — Le disque n° 8 est *blanc* et le n° 6 est *noir*, ces deux disques indiquent le commencement et la fin. L'action de chacun des disques consiste à frapper avec force l'imagination du sujet soumis aux épreuves, chacun d'eux produit des phénomènes différents les uns des autres ; en voici une énumération :

Le disque n° 1, *violet*, est représenté par les

---

(1) *Illiade* XIV, 225 et S. — (2) *Ibidem* XXIV, 343 et Odys. V, 4 ; XXIV, 3. — (3) *Odys.* IV, 220. — (4) *Odys.* X, 210, 450. — (5) *Odys.* XII, 40. — (6) *Odys.* XIX, 457.

plantes : *Hydrociamus nigra* ; *Datura Stramonium*, *Cannabis Indica*, (Haschich), etc., produit comme effets : mouvement continuel des bras et des jambes ; désir de toucher à quelque chose, cris, aboiements imitant ceux du chien ; envie de mordre ; ivresse complète ; apparitions de toute sorte de bonheur, etc.

Le disque n° 2, *Indigo* ; *Piper nigra*, produit excitation fébrile, faiblesse des membres abdominaux ; perte de la vue ; tremblement des paupières, sommeil profond.

Le disque n° 3, *Bleu* ; *Piper cubeba*, *Laurus camphora*, *assa fœtida* ; excitation générale, mouvements convulsifs, envie de dormir, somnolence, abattement.

Le disque n° 4, *Vert* ; larmes abondantes, l'individu joue avec ses mains comme un enfant ; a envie de courir ; tressaillement de tous les muscles du corps ; engourdissement général, léthargie.

Le disque n° 5, *Jaune* ; *Strychinine*, *asparagus officinalis*, etc. ; Balancement de la tête en avant et en arrière ; engourdissement général, sommeil, somnambulisme, etc.

Le disque n° 6, *Orange* ; *Valeriane officinale*, tabac, etc. ; agitation.

Le disque n° 7, *Rouge* ; *Prunelle vulgaire*, *Lavande*, *Digitale pourprée*, etc. — Cris poussés par la peur ; cris aigus et intermittents, etc.

Les plantes produisant un effet analogue aux couleurs, le magiste doit pour diriger et maintenir l'action produite par elles, utiliser tout d'abord les plantes, puis les disques coloriés.

Un des instruments magiques très connu et utilisé, c'est le Miroir, voyez ce mot, et Pantacle, Pentagramme, Sceau de Salomon, etc.

Magnétiseur. — Celui ou celle qui magnétise. Tout le monde n'est pas apte à cette fonction ; il y a aussi parmi les magnétiseurs, des bons, des médiocres et des mauvais. Voici comment Deleuze définit le *bon Magnétiseur* : « le meilleur magnétiseur est celui qui a un bon tempérament, un caractère à la fois ferme et tranquille, le germe des passions vives sans être subjugué par elles, une volonté ferme sans enthousiasme, de l'activité réunie à la patience, la faculté de concentrer son attention sans efforts, et qui en magnétisant s'occupe uniquement de ce qu'il fait. »

La Volonté agit puissamment dans l'action de rayonner, aussi les magnétiseurs qui ont beaucoup de volonté sont les meilleurs ; mais dans l'acte de magnétiser, il faut considérer la volonté comme *l'agent de la tension*.

Le magnétiseur Lafontaine a dit avec raison : « Notre volonté agit plus sur nous-même, qu'en dehors de nous ; elle produit une activité plus grande au cerveau et dans tous les plexus ; de là une émission plus grande et plus d'intensité dans l'action. Plus la volonté s'exprime avec fermeté et continuité plus l'émission (du fluide) se fait abondante et intense, — ce qui est corroboré par de Bruno, qui nous dit : « les principaux agents dont l'homme se sert en magnétisme sont : *la volonté* et *l'attention*. La volonté dirige l'action, l'attention la soutient et l'accroît ; par la volonté l'homme imprime son action et la dirige là où il veut. »

Magnétisme. — On nomme Magnétisme animal ou simplement Magnétisme, un ensemble de pratiques, à l'aide desquelles on produit sur les corps vivants, plus particulièrement sur l'homme des phénomènes d'ordres divers. — Le magnétisme est une science véritable, son origine remonte à la plus haute Antiquité et non à Mesmer comme beaucoup le croient ; Mesmer ne fut que le rénovateur du Magnétisme, qu'il dénomma d'un nouveau nom, du sien : *Mesmérisme* ; de même qu'aujourd'hui nos savants modernes, n'appellent plus cette science, Mesmérisme ou Magnétisme, mais Hypnotisme ; cependant à quelques différences près, l'identité du magnétisme et de l'hypnotisme est aujourd'hui démontrée.

Certes les procédés par lesquels, on obtient de nos jours l'hypnose varient, mais tous ces procédés étaient connus de Faria, de Puységur ou même de Mesmer. L'hypnose ne diffère guère du sommeil magnétique ou nerveux ; les effets physiologiques sont à peu près les mêmes ; sont également presque identiques, les effets psychiques.

Les lignes qui précèdent sont parfaitement confirmées par les quelques lignes qui suivent, tirées d'un rapport présenté à l'*Académie Royale de Médecine* de Bruxelles le 25 février 1888 :

« On pourrait encore chicaner sur les mots, dit le Dʳ Marsoin, dans son savant rapport, mais il doit être entendu dès l'abord, que nous emploierons indifféremment le terme *Magnétisme*, qui possède certains droits d'ancienneté et que le public connaît mieux, ou le terme *hypnotisme*, consacré de plus en plus par la mode actuelle, sans parler d'autres expressions existantes déjà ou que la fantaisie créera (Braïdisme, Neurisme, Somnambulisme, etc.) désignant des mêmes états ou variantes de ces mêmes états.» (1)

Nous ne pouvons qu'approuver les lignes qui précèdent, tout en renvoyant le lecteur aux mots *Hypnose* et *Hypnotisme*.

L'origine du Magnétisme, avons-nous dit, remonte à une très haute Antiquité, nous ajoute-

---

(1) Rapport *sur l'opportunité d'interdire les séances publiques de Magnétisme animal* par le Dʳ Marsoin, professeur de physiologie humaine et de médecine mentale à l'Université de Louvain; 1888.

rons, surtout comme application à la guérison des maladies, comme thérapeutique.

Pratiqué dès les premiers temps historiques par les mages de la Chaldée, le magnétisme se répandit des rives de l'Euphrate dans l'Egypte et dans l'Inde.

Gallien nous parle d'un temple près de Memphis qui était célèbre par ses cures magnétiques.

Pythagore traite longuement du magnétisme qu'il tenait des prêtres égyptiens dont il avait capté la confiance. — Dans Plutus, Aristophane décrit parfaitement une cure magnétique : « Il commença d'abord à manipuler la tête, puis les autres parties du corps ; enfin il dégage entièrement le malade du mal. »

Dans son ouvrage, sur la médecine des anciens Egyptiens, P. Alpinus, traite des frictions, et il nous apprend que dans les flux dyssentériques, les égyptiens, après avoir opéré doucement des frictions circulaires (rotatoires, dirions-nous aujourd'hui) avec la main sur la région des hypocondres, mettaient un doigt sur le nombril et tournaient plusieurs fois, le doigt en imprimant des vibrations à l'ombilic (*digitumque pluriès circumvertunt*). Cette circonvolution ombilicale fut regardée de tout temps comme souveraine contre la dyssenterie.

En 1569, Cœlius Aurelianus décrit la guérison

7.

de maladies, au moyen de manipulation «conduisant les mains des parties supérieures aux parties inférieures, » il connaissait donc le vieil adage latin : « *Ubi dolor, ibi digitus* » là où l'on sent de la douleur, il y faut employer les doigts.

Après les prêtres d'Isis, les prêtres du Dieu des Juifs furent ses dépositaires, et les chrétiens en héritèrent. — De la Grèce, il passa à Rome et de Rome, dit-on, dans les Gaules. Etouffée dans l'ombre épaisse où les cultivèrent les adeptes du moyen-âge, la science magnétique renaît au jour avec Paracelse, 1493-1541 qui l'enseigne *ex-Professo* et en fait la base d'une nouvelle école médicale. Un demi-siècle plus tard, Van-Helmont lui consacre en pure perte quarante années de labeurs et de méditation, car il n'est pas compris. Mesmer enfin au XVIIIe siècle, *découvre ?* le Magnétisme, « qui après plus de trois mille ans d'examen et de controverse compte enfin, aujourd'hui, (1845) quatre-vingts ans d'existence. » (Dr A. Teste.)

En 1784, l'Académie Royale des sciences de Paris, nomme une commission pour étudier le *Mesmérisme* ; naturellement, elle déposa un rapport défavorable. Mesmer, abreuvé de dégoût et après avoir essuyé toute sorte de déboires quitta Paris et se retira en Suisse où il mourut ; mais il y fit un élève illustre le Dr Jussieu. — Cf.

E. Bosc, *La Psychologie* devant la science et les savants, notamment les chapitres VI et VII.

Mah, Zend. — Ized de la lune dans la mythologie persane.

Maha, Sans. — Littéralement : grand, grande ; ainsi Maha-Kali signifie la grande noire, un des surnoms de Prithivi. — Maha-déva, le grand Déva, c'est un des noms de Çiva.

Mahabali, Sans. — Géant hindou, souverain des trois mondes ; les Dieux terrifiés de sa puissance, chargèrent Vishnu de le réduire ; celui-ci se présenta au géant sous la forme d'un nain dénommé *Vamana.* Voy. Avatar, (fig. 5), page 164.

Maha-Buda, Sans. — D'après les Sastras, la force et le mouvement s'alliant avec le temps et la bonté engendrent la matière ou grande substance *(Maha-Buda)* et le choc des impulsions contraires (électricité de noms contraires, dirions-nous) produisit dans la matière, cet élément subtil, céleste, lumineux, dénommé *Akasa*, fluide pur répandu dans l'espace et qui donne la vie.

Mahabouta, Sans. — L'un des deux grands germes, dans lesquels exista tout d'abord l'Univers produit par l'union de Brahm et de Maya ; c'est pour ainsi dire la condensation de tous les éléments à l'état radiant.

Mahacala, Sans. — Littéralement : *le Grand Destructeur*, un des surnoms de Çiva.

Mahacali, Sans. — La grande noire, surnom de Prithivi, voyez ce mot.

Mahadeva, voyez Mah.

Maha-Guru, Sans. — Le grand Guru, c'est-à-dire *le Grand maître spirituel*, surnom donné au Dalaï-Lama, voyez Lama.

Mahakaciapa, Sans. — Successeur immédiat de Sakia-Muni, dont le tombeau situé à Bouddhagaïâ, est un objet de pèlerinage. C'était le principal disciple de Bouddha, il présida au concile des 500 arahats, qui fixa les règles et les doctrines de l'ordre. Ce Concile se tint dans l'antre de Saltopanni, près de Rajagricha.

Mahakali ou **Mahacali,** voyez Prithivi.

Mahamuni, Sans. — La principale divinité des Thibétains.

Mahapadma, Sans. — Suivant les légendes hindoues, c'est l'un des quatre éléphants qui soutiennent le monde.

Maharavaisagni, Sans. — Fêtes que célèbrent les Brahmanes dans la pleine lune du mois de Vayassi.

Maharegi-Tirumangenon, Sans.— Fête célébrée en l'honneur de Çiva, le jour de la pleine lune du mois de Margaji.

Maharnaomi, Sans. C'est après le Pongal, la plus célèbre fête des Hindous, elle est dite fête des armes, d'où son nom ; elle est célébrée le lendemain de la pleine lune du mois d'Arpichi.

Mahatma, Sans. — Adepte des sciences occulcultes. — Les Mahatmas sont aujourdhui centralisés en Asie ; ces initiés aux grands Mystères ont atteint un haut degré de développement psychique, aussi ne peuvent-ils vivre dans un milieu où prédominent les instincts matériels et les passions physiques. C'est pour cela que les Mahatmas ou Initiés supérieurs se sont retirés dans les régions les moins fréquentées du centre de l'Asie sur les hauts plateaux de l'Himalaya. Là, ils poursuivent leur tâche importante qui consiste à préserver la Sagesse et à la faire progresser autant que possible. Ils gardent cette sagesse en dépôt jusqu'au jour où l'humanité ayant accompli de grands progrès, pourra la recevoir. Les Mahatmas sont parfois dénommés par les Théosophes modernes : Frères de l'Himalaya.

Mahéchaçudra, Sans. — Littéralement, Seigneur des Açouras, c'est-à-dire chef des mauvais génies.

Mahéchamourdini, Sans. — Ce terme dérivé de *Mahécha* (Buffle) signifie tueuse de buffles, c'est un des surnoms de Dourga (voyez ce mot), en tant qu'adversaire de Soumbhava, le géant qui se changea en buffle pour combattre Dourga.

Mahécouari, Sans. — L'une des huit Sactis,

qui préside au Sud et que ses représentations figurées nous montrent montée sur un bœuf. — Ce terme signifie littéralement *La Grande Souveraine*.

Mahizer, Zend. — Poisson d'or qui avait la faculté d'attirer à lui tous les autres poissons, probablement à cause des propriétés magnétiques qu'il possédait.

Mairs, Celte. — Déesses qui, chez les Celtes, présidaient aux accouchements.

Mammon. — Dieu de la richesse en Syrie.

Mana-Geneta. — Déesse magique, dont le culte avait quelque analogie avec celui d'Hécate ; il était entouré de mystères et on sacrifiait à cette déesse, des chiens. Pour détourner les mauvais esprits, les larves, les lémures, on avait recours à des sacrifices expiatoires, accompagnés généralement d'exorcismes, (Denis d'Halicarnasse, *Ant. Rom.*, V, 54).

Manarouamis, Sans. — Dieu Hindou qui préside aux mois, aux saisons et à l'année ; seuls les Tchattrias lui rendent un culte, ce qui a fait supposer, avec raison à bien des mythographes que ce Dieu n'est autre que Kartikeia, voy. ce mot.

Manas. — Terme pali, qui désigne l'un des sept principes qui entrent dans la constitution

de l'homme parfait : c'est le cinquième principe :
l'*âme humaine* qui est le siège de la raison et de
la mémoire. L'âme humaine n'est pas actuellement développée, comme elle pourrait l'être, il
n'y a rien d'étonnant dans ce fait, puisque encore
de nos jours une grande partie de l'humanité,
nie l'existence de l'âme.

Cette négation a les plus graves conséquences,
car dans l'humanité, par une loi de solidarité
trop peu connue encore, le progrès intellectuel
et spirituel de l'espèce est enrayé dans sa marche
par le matérialisme ; de sorte que *les esprits
avancés* ne peuvent prévoir par la faute *des
esprits rétrogrades* à quel avenir peut arriver la
race humaine. — Voy. Buddhi. — Ce terme de
Manas comprend dans le Kamaloka trois divisions ou gradations de l'âme : le Brutal, le Mental et l'Idéal. — Il y a eu des humanités sans
Manas et ce principe, nous venons de le voir, est
encore très imparfait dans l'humanité actuelle.
Le corps physique est destiné à s'atrophier de
plus en plus et le corps astral à devenir l'extrême enveloppe de l'homme.

Mânasaputrâ, Sans.— Ego spirituel qui pour
nous aider dans notre évolution, s'est pour ainsi
dire incarné en nous, tant il vit parallèlement à
notre vie. — L'homme n'est certainement qu'une
forme, qu'une image projetée dans la matière,

dans la substance primordiale, arrivée aux confins de son activité vibratoire, au point de l'espace, où le rayonnement du jet créateur ne donne plus que le minimum de sa puissance.

Mandou ou **Mendès**, Egypt. — Dieu des Egyptiens qui avait la tête d'un bouc et l'un des huit principaux Dieux des Mendésiens.

Mandoulis, Egyp. — Nom sous lequel le Dieu d'Egypte Phré, avait un temple à Calapsché, en Nubie ; on dit aussi *Maloulis*.

Manou. — Il existe quatorze personnages de ce nom ; chacun d'eux est le chef d'un Manvantara ; il en a déjà paru sept. — Le premier, Manou, passe pour le père du genre humain et le créateur du code qui porte son nom dit *Lois de Manou. (Manava-Dharmasastra)*, dont voici quelques fragments (1) : « Qu'il ne se montre pas orgueilleux de ses austérités et qu'après le sacrifice, il ne mente point ; qu'il n'insulte pas les Brâhmanes, même s'il a été blessé par eux ; qu'après avoir fait un don, il s'abstienne de le dire.

« Qu'il accroisse insensiblement sa justice comme les fourmis blanches leur maison ; qu'il évite d'affliger aucun être, pour ne point s'en aller seul dans leur autre monde.

---

(1) *Lois de Manou* IV, 236.

« Son père, sa mère, son fils, sa femme et ses proches ne l'accompagneront pas ; la justice seule est là-bas.

« L'homme naît seul et meurt seul, de même seul, il reçoit la récompense de ses bonnes œuvres et le châtiment de ses mauvaises actions.

« Abandonnant à la terre, comme un morceau de bois ou un fragment d'argile, le corps du mort, ses parents détournent la tête et s'en vont, mais la justice reste et le suit.

« Il doit donc augmenter insensiblement sa justice pour ne point partir seul ; car accompagné par la justice, l'homme franchit les ténèbres infranchissables.

« L'homme qui préfère la justice à toutes choses détruit le mal par la pénitence ; aussi brillant de lumière et revêtu d'un corps glorieux, il est porté dans le *Kaçariaînam*, sorte de Dévakan, de Paradis. »

Manrespand, Zend. — L'un des vingt-huit izeds, le génie de la parole.

Manthara, Sans.— Personnage du Ramayana ; c'était l'esclave de la reine Keikéi, épouse de Daçaratha.

Mantique, Grec. — Les Grecs appelaient mantique (μαντική) ce que les Latins dénommaient *Divinatio* ; c'est-à-dire cette lumière divine qui s'ajoutait comme une faculté nouvelle à l'entendement humain.

Un prêtre Egyptien, dont le *Timée* reproduit une conversation avec Solon, place la mantique à côté de la médecine ; d'après ce prêtre, ces deux sciences auraient été systématisées par la Déesse Neith, puis portées en Attique. — Cf. PLATON, *in Timée*, page 23.

Manvantara ou **Manwatara,** Sans.— Longue période de temps au bout de laquelle le monde éprouve une révolution qui le détruit pour quelque temps.— Quatorze Manvantaras forment un Kalpa, c'est-à-dire une période qui est un jour et une nuit de Brahma. — Ce terme représente une activité cosmique, un cycle évolutif ; une période d'activité de l'Univers manifesté ; voyez KALPA.

Maradjit, Sans.— Surnom de Bouddha Çakia-Muni.

Maras-Rupas, Sans. — Ames inférieures d'hommes qui par leurs goûts matériels restent liés à la terre après leur mort, et qui peuvent prendre à volonté les formes animales qui caractérisent le mieux leurs instincts. Sur la terre, ces individus n'étaient que ce qu'on nomme des *hom-animaux*, le corps physique conservant la forme humaine, chez un homme entièrement animalisé ; mais après la mort, le corps astral de ces êtres, ne les empêche pas de revêtir des formes animales qui sont l'expression caractéristique de leurs basses passions.

C'est à ces Maras-Rupas auxquels Jacob Bhœme fait allusion, quand il écrit (1) : « Par là chacun doit apprendre qu'il est ce que le fait sa volonté et que si ses désirs sont ceux des animaux, il n'est pas un homme, mais un habitant du Royaume animal, une créature du monde ténébreux, un chien vorace, un oiseau volage, un animal impudique, un serpent venimeux, un crapaud plein de venin.

Toutes ces propriétés ont leur source en lui et fournissent le bois, avec lequel, il alimente le feu de sa vie. Quand donc il quittera le bois extérieur fourni de quatre élements, il ne restera plus de lui que la source empoisonnée de son tourment. Quelle forme aura alors une telle propriété ? Pas d'autres, que celle qui correspond à la propriété dominante en lui et qu'il prendra par la puissance du verbe infernal, de sorte qu'il sera un chien, un serpent, un crapaud ou tout autre animal. Les propriétés que la volonté a rendues vivantes imposent leur figure à son âme.»

Marc de café. — Mode de divination moderne; on le pratique de la manière suivante : on verse dans une assiette du marc de café ayant

---

(1) *Les six points*, VII, 37.

servi, délayé dans un peu d'eau, on promène la solution sur la surface de l'assiette et l'on décante. Le résidu solide reste attaché à l'assiette et produit des figures, d'après lesquelles on tire des présages.

Mard, Sans. — Dans les religions ésotériques c'est un démon (*asura*), mais dans la philosophie ésotérique « il est la personnification de la tentation par les vices des hommes, et, traduit littéralement, il signifie *ce qui tue*, l'âme. Il est représenté comme Roi (des Maras) (Maha-Mara) avec une couronne où brille un joyau d'un tel éclat, qu'il aveugle ceux qui le regardent ; cet éclat est évidemment une allusion à la fascination exercée par le vice sur certaines natures. » *Voix du silence*, Note 1, page 24.

Maria di Agreda, Espag.— Célèbre mystique espagnole, née en 1602, auteur de la *Cité mystique de Dieu.* — Cet ouvrage fut publiquement censuré par la Sorbonne. — A l'âge de 18 ans Maria entra dans un couvent de Burgos où elle produisit des phénomènes de lévitation, d'apport de dédoublement et autres phénomènes psychiques constatés en si grand nombre et par tant de personnes, que Philippe IV d'Espagne entama avec elle une correspondance qui dura de très longues années sans interruption.

Maria di Agreda était un haut sensitif, ce que

les spirites nomment un *médium* ; elle était auditive, clairvoyante et dégageait son astral pour voir ce qui se passait au loin. — Elle mourut au couvent d'Agreda en 1665, c'est-a-dire à l'âge de 63 ans; une partie de sa correspondance avec Philippe IV a été publiée en 1855 seulement.

Mariatala, Sans.—Femme de Paraçourama qui est l'objet d'un culte particulier des Parias qui la considèrent comme la plus puissante des divinités.

Marie. — Marie la Juive, en hébreu *Miriam*, qu'il ne faut pas confondre avec Marie l'Egyptienne, passe pour avoir été la sœur de Moïse. Elle naquit 1576 avant l'ère vulgaire ; elle était fille de Amram et de Jacobed de la Tribu de Lévi.

Ce nom de Marie paraît avoir été porté pour la première fois par la sœur de Moïse ; il aurait de nombreuses étymologies hébraïques ; ainsi *Miriam*, signifie élevé, exhaussé, ce même terme serait aussi dérivé de *Marar* amertume et *iam, Jam* mer ; il signifierait donc amertume de la mer ou bien s'il était dérivé du syriaque *Mard*, il signifierait d'après Dom Calmet *Maîtresse* ou *Reine de la Mer*.

D'après Saint-Jérôme, Marie signifierait *lumineuse*, celle qui éclaire, d'où *Etoile de la mer*, surnom qu'on donne à Marie mère de Jésus ; mais Saint Jérôme ne dit pas dans quelle langue, il a puisé cette étymologie ; notre figure donne le portrait de Marie la Juive, d'après une de ses représentations figurées, les plus répandues.

Maritcha, Sans. — Mauvais génie de la mythologie hindoue qui fut tué par Rama ; il était fils de Sounda et de Taraka.

Maroutonkels, Sans. — Génies de l'ordre des Dévarchis.

Martichoras, Zend — Animal fabuleux de la mythologie des Perses. Ses représentations figurées nous le montrent avec le corps d'un lion, les pieds d'un cheval, la tête d'un homme coiffé de la tiare et avec des ailes aux flancs. Il symboliserait ou la sagesse ou le courage.

Masikim, Mazqin, Héb. — Sorte de larves, analogues au Télenaï. Ce sont ces mauvais esprits, qui font irruption dans le corps de l'homme, une fois que l'âme (*Ruach*) en est partie. A ce moment, l'homme paraît bien mort ; il n'en est rien pourtant, il pourrait encore revenir à la vie, car celle-ci ne s'est totalement retirée du corps de l'homme, que quand Nephesch qui est l'âme de la vie élémentaire est entièrement chassée ; elle l'est surtout par les Masikim, et ce n'est qu'alors que survient la véritable mort, car la première n'est qu'apparente. — D'après le Talmud, il y a 900 espèces de morts, toutes différentes entre elles, depuis la plus douce, dénommée le *Baiser*, jusqu'à la plus horrible, celle dans laquelle le moribond éprouve comme la sensation d'une grosse crinière de cheveux qu'on lui arracherait du gosier ; voy. Nephesch.

Matérialisation. — Action de se matérialiser ; mais dans le langage spirite, ce terme indique une apparition, non plus fluidique, astrale, mais une apparition, matérielle, tangible. Les matérialisations se manifestent généralement à l'aide de certains médiums très nerveux, forts et robustes, dénommés à cause de cela, *médiums à matérialisation*.

Examinons le *Modus Operandi*.

La cause immédiate du phénomène, c'est la force neurique, fluide, vital du médium ou des personnes réunies dans une assemblée, laquelle force est dirigée par la volonté inconsciente du médium, dans le cas de matérialisation de son double ou, en général, par ce que les anglais nomment des *Spooks* inertes, ou bien cette même force provient des êtres de l'astral dont la coque ou cadavre est de date relativement récente. — Les adeptes opèrent la matérialisation de leur forme astrale, en utilisant la force neurique emmagasinée pour ainsi dire dans le corps qu'ils ont laissé à distance.

Mathématiciens. — On désignait sous ce terme en Grèce, les savants astrologues Egyptiens ; tandis que le nom de *Chaldéen* devint synonyme de tireur d'horoscopes, de diseur de bonne aventure; à cause de ces derniers, les véritables mages étaient fort décriés. Au premier siècle de l'ère chrétienne, un philosophe Favorinus, cité par Aulu-Gelle (*Noct. attic.* XIV, 1) réfute l'astrologie et nie sa haute Antiquité ; de même Sextus Empiricus (*adv. Mathem.*, V, p. 208. Edition Fabricius) déclame fort contre les mathématiciens. Il est vrai que ceux-ci savent se défendre, si nous en jugeons par un traité qui nous est parvenu sous le nom de Lucien et qui a pour titre : Περὶ τῆς ἀστρολογίας, mais nous doutons fort que ce traité soit de cet auteur, car on n'y retrouve, ni son esprit, ni sa mordante et fine ironie.

Matière. — Tout ce qui est matériel, tout ce qui tombe sous nos sens physiques ; tout ce qui se touche et qui a un corps. La matière existe cependant dans deux conditions à l'état latent non différencié *(Sukshma)* et à l'état différencié (Sthula). — Dans cette dernière condition, la matière produit un amas de formes nommé *Jagat* (Univers). — Dans la mythologie hindoue la matière est tenue pour le *Sharira de Parabrahm*, celui-ci étant son *Shariri* ou Centre.

D'après M. Taine, il n'y aurait ni substance matérielle, ni substance spirituelle, celle-ci étant « un fantôme créé par la conscience, et l'autre un fantôme créé par le sens. »

— « Une infinité de fusées toutes de même espèce, qui à divers degrés de complication et de hauteur, s'élancent et redescendent incessamment dans les noirceurs du vide, voilà les êtres physiques et moraux. »

Nous ne saurions partager l'opinion de Mr Taine ; non les êtres physiques et moraux ne sont pas : « une infinité de fusées, toutes de même espèce, qui à des degrés divers de complication et de hauteur s'élancent incessamment dans les noirceurs du vide. »

Par cette citation d'un des chefs de l'école positiviste, on voit que le positivisme français a décrété des limites à la pensée ; « Tu n'iras pas plus loin, dit-il à l'intelligence humaine ; quant au positivisme anglais, il condamne l'esprit humain à manœuvrer perpétuellement dans le même cercle, dans le même cylindre grillagé, pourrions-nous dire, absolument comme l'écureuil roule dans sa cage.

Matsya-Avatara, Sans. — Première incarnation de Vishnu, dans laquelle il apparut sous la forme d'un poisson ; voyez AVATAR (fig. 2.)

Maut. — Myt. Egyp. — Epouse du Dieu Ammon ; Maut signifie mère. Maut, dit M. de Rougé (1), est ordinairement coiffée du *Pschent* ou double diadème ; quelquefois un vautour, symbole de la maternité, montre sa tête sur le front de la déesse ; les ailes de l'oiseau forment sa coiffure. Elle est vêtue d'une longue robe étroite et tient dans sa main le signe de *vie*. (voy. Croix ansée.)

Les principaux titres de Maut sont ceux de « Dame du ciel, régente de tous les Dieux.»

Maya, Sans. — Selon les Védas, Maya est la matière ou l'Illusion ; source des phénomènes et cause de la manifestation des existences individuelles. Elle exista la première de toutes les créations, c'était l'élément liquide, l'eau primordiale ; du sein de laquelle naquit l'univers.

Mayavirupa, Sans. — Corps illusoire, corps du rêve, un des états du double d'un homme ; pendant la vie de celui-ci, ce corps est à la fois le véhicule de la pensée, des passions et des désirs matériels, il emprunte en un même temps au Manas inférieur (mental) et au Kama, l'élément du désir. Après la mort, Mayavirupa forme ce que l'on nomme en Occident une Larve et en Orient *Bhut* ou *Kama-Rupa*. — La larve possède la vie, mais elle est à peine consciente, car elle ne peut

---

(1) *Notice sommaire des monuments Egyptiens* exposés dans les galeries du Musée du Louvre ; Br.-in-8°, Paris, 1855.

guère se manifester que quand elle est attirée dans le courant d'un médium. — Voyez Larve.

Mazdéisme, Zend. — Religion des Parsis, qui revêtit dans l'Iran une forme plus spiritualiste que le Védisme de l'Inde duquel elle tire son origine. L'étude des Védas nous montre que la religion des parsis était sortie du naturalisme dont les livres sacrés de l'Inde nous ont gardé la naïve expression ; mais tandis que le chantre Arya chante dans l'élan de son sentiment religieux le soleil, sous ses divers aspects, les météores lumineux, les eaux, la terre et les arbres; dans le Mazdéisme, la notion de génies, d'esprits célestes se substitua à l'adoration pure et simple des forces ou créations de la nature. C'est alors qu'apparaît Ormuzd (voy. ce mot) ou plutôt Ahoura-Mazda (voy. ce mot) créateur et maître de l'Univers. Mais cette nouvelle théogonie est d'origine assez récente, puisqu'Hérodote (I, 131) donne comme religion aux Parsis, un naturalisme aussi accentué que celui de la religion des Védas. (Strabon, XV. p. 732).

Le mal existant dans l'Univers et le Parsi ne pouvant admettre que ce soit l'œuvre d'un dieu bon créa l'esprit du mal Ahriman en zend Ancramanyou (le mal intentionné) ; mais ajoutons que ce dualisme n'était pas toutefois égal, puisque finalement après des combats séculaires, Ormuzd devait finalement triompher du génie du mal.

Le grand prophète de la religion Mazdéenne est *Zerduscht* ou *Zarathoustra* qui par corruption est devenu Zoroastre (voy. ce mot.) que ce personnage soit réel ou mythique, il faut voir en lui le Réformateur plutôt que l'instituteur de la religion Mazdéenne; en tout cas ce fut le législateur religieux de la Perse et c'est à lui à qui on attribue la composition des livres sacrés dont les Parsis nous ont conservé des fragments dans l'*Avesta*. — Voyez Anquetil — Duperron, traducteur du *Zend-Avesta*.

Mécasphim. — Hébr. — Sorciers Chaldéens qui utilisaient principalement les plantes et les herbes magiques pour leurs opérations et pour le traitement des malades.

Mécubales, Hébr. — Philosophes hermétistes des anciens hébreux, qui s'adonnaient à l'alchimie. On a fort peu de renseignements à leur sujet. Inutile d'ajouter que ni le Dictionnaire de l'Académie, ni celui de Littré, ni l'Encyclopédie si incomplète de Larousse, malgré ses suppléments, ne connaissent pas ce terme; nous ne l'avons du reste trouvé mentionné que dans Ragon, Maçonnerie orthodoxe, p. 543 : « Mécubales et Cabalistes chez les Hébreux. »

Méditation. — Action de méditer, de réfléchir sur un objet quelconque. La méditation est considérée comme une méthode d'entraînement pour la voie spirituelle ; notamment chez les Hindous et plus particulièrement chez les Bouddhistes. La méditation comprend quatre stages ; ils sont respectivement dénommés : Parâ, Pashyanti, Madhyamâ et Vaikhari. On nomme en sanskrit *Anàhàta Shabda*, les voix et sons mystiques entendus par le yogui aux premiers stages de la méditation, qui ne sont entendus que par ceux qui ont développé leurs sens internes spirituels ; seul le quatrième etat Vaikhari est perçu par l'oreille physique.

Médium. — Personne douée de certaines facultés qui lui permettent de servir d'intermédiaire entre les êtres invisibles et les hommes. La médiumnité ou faculté médianimique variant à l'infini, il existe des médiums de divers genres ; cependant, on peut ramener ces genres à quelques types principaux, parmi lesquels nous mentionnerons : les typtologues, les écrivains, les moteurs, les auditifs, les voyants, les parlants, les matérialisants, les incorporants, les guérisseurs, les somnambules, les pneumatographes.

Bien que ces diverses dénominations appliquées aux médiums qualifient leurs divers genres, nous définirons cependant les principaux ; on nomme :

Médium *typtologue*, celui au moyen duquel des meubles de bois, tables, etc., produisent des coups, petits craquements ou sonorité.

Médium *écrivain*, celui dont la main écrit mécaniquement sur le papier, l'ardoise ou un objet quelconque et cela sans que la volonté de l'écrivain participe en rien, dans cet acte. — L'auditif est le médium qui entend des voix lui parler ; les matérialisants ceux qui ont la faculté de faire apparaître des fantômes, les incorporants, ceux qui peuvent prêter temporairement leur corps à des invisibles, qui agissent et parlent par eux ; les médiums guérisseurs sont ceux qui en imposant leurs mains sur des malades les guérissent de leur maladie ; de nos jours, le Zouave Jacob peut être considéré comme médium guérisseur, nous lui avons vu accomplir dans sa petite maison du quai d'Auteuil, de véritables guérisons miraculeuses.

On nomme *Pneumatographe*, le médium qui a la faculté d'obtenir de l'écriture, des dessins même ou des vignettes graphiques quelconque directement, c'est-à-dire sans le secours de sa main, ni de celle d'aucune personne, par exemple l'écriture directe entre deux ardoises scellées et cirées ; le médium Slade est un Pneumatographe.

Médiumnité. — Faculté que possèdent les Médiums (voy. ce mot). — La médiumnité n'est pas un fait de hasard, ni une marque de développement plus avancé de l'intelligence humaine ; c'est une faculté qu'on possède en soi et de même que parmi les hommes, les uns sont musiciens, peintres, sculpteurs ou architectes, de même certaines natures sont douées de la faculté médianimique ; du reste tous les hommes intelligents sont plus ou moins médiums, les uns à l'état latent, les autres par certaines qualités qu'ils possèdent. — La médiumnité peut être plus ou moins grande chez un sujet, mais elle peut être aussi développée chez des individus ayant des dispositions. La médiumnité se manifeste de mille manières, soit par inspiration, soit par démonstration, soit par somnambulisme, soit sous l'action magnétique.

A l'heure actuelle, d'après les *savants* docteurs, la médiumnité est un signe d'infériorité, de dégénérescence, car ce ne serait, au dire de ces mêmes docteurs, que les hystériques, les scrofuleux ou les détraqués qui seraient médiums. Ce sont là des idées plus qu'étranges tout à fait fausses, car si MM. les docteurs avant de se prononcer aussi carrément, avaient expérimenté des médiums, ailleurs que dans les maisons de santé, dans les hospices d'aliénés ou dans les hôpitaux, ils ne parleraient pas ainsi qu'ils le font.

La vérité est ceci : que le nombre de médiums conscients ou inconscients est si considérable qu'il s'en trouve parfois, même parmi les hystériques et les détraqués.

Nous ajouterons même que souvent ceux-ci ne sont dans cet état que parce qu'ils sont possédés par de mauvais esprits ; la folie n'est bien souvent que le résultat d'une possession démoniaque et par ce terme, nous entendons non le démon, mais des génies du mal. — Cf. E. Bosc, *La Psychologie devant la science,* chap. XIII, p. 180. 1 vol. in-12, Paris, 1893.

Melcartus, voy. MELKARTH.

Melek-el-Mout, Zend. — L'ange de la mort chez les Persans.

Melkarth, Phén. — Ce terme signifie littéralement *le roi fort,* c'est le nom d'un demi-Dieu, de l'Hercule tyrien ; on l'adorait non seulement en Phénicie, mais dans d'autres contrées orientales ; on le nomme également Melcartus et Melicartus et Melcarte.

Mélusine. — C'est le nom de la fée de la famille des Lusignan, l'une des plus célèbres de France et qui est considérée comme la patronne de la maison des Lusignan ; aussi la plupart des femmes de cette famille portaient le prénom de Mélusine. Un poète du XIVe siècle, Jean d'Arras, a écrit un poème sur l'histoire de cette fée.

Memnon, Grec. — Célèbre héros de la mythologie grecque dont les légendes sont aussi fabuleuses que variées.

Menaka, Sans. — Apsara, mère de Sakountala ; c'est aussi l'épouse d'Himalaïa et la mère de Dourga.

Mendal. — Terme arabe qui désigne une opération au moyen d'une coupe remplie d'eau, par laquelle on prédit l'avenir ; c'est le médium au verre d'eau des spirites modernes.

Voici comment les arabes pratiquent l'opération. Ils choisissent une vierge et ils lui commandent de concentrer son attention sur la surface d'un vase ou un récipient quelconque rempli d'eau *(coupe divinatoire)*. Quand le sujet est bon, c'est-à-dire doué de certaines facultés, des visions lui apparaissent à la surface de l'eau comme dans un miroir et la voyante peut alors décrire ce qui se passe au loin, ce n'est en somme qu'une forme d'Hypnotisme (v. ce mot). Chez les arabes, au lieu du vase d'eau, on emploie parfois comme miroir de l'encre versée dans la paume de la main de la voyante.

Mendès, Egypt. — C'est le Dieu Pan des grecs ; il était adoré en Egypte, sous la forme d'un Bouc, voyez ce mot.

Mental. — Le mental est le siège de la volonté et de l'entendement. — La volonté est le véhicule de l'amour, qu'on retrouve au fond de toute parole et de toute action, de même, que l'entendement est le véhicule de la pensée. Le mental est une des divisions de l'âme, car celle-ci dans le Kama-Loka se divise en causal, brutal et mental. — En sanskrit, le terme *Dhânanâ*, désigne la concentration intense du mental sur quelque objet intérieur de perception, accompagnée de l'isolement le plus complet, le plus absolu de tout ce qui appartient à l'Univers extérieur ou au monde physique.

La voix du silence nous dit : « Le mental est le grand destructeur du réel. »

Le mental, principe pensant ou *Ego* de l'homme, est relié à la *connaissance* même, parce que les Egos humains sont appelés les fils du mental (universel) *(Manasa-putras)*.

Mercavah, Mercabah ou **Merkabah,** Hébr. — Ce terme signifie chariot, livre de Lumière ; c'est une des divisions de la Kabbalah ; c'est l'organe, le véhicule par lequel Neschamah agit.

Merlin. — Célèbre enchanteur du Vme siècle, qui d'après les uns, naquit, dit-on, du commerce de la fille d'un roi Calédonien avec un incube, et d'après d'autres d'un incube et d'une Druidesse, fille d'un roi Bas-Breton ; il naquit dans l'île de Sein, il y vécut sept ans, après avoir longtemps voyagé pour purger la terre de tyrans et de malfaiteurs. C'est dans cette île qu'il composa ses prophéties. C'est Merlin qui avait créé la chambre magique du roi Arthus. — Ceux de nos lecteurs qui désireraient des détails sur Merlin, n'ont qu'à consulter Myrdhin ou l'enchanteur Merlin de Hersart de la Villemarqué, 1 vol. in-12, Paris, nouvelle édition, 1862.

Méros, Méru ou **Mérou**. — La montagne sainte où habitent les Dévas ; ce terme signifie aussi demeure des dieux. Brahma réside au sommet, il est entouré des Richis et des Gandharvas ; du reste, dans les livres sacrés de l'Inde cette montagne porte des noms divers.

Meschia, Pers. — Une légende rapporte que Kaïomorts ayant tué Ahrimane, le sang de celui-ci répandu sur la terre fut purifié par le soleil et au bout de quarante années l'arbre Reiva naquit de ce sang. — Après dix années de croissance, cet arbre merveilleux donna naissance à dix couples humains qui fournirent dix espèces d'hommes. Le premier de ces couples comprit Meschia et Meschiane.

Meschiane, voyez Meschia.

Mesmer, voyez Magnétisme.

Messie. — De tous temps et presque chez tous les peuples, le Messie-Mythe est né d'une Vierge-mère. Voici le nom de divers messies : Adon, Horus, Mithra, Tammuz, Christ, etc., voy. Khrischna et Dèvaki.

Métallothérapie. — Guérison au moyen des métaux ; l'origine de cette médication remonte à la plus haute Antiquité. — De nos jours les

Dʳˢ Burcq, Morincourt, Charles Pinel, Fouque ont rénové cette thérapeutique qui est appelée à un grand avenir. — Divers constructeurs mécaniciens de Paris entre autres Radiguet livrent aux médecins et aux malades des appareils très perfectionnés. — Voyez Couronne Magique.

Métoposcopie, voyez le terme suivant.

Métoscopie. — Divination par l'inspection des traits du visage et plus particulièrement par les rides du front. (Cic. *De Fat.* 5 ; Tuscul., IV, 7 ; Suétone, Tit. 2 ; Juvenal, Satire VI, 581 ; Velle. Paterculus II, 14.)

On dit également Métoposcopie, mais c'est le terme ancien employé par divers auteurs ; au XVI⁰ siècle Cardan publia un *Traité de Métoposcopie* qui renferme des faits très curieux. « Le front, dit-il, est de toutes les parties du visage la plus importante et la plus caractéristique ; sur l'inspection seule du front, un physionomiste habile peut deviner les moindres nuances du caractère d'un homme. En général, un front très élevé avec un visage long et un menton en pointe est l'indice de la nullité des moyens. Un front très osseux annonce un naturel opiniâtre et querelleur ; si ce front est aussi très charnu, il est le signe de la grossièreté, etc., etc. »

Nous ajouterons que les rides ne se prononcent qu'avec l'âge, ce n'est donc que chez les vieillards qu'on peut bien étudier la métoscopie. Cependant avant de paraître, les rides existent dans la conformation du front. — Il y a sept rides ou lignes principales sur le front et qui le traversent parfois d'une tempe à l'autre. Ces lignes sont placées comme les doigts de la main sous l'influence des planètes, ainsi Saturne préside à la plus haute, c'est-à-dire à celle qui est au sommet du front ; Jupiter à la seconde, Mars à la troisième, le Soleil à la quatrième, Vénus à la cinquième, Mercure à la sixième, enfin la Lune à la septième ou dernière, à celle qui est située sur le sourcil. Notre figure montre un visage sur le front duquel on lit trois lignes, c'est-à dire celle de Saturne, de Jupiter et de Mars.

Microposope. — Les Kabbalistes hébreux

désignent sous ce terme qui signifie littéralement *Créateur du petit monde*, le vrai Mage.

Mihir, Pers. — Dieu Persan dont le nom signifie littéralement *feu* et *amour* ; c'est le Soleil.

Miracles. — Faits merveilleux, exceptionnels qui se produisent en dehors des lois de la nature. — Nous devons ajouter que ces faits n'existent pas car tout ce qui arrive est le résultat de la Loi, qui est éternelle et immuable. Donc tout ce qui se passe sous nos yeux et qui peut paraître miraculeux, n'est ainsi, que parce que nous ne connaissons pas les lois de la nature.

Mires. — Chez les Grecs modernes, on désigne sous ce terme des sortes de fées, auxquelles les jeunes filles demandent des époux. — On nomme *Visite des Mires*, une cérémonie qui se pratique le cinquième jour après la naissance d'un enfant, cette cérémonie paraît dérivée de l'amphidromie des Grecs de l'Antiquité.

Miroirs Magiques. — L'emploi de ces miroirs, dits aussi *constellés* remontent à une très haute Antiquité. Varron (1) prétend que cet emploi était originaire de la Perse, ce qui prouve bien que ce sont les Mages qui sont les inventeurs de ce mode de Divination dénommé Cataptromancie ; voyez ce mot. Didias Julianus eut recours aux

---

(1) *In* Saint-Augustin, *De Civit. Dei*, VII, 35.

miroirs magiques pour découvrir l'issue de la bataille que devait livrer contre Sévère, Tullius Crispinus son compétiteur à l'empire (1). Or, comme on avait grande confiance aux enfants dans l'Antiquité, Didius Julianus, après avoir attiré sur la tête d'un enfant la clairvoyance au moyen de conjurations, le fit lire dans le miroir fatidique. — On nommait *Specularii*, ceux qui consultaient l'avenir à l'aide de Miroirs. (Cf. Du-cange, *Glossarium medivæ et infimæ latinatis*, v° Specularii).

C'est sans contredit l'emploi de l'eau en un bassin qui a amené la *catoptromancie*, V. Lécamonancie.

Pic de la Mirandole avait une grande confiance dans les miroirs constellés ; il affirmait même, qu'il suffisait d'en faire fabriquer un, sous une constellation favorable et de donner à son corps une température convenable pour lire dans le miroir le passé, le présent et l'avenir. Cette dernière observation est très importante ; nous savons, en effet, que si un médium éprouve du froid, il lui est difficile d'être lucide.

Jean Fernel, dans son *de abditis rerum causis* (I, XI) affirme avoir vu dans un miroir diverses figures qui exécutaient tous les mouvements

---

(1) Spartianus, *Did. julian.* VII.

qu'il leur commandait et les gestes de ces figures étaient si expressifs, que chacun des assistants qui, comme lui, voyaient dans le miroir, pouvaient comprendre leur pantomime.

REINAUD, dans la *Description du Cabinet Blacas* (tome II, p. 401 et 402) nous dit: « Les orientaux ont aussi des miroirs magiques dans lesquels ils s'imaginent pouvoir faire apparaître les anges, les archanges ; en parfumant le miroir, en jeûnant pendant sept jours et en gardant la plus sévère retraite, on devient en état de voir soit de ses propres yeux, soit par ceux d'une Vierge ou d'un enfant, les anges que l'on désire évoquer ; il n'y aura qu'à réciter les prières sacramentelles, l'esprit de lumière se montrera à vous et vous pourrez lui adresser vos vœux. »

Les Chinois et les Hindous possèdent des miroirs magiques métalliques, dans lesquels ils lisent clairement l'avenir ou décrivent des scènes qui se passent au loin.

La fabrication des miroirs magiques était connue des Romains qui en faisaient un fréquent usage (1).

Cornelius Agrippa *(de incertitudine et vanitate scientiarum*, c. XXVI) nous informe que des

---

(1) V. AULU-GELLE, *Noct. attic.* XVI, XVIII : « Ut speculum in loco certopositum nihil imaginet, aliorumque translatum faciat imagines. »

pareils miroirs trouvés dans les mains de certaines personnes, les ont fait accuser de sortilèges et que leur possession mit souvent en péril la vie des sorciers.

Muratori, nous apprend aussi que Martin della Scala, fit mettre à mort l'évêque de Vérone, sous l'oreiller duquel on avait trouvé un miroir magique. Ce miroir portait inscrit le nom de *Fiore* (fleur) que les sorciers appliquaient au Diable ; ce qui est confirmé par la confession de Saint-Cyprien, qui nous dit, en effet, que le démon apparaissait sous la forme d'une fleur. On trouva un pareil miroir dans la maison de Colas de Rienzi (1).

Le Mercure Français de 1609 (p. 348) nous apprend qu'en 1609, on brûla en place de Grève, un sorcier normand : Saint-Germain, pour avoir fait usage de miroirs magiques en compagnie d'une femme et d'un médecin.

Certains spirites donnent à tort le nom de *miroir magique*, à un cercle tracé sur le plancher d'une salle ou sur une planchette.

Les sensitifs en observant fixément ce cercle, se mettent dans un genre d'extase, qui leur permet, paraît-il, de vaticiner ou dévoquer les

---

(1) Cf. MURATORI, *Scriptor. rerum Italicar.* T. I, cal. 293 et 545. — Cf. également WIERUS, *Pseudomonarchia Dæmonum*, lib. III, c. XII, 6.

esprits. Ce dernier se nomme *Cerçle magique* et et non miroir magique.

Mischna, Hébr. — Recueil de traditions rabbiniques depuis Moïse ; c'est ce recueil qui a servi de fondement au Talmud et en forme la première partie ; il ne put être composé que vers l'an 300 et le Talmud de Babylone que l'an 700 environ avant J.-C. — L'Etymologie hébraïque signifie *remaniement.* Cf. Diderot. — *Opinions des anciens philosophes*. (Juifs).

Rabbi Judas naquit l'an 130 de l'ère vulgaire, rédigea le premier et réunit en un seul corps toutes les traditions rabbiniques. Il en forma six parties différentes, subdivisées elles-mêmes en soixante-onze traités particuliers. Son livre *Mischna* ou seconde loi fut reconnu et adopté par toutes les synagogues de l'Orient et de l'Occident. — La réunion de tous ces documents, forme ce qu'on nomme le Talmud, dérivé du mot *Limoud* (apprendre) ; il comprend la *Mischna* primitive, les deux *Gamara*, les *Tosophal*, appendices, allégories, commentaires et récits *(Hagada)* enfin la *Médraschime* ou applications grammaticales.

Misraïm, Chal. — Fils de Cham qui passe pour l'inventeur de la MAGIE, voyez ce mot.

Mithra, Pers. — Divinité persane dont on ignore les attributions et dont le *Zend-Avesta* ne trace le caractère que d'une manière fort vague. On l'identifie tantôt à l'ized de la planète Vénus, tantôt avec celui du Soleil. — D'après Hérodote, Mithra ne serait autre chose que le principe des générations et de la fécondité qui perpétue et rajeunit le monde. — Plutarque nous apprend que le culte de Mithra (culte Mithraïque) fut établi à Rome vers l'an 70 avant J.-C. — Mithra serait né dans une caverne ; aussi partout où son culte fut pratiqué, une caverne était consacrée pour la cérémonie de sa nativité. On sait ce que signifie cette caverne et la date précise des époques auxquelles la naissance des divers « Messies ou Christos » avaient lieu, est définitivement fixée ; c'était le lieu où naissait le soleil pendant le solstice d'hiver.

Mobeds, Pers. — Prêtres des Guèbres ou Parsis, dénommés en Pehlvi *Magoi* (Zend-Avesta, Tome II, p. 506). — Ce terme de Mobeds n'est pas cité dans l'Avesta ; l'origine de ce mot est d'après Spiegel *nmàna-païti* et d'après Rogge et Tièle, il proviendrait de *Magou-Pat*, qui signifierait maître des mages.

Mog. — Terme zend et Pehlvi qui signifiait initié, d'où, par corruption, on a fait Mag, puis Magus, d'où Mage, Magicien ; voyez Mage.

Mogani. — Mauvais esprits de l'Inde qui obsèdent les enfants. Aussi dès qu'un enfant est malade, l'Hindou est convaincu que c'est parce qu'il est en but à l'obsession d'un de ces mauvais esprits ; aussi pour en débarrasser l'enfant, ils couvrent son corps d'amulettes et pratiquent des conjurations magiques. (J. Roberts, *Oriental illustrations of the sacred scriptures collected from the customs of the Hindus*, p. 171).

Mogoda, Sans. — Un disciple de Bouddha.

Mohanimaia ou **Mahamohani**, Sans. — Divinité hindoue, dont Vishnu emprunta les traits pour enlever l'*Amrita* aux mauvais génies, lors du barattement de la mer de lait ; cette déesse eut un fils de Çiva qui fut nommé Aiénar.

Moisasour, Sans. — Un des chefs des mauvais esprits de la mythologie hindoue.

Moksha, Sans. — Etat de perfection de la spiritualité dans toute sa plénitude ; voy. Nirvana.

Mokuris. — Apôtre qui introduisit le culte d'Amida (Bouddha) parmi les Bouddhistes Japonais.

Moloch. — Dieu Phénicien, adoré particulièrement par les Ammonites et auquel sacrifièrent les Israélites, malgré la défense des Prophètes. Le roi Salomon éleva un temple à Moloch sur le mont des oliviers.

Moly. — Plante magique, de la famille des alliacées, que Mercure remit à Ulysse pour neutraliser les funestes effets des breuvages que lui avait servi Circé.

Mombé-Dévi. — Ce terme qui signifie littéralement Déesse de Bombay, était en effet une divinité adorée à Bombay, nous pensons que c'est un synonyme de Parvati, voyez ce mot.

Monde. — Le Monde est l'ensemble des systèmes planétaires, c'est là le monde que l'on voit en partie du moins, mais ce n'est pas de ce monde visible dont nous voulons parler ici, mais des mondes invisibles. Combien en existe-t-il ? Un très grand nombre probablement. L'Esotérisme nous l'apprend et les hindous nous disent qu'il y a quatre sphères d'existence ou quatre mondes : le monde de Prajapati, celui de la connaissance, de l'amour divin, de la sagesse.

Auprès de nous et nous enveloppant pour ainsi dire, il y a le monde astral qui est peuplé d'êtres semi-matériels. On comprendra que dans un article de dictionnaire nous ne puissions esquisser même une étude sur ces mondes ; mais nous donnerons comme résumé et comme preuve de leur existence ce que Jeanne Leade, une mystique du XVIIe siècle, nous dit des mondes invisibles dans son livre : *Les merveilles de la création de Dieu*, etc., ouvrage publié en Hollande en 1696 : (1)

« Il m'a été révélé qu'il y a plusieurs régions

---

(1) — M. P. Sédir a traduit de Jeanne Leade, *Le Messager Céleste* de la Paix Universelle, 1 vol. in-8°, Paris 1894, qui contient dans son introduction la liste des œuvres

ou mondes dans lesquels se trouvent des âmes de différents grades ; ces mondes sont au nombre de huit. Le premier est le monde mortel ou visible ; le deuxième est le monde astral ; le troisième celui de l'eau élémentaire, le quatrième celui du feu sombre. Ces quatre mondes inférieurs sont ceux dans lesquels résident les pécheurs. Dans les quatre mondes supérieurs au contraire, rien de méchant ni de souillé ne saurait y pénétrer. » Le premier de ces quatre est le paradis, le second celui de Sion ; le troisième la Nouvelle Jérusalem et le quatrième l'Eternité silencieuse, d'où sont sortis tous les autres mondes.

Mordad, Pers. — Ange de la mort dans la mythologie Parsi.

Morgane. — Nom d'une fée de la basse Bretagne, l'une des prophétesses de l'île de Sein, la plus puissante des neuf sœurs Druidesses. — C'est également la sœur du roi Arthus, élève de Merlin de qui elle apprit la magie ; aussi parle-t-on de Morgane, comme d'une grande enchanteresse dans tous les romans de chevalerie.

Moritasgus. — Divinité gauloise sénonaise, qui pourrait bien être un Vercingétorix ou chef de clan déifié.

---

de cette mystique, liste à laquelle il faut ajouter : *Les guerres de David et le pacifique empire de Salomon*, in-8°, 1695.

Moudevi, Sans. — Divinité hindoue assez peu connue ; d'après une tradition elle n'aurait jamais pu trouver d'époux, tant elle était mauvaise, d'après une autre, elle aurait été la seconde femme de Vishnu.

Moudra, Thibet. — Maintien ou posture employés en état de méditation, ce terme est aussi synonyme de Vadjra, voyez ce mot.

Mouktakechi, Sans. — L'un des noms de Bhavani en tant qu'ennemie des géants ; ses représentations figurées nous la montrent debout sur le sein de Çiva, elle est toute nue et ses chairs sont colorées en bleu.

Mounda, Sans. — Asura ou géant hindou qui fut l'un des généraux de Sumbdhava dans la lutte qu'il eut à soutenir contre Dourga, (voyez ce mot). Mounda fut placé en sentinelle avec Tchanda sur le sommet de l'Himalaya, et c'est lui qui le premier put avertir Sumbdhava de l'apparition d'Ambica, voyez ce mot.

Moura, Sans. — Nom d'un Daïtia tué par Vishnu, d'où le surnom de Mouraripou (ennemi de Moura) donné à ce Dieu.

Mouraripou, voyez Moura.

Mouvement. — Force élémentaire qui sert à expliquer les phénomènes de la nature quels qu'ils soient : condensation, chaleur, lumière, dilatation, électricité, etc.

Dans sa CHIMIE NOUVELLE, (p. 34), L. Lucas nous dit que « le mouvement, c'est le souffle de Dieu en action parmi les choses créées : c'est ce principe tout puissant, un, qui est uniforme dans sa nature et dans son origine peut-être, n'en est pas moins la cause et le promoteur de la variété infinie des phénomènes qui composent les catégories indicibles des mondes ; comme Dieu il flétrit ou anime, organise ou désorganise, suivant les lois secondaires, qui sont la cause de toutes les combinaisons et permutations que nous pouvons observer autour de nous. »

Le mouvement diurne ou annuel semble être une des grandes allégories de la Maçonnerie. Platon, Thalès, Apollonius et Pythagore avaient rapporté d'Egypte ce principe, que dans l'économie de l'Univers, la vie sort du trépas.

En Egypte, ce principe était présenté sous l'emblème d'Osiris expirant pour ressusciter sous le nom d'Horus : « Je lis autour de moi : ce qui naît doit mourir, mais j'y peux lire aussi : ce qui meurt doit renaître.

Mritu, Sans. — Un des noms de Yama, le Dieu de la mort chez les Hindous.

Mulaprakriti, Sans. — Vierge céleste, immaculée et incréée *(Anapudaka)* d'au-delà de laquelle et à travers laquelle se manifeste le Verbe ou l'esprit Universel. Mulaprakriti est la reine primordiale de l'activité, on l'appelle aussi Racine sans racine (*Amalammulam*), ou cause incausée ; elle représente la face visible, le côté Etre ou Tout de ce dont Parabrahm est la face invisible, le côté non-être ou Rien : l'absolu, que notre conscience ne peut concevoir que comme Inconscient et Immuable ; c'est le *Grand Souffle* d'une part et l'Espace-Mère d'autre part, que l'esprit humain ne peut abstraire d'aucune conception, ni concevoir en lui-même que comme vide absolu. Mulaprakriti est omnipotente et éternelle, elle est l'immuable même (Alaya) (1).

D'après H. P. Blavatsky (2) Mulaprakriti signifierait voile de Parabrahm «(Racine de la nature), l'unique Réalité, l'Absolu. — C'est la substance radicale précosmique, aspect de l'absolu qui soutient tous les plans objectifs de la nature... Cette substance précosmique est le *substratum* de la matière dans ses divers degrés de différenciation. »

Mut-em-ua, Egypt. — C'est-à-dire la mère du *seul né*, la divine Mère-Vierge du jeune Dieu Soleil.

C'est aussi une Reine d'Egypte, mère-vierge du Pharaon Amenhept III de la XVIIIe Dynastie. Ce Pharaon bâtit le grand temple de Louqsoor. Sur les murs intérieurs du *Sanctum Sanctorum* de ce

---

(1) Cf. ERNEST Bosc, Addha-Nari ou l'Occultisme dans l'Inde, p. 184 et 185. — (2) Dans *Secret Doctrine*.

temple, on voit, ou du moins on voyait, représentées quatre scènes fort significatives : le Dieu That ou Taht, le Mercure lunaire, le Messager de l'annonciation des Dieux Egyptiens, saluant la Reine-Vierge et lui annonçant la naissance d'un fils ; ensuite le Dieu Kneph, aide Hathor (le Saint-Esprit, sous ses deux aspects masculin et féminin, comme la Sophia des gnostiques, dont le Saint Esprit est la transformation) le Dieu Kneph, disons-nous, aide Hathor qui prépare et dispose le germe de l'enfant à venir. Une troisième scène montre la mère en travail assise sur le tabouret d'une sage-femme, qui reçoit le nouveau-né dans une grotte ; enfin la scène de l'adoration. On voit que l'histoire de la Vierge Marie existait représentée dès la XVIIe Dynastie.

Muth, Phén. — Dieu des morts chez les Phéniciens, principalement honoré à Tyr et à Carthage. — Selon Plutarque, ce serait également un des noms d'Isis.

Mylitta, Phén. — Nom d'une divinité Assyrienne qui avait les mêmes attributs que Vénus-Uranie chez les Grecs.

Myomancie. — Divination au moyen des rats ou des souris ; on tirait des présages heureux ou malheureux, suivant la voracité ou les cris de ces animaux.

Mystagogue. — Personnage qui chez les

anciens, conduisait les Initiés (mystes) à la connaissance des mystères ; il y avait l'initiation aux grands et aux petits mystères.

Mystères, — Vérités cachées au Vulgaire et que dans l'Antiquité on ne révélait qu'aux seuls initiés ; il y avait les grands et les petits mystères. Qu'étaient au juste les grands mystères, la grande Initiation ? Malgré tout ce qu'on a écrit sur ce sujet nous sommes obligés d'avouer que nous ne savons presque rien, en tous cas fort peu de choses. — Il est probable que les vérités révélées à l'Initié étaient d'abord le Dogme de l'Unité de Dieu. — Consulter à ce sujet Isis Dévoilée passim et plus particulièrement le Chap. XXIII. — 1 vol. in-12. Paris, 1891.

Mystique. — Science qui s'occupe du mysticisme, des choses mystiques. — Si on ouvre un dictionnaire, on ne trouve pas la définition de ce terme en tant que substantif ; il n'est guère défini que comme adjectif, et quelles définitions encore ; voici par exemple celle du petit dictionnaire de Littré augmentée (?) par Beaujean : « Qui a un caractère de spiritualité allégorique en parlant des choses de la religion. — Qui raffine sur les matières de dévotion et sur la spiritualité ? »

D'après cette dernière définition la mystique serait donc un raffinement sur les matières de dévotion et sur la spiritualité. — Nous aimons mieux la Définition que nous trouvons dans J. K. Huysmans (*En route* p. 106, 7ᵉ Edit.) : « la mystique est une science absolument exacte. Elle peut annoncer d'avance la plupart des phénomènes qui se produisent dans une âme que le Seigneur destine à la vie parfaite, elle suit aussi nettement les opérations spirituelles que la physiologie observe les états différents du corps.

« De siècles en siècles, elle a distingué la marche de la grâce et ses effets tantôt impétueux et tantôt lents ; elle a même précisé les modifications des organes matériels qui se transforment quand l'âme toute entière se fond en Dieu!

« Saint-Denis l'Aréopagite, Saint-Bonaventure, Hugues et Richard de Saint-Victor, Saint-Thomas d'Aquin, Saint-Bernard, Ruysbroeck, Angèle de Foligno, les deux Eckhart, Tauler, Suso, Denys le Chartreux, Saint-Hildegarde, Sainte-Catherine de Gênes, Sainte-Catherine de Sienne, Sainte-Madeleine de Pazzi, Sainte-Gertrude, d'autres encore ont magistralement exposé les principes et les théories de la Mystique ; elle a enfin trouvé pour résumer ses exceptions et ses règles, une psychologue admirable, une Sainte qui a vérifié sur elle-même les phases surnaturelles qu'elle a décrites, une femme dont la lucidité fut plus qu'humaine, Sainte-Thérèse, l'auteur des *Châteaux de l'âme.* »

En résumé, la mystique est la science d'entraînement vers la spiritualité, vers le mysticisme, vers la *Voie Parfaite* ; à ceux de nos lecteurs qui voudraient entrer dans cette voie, nous leur conseillerons d'étudier un tout petit volume qui n'a guère que 104 pages (1) en tête du quel nous lisons : « Les pages suivantes sont extraites du « Livre des préceptes d'or, » un des ouvrages que l'on met en Orient, entre les mains des étudiants du mysticisme. Le plus beau des traités mystiques est le livre Sanskrit, dénommé le *Dnyaneshwari*.

Parmi les grands mystiques contemporains, signalons Jacob Bœhme, Claude Saint-Martin ou *le Philosophe Inconnu*, son ami et correspondant le baron de Kirchberger, Swedenborg (2). — Toute l'Ecole des néo-platoniciens, tous les spirites modernes, etc., sont des mystiques.

---

(1) *La Voix du Silence*, traduit et annoté par H. P. B., traduit de l'anglais par Amaravella, petit in-8° Paris, 1893.

(2) M. Matter, ancien inspecteur général des Bibliothèques de France, a écrit de nombreux ouvrages sur le Mysticisme : Saint-Martin, sa vie, ses écrits, son maître Martinez et leurs groupes, d'après les documents inédits. — Emmanuel de Swedenborg. — Le Mysticisme au temps de Fénélon. — La Théosophie et le Mysticisme.

Naby, Nabi, Héb.— Littéralement, Prophète, illuminé et non fou, comme l'ont écrit à tort quelques lexicographes.

Naga, Sans. — Nom d'une race de demi-dieux hindous ayant le corps de l'homme, sans les jambes, mais à leur place une queue de serpent; voy. notre figure. — Les Nagas fils de Kaciapa et de sa femme Kadrou habitaient le Patala. Après avoir été plusieurs fois vaincus par Garoudha (voy. ce mot) ils furent sacrifiés par Djanamedjaïd, dont le père avait été mordu par un Nagas.

Nagates. — Astrologues de l'île de Ceylan.

Nahama, Héb. — Sœur de Tubalcain d'après le Talmud.

Nahar-Dinur, Héb.—Terme de Kabbalah qui signifie *fleuve de feu,* dans lequel se purifiait l'âme avant de se rendre dans le Gan-Eden (Paradis);

le Nahar-Dinur correspondrait donc au Purgatoire des catholiques.

Nahitis ou **Anahitis.** — Nom d'une Divinité Persane analogue à la Vénus des Grecs.

Nahoucha, Sans. — Prince de la dynastie lunaire, qui conquit le monde et fonda la ville dénommée Deva-Nahoucha-Nagari. — Il était fils d'Ayous, roi de Pratichthâna.

Naïkas ou **Naiagas,** Sans. — Nom des huit nymphes qui d'après la mythologie hindoue font partie du cortège de Krischna.

Nala, Sans. — Grand singe, fils de Viçouakarma ; il accompagna Rama lors de son expédition contre Lanka.

Nanda, Sans. — Ce terme désigne : 1° le père nourricier de Krischna qui sauva ce dieu de la mort en lui substituant sa fille Iachoda ; celle-ci emmena Krischna à Gokoulam et le nourrit de son lait ; 2° nom du taureau qui accompagne souvent Çiva dans les représentations figurées de ce dieu, qui est souvent assis sur Nanda, qu'on nomme aussi à tort Nandi ; souvent Parvati, l'épouse de Çiva, est également assise à coté de lui.

Nandana, Sans. — Nom des jardins d'Indra.

Nandi, Sans. — Nom du compagnon de Çiva.

Nanéa. — Cette déesse persanne qui avait un temple à Elymaïs en Perse nous paraît être la même que Nahitis, voy. ce mot.

Nara, Sans. — Célèbre Muni, frère de Na-raiana fils de Dharma et d'Abhinsâ.

Naracingha-Avatar, Sans. — Quatrième incarnation de Vishnu, celle où il fut transformé en homme-lion. Voyez notre figure.

Narada, Sans. — Un des dix premiers Richis, qui passe pour l'inventeur du Luth ; il était fils de Brahma.

Naraiana, voyez Nara.

Naraka, Sans. — Etat dans un certain milieu, dans lequel, *Jivatma* subit des peines en expiation d'un mauvais Karma ; c'est, dit-on, Yama, le dieu de la mort qui gouverne le Naraka, qu'il ne faut pas confondre avec Pâtala.

Naréda, Sans. — Fils de Saraçouati et de Brahma, qui passe pour l'inventeur de la lyre (vina) dont il joue dans les chœurs des Gandharvas.

Navakiraha-Sakkaram, Sans. — C'est-à-dire *Cercle des neuf planètes* qui a été en usage de toute antiquité chez les hindous ; c'est une sorte de tableau astrologique de Brahma. — Lorsque Çiva donna ce tableau à sa femme Parvati, il lui dit : « quiconque adorera la divinité avec le Sakkaram coordonné ainsi qu'il est prescrit, recevra le pouvoir de créer tous les mondes. Brahma avait reçu par lui le pouvoir de création.

Nébo, Assyr. — Dieu Assyrien cynocéphale qu'on nomme également Nabo et Nibchas. — D'après Saint-Jérôme, l'idole de ce dieu avait le don de la divination.

Nécrole *(Necroleus).* — Terme ancien de la langue française, qui signifie : celui qui des premiers a écrit sur une chose, d'une manière savante. — Ainsi, par exemple, Paracelse dit que « Moyse a été un des nécroles de la Philosophie des Adeptes. (*Nostra in adepta Philosophiâ Necroleus et Antesignanus Moyses factus est*). »

(Paracelse, *de Azoth*).

Nécromancie. — Art d'évoquer les morts, afin d'avoir connaissance de l'avenir, ou bien encore de deviner les choses futures par l'inspection des cadavres. — La nécromancie a été en usage dès la plus haute Antiquité, et cela jusqu'à l'abus. Aussi tous les grands législateurs des peuples ont interdit formellement cette pratique. Saül eut recours à la nécromancie pour consulter l'ombre de Samuel. — En Grèce et à Rome, la nécromancie a joué un grand rôle ; les plus habiles Nécromanciens ou Psychagogues furent dans l'Antiquité, les Thessaliens.

L'évocation des morts fut pratiquée par Appius,

l'ami de Cicéron (*Tuscul.*, *Quest.*, 16 ; *De Divinatione*, I, 58.) par Vatinius (Cic. *Contra Vatin*, 6.) par Libon Drusus (Tacite, *Annales*, II, 28) ; par Néron. (Suétone, *Ner.*, 34 ; Pline, *Histoire Nat.* XXX, 5) ; par Caracalla (Dion Cassius, LXXVII) ;

La nécromancie existait chez les Etrusques (Clément d'Alexandrie, *Protr.*, p. 11 ; Théodoret, *Gr. affect. cur.*, X, p. 950, 964. Ap. *Oper.* Tome IV) ;

L'Odyssée d'Homère nous offre une scène curieuse de Nécromancie. (Od. XI, 29 et suiv. Cf. Apollon. *Argon*, III, 1030 et Seq. et Ovide *Métam*, VII. 240.

C'est à l'aide de la Nécromancie qu'Orphée invoqua Euridice (Pausanias, IX, C. 30, § 3) ; ce terme a pour synonyme *Nécyomancie*.

Les derniers nécromanciens sont les spirites modernes. — Voyez MAGIE, SPIRITISME, etc.

Nécyomancie, voyez l'article ci-dessus.

Nefté, voyez NEPHTYS.

Neith, Egyp. — Divinité Egyptienne qui représenta à l'origine l'esprit divin et qui, par la suite, fut identifiée à la Nature, à Isis l'*Alma Mater*, la bonne déesse.

Nekaed, sans. — Dev de l'orgueil, l'un des six princes des devs ou Démons, lieutenant d'Ahriman ; on le nomme également Tarmad.

Nemicha, Sans. — Nom d'une forêt, d'après le *Mahâbhârata*, sous les arbres de laquelle s'assemblaient les Munis, et sous lesquels Souta lisait les œuvres de Vyâsa aux munis.

Néoplatoniciens. — Philosophes de l'Ecole d'Alexandrie qui alliaient généralement à la Doctrine de Platon, la philosophie et la mystique de l'Orient.

Les Néo-platoniciens formaient, du reste, un grand nombre de corps, dont les membres appartenaient suivant le milieu où ils vivaient aux systèmes philosophiques les plus divers. — Ainsi à Alexandrie, le juif Aristobule affirmait que les « Ethiques » d'Aristote représentaient les enseignements ésotériques de la loi de Moïse. Celui-ci avait puisé ces mêmes enseignements dans le Séminaire de Memphis en Egypte, et les prêtres de Memphis avaient reçu de l'Inde la Doctrine ésotérique.

Philon, également juif, s'efforça toujours de concilier le Pentateuque avec la Philosophie Pythagoricienne et Platonicienne. Josèphe à son tour, prouva que les Esséniens du Carmel n'étaient que des copistes, les simples imitateurs des Thérapeutes Egyptiens. Athénagore, Clément d'Alexandrie et autres Pères de l'Eglise connaissaient à fond la Philosophie Platonicienne et avaient parfaitement compris qu'elle avait la même origine que l'*Esotérisme Oriental*.

Népenthès, Grec. — Plante magique de l'Egypte, qui mêlée au vin avait la propriété de calmer la douleur. Hélène l'avait reçue de la reine Polydamna, femme de Thonis, ce roi d'Egypte, qui suivant une tradition rapportée par Hérodote, enleva la belle Hélène à Pâris, qui avait été jeté à la côte par les vents contraires. — La belle Hélène donna à boire du népenthès à Télémaque et à son jeune ami Pisistrates, fils de Nestor (1), pour leur faire oublier leur chagrin. — Quelques mythologues ont pensé à tort, selon nous, que le népenthès n'était que notre opium ; c'est là certainement une erreur, ayant étudié cette question, nous pensons que le népenthès était du chanvre, du Haschich.

Nephélim, Hébr. — Enfants nés du commerce des anges ou esprits avec les filles des hommes. — D'après le livre d'Enoch, les néphélim étaient fils des géants et pères d'esprits élevés.

Nephesh, Hébr. — Principe matériel de l'âme animale, telle est la signification générale du mot ; mais il a fourni matière à de longues dissertations que nous allons résumer le plus brièvement possible, d'après les auteurs les plus autosés. — Eliphas Lévi traduit ce terme par *médiateur* plastique et ajoute « Nephesh est immortel en se renouvellant par la destruction des formes. »

---

(1) Cf. — Notre Traité du Haschich, chap. I*, pages 18 et suivantes, 1 vol. in-12, Paris, MDCCCXCV.

Clefs des grands Mystères p. 388. — Adolphe Frank, dans sa *Kabbale*, 2ᵐᵉ éd., p. 80, nous dit : « ce terme plus tard exclusivement réservé à l'âme, est encore employé dans le *Sepher Yetzirath*, comme dans le *Pentateuque* et dans toute l'étendue de l'*Ancien Testament*, pour désigner le corps humain, tant que la vie ne l'a pas abandonné. » Plus loin, chapitre V, le même auteur ajoute : *Nephesh* est un esprit grossier immédiatement en rapport avec le corps et cause directe de ce qu'on appelle dans le texte, des *mouvements inférieurs*, c'est-à-dire des actions et des instincts de la vie animale. — Ceci nous paraît assez juste et corroborer ce que nous disons au terme Masikim, à ce sujet ; voyez ce mot.

Dans le *Theosophist*, n° de septembre 1887, M. Montagne R. Lazarus dit que sous le nom de « *Nephesh Chajini*, il faut entendre un principe vital commun aux plantes, aux animaux et aux hommes. De ce qui précède, il résulte donc que le terme de Nephesh, a été appliqué tantôt au corps astral, tantôt au corps physique (1), tantôt enfin au principe vital. *Tot capita, tot sensus*. — Si avec Fabre d'Olivet (2), nous analysons ce

---

(1) Celui-ci est aussi désigné sous les noms de *Gaph, Gaphadh*, le cadavre.

(2) Langue Hébraïque restituée ; *Cosmogonie de Moïse*, page 51.

terme, nous voyons qu'il est composé de trois racines : *Neph*, idée de souffle inspirant, *pheh*, idée d'expansion, souffle expirant, est *esch* pour *ash*, représentant tout ce qui est passionné, ardent, embrasé, igné ; « les prêtres Egyptiens, instructeurs de Moïse voyaient (dans ces trois termes, Nephesh, Ruach, Neschamah) la partie naturante, la partie naturée et la partie naturelle. de cette triade élémentaire. »

D'après Carl de Leiningen (1), **Nephesh**, ainsi que les autres termes du microcosme cabalistique, *Ruach* et *Neschamah* sont ainsi décomposables en trois parties ou degrés : le général, le concret et le particulier. — Les trois divisions de Ruach semblent alors correspondre aux trois gradations de *Manas*. Au-dessus se trouve Neschamah, correspondant à Buddhi, puis Chiah le Jivatma des Védantins, enfin le Yechidad, dernier terme de l'abstraction spirituelle.

Chacune de ces trois trinités secondaires est faite à l'image de la Trinité principale, c'est-à-dire se compose d'un principe actif, d'un principe passif et d'un principe neutre ou résultant des deux autres principes.

Nephtys, Egyp. — Sœur d'Isis, épouse de Set, qui aida sa sœur dans ses *Incarnations*

---

(1) D'après une conférence faite à la Société psychologique de Munich.

pour ressusciter Osiris ; aussi a-t-elle un rôle funéraire et la surnomme-t-on comme Isis, *la pleureuse, la couveuse.*

Neschamah, Hébr. — Principe intellectuel de l'âme humaine d'après les *Cabalistes* ; voyez Nephesh.

Nesr et **Nesroch,** Assy. — Divinité Assyrienne fort peu connue ; quelques mythographes prétendent qu'on l'adorait sous la figure d'un Vautour, mais rien n'est moins prouvé.

Neuf. — Nombre sacré ; de quelque façon qu'on le multiplie, le quotient, par l'addition des deux chiffres qui servent à l'exprimer forment toujours le nombre neuf : 1 et 8 font 9 ; ainsi des autres jusqu'au complément cubique. A cause de la solidité du cube, le nombre 8, premier nombre cubique était l'emblème de la fermeté immobile de Neptune, qui assure la consistance et la fermeté de la terre.

Neurique (Force.) **Neurisme.** — Ce terme est synonyme de magnétisme, de fluide vital, etc. ; « La force neurique, dans son essence et son action, présente certaines analogies frappantes avec la chaleur, la lumière, l'électricité et le magnétisme. Cette force existe dans le corps de l'homme sous deux états : 1° à l'état *statique* ; 2° à l'état *dynamique,* comprenant une circulation intérieure le long des fibres nerveuses et un *rayonnement* ou expansion au dehors. Elle émane spécialement du corps par les *yeux*, *l'extrémité des doigts* et *la bouche*. Les propriétés intrinsèques de la *force neurique rayonnante* sont des propriétés d'ordre physique analogues à celles de la chaleur, de la lumière et de l'électricité. » D' A. Baréty.

Nibbas. — Dieu des Syriens, dont l'identité n'est pas certaine ; quelques mythologues croient que c'est le même Dieu que l'Anubis des anciens Egyptiens.

Nicneven. — L'Hécate de la mythologie celtique ; qui ramassait et traînait à sa suite les esprits errants de l'espace.

Nid, Nidde. — Chant de malédictions scandinaves. Chez les Islandais, c'était une sorte de magie noire (*seidur*) supérieure.

Nigromancie. — Art de connaître les choses cachées dans les grottes souterraines, dans les mines, dans le sein de la terre.

Nikchouba ou **Kcouba**, Sans. — L'une des femmes de Martanda, dans lequel quelques mythographes croient voir le soleil (suria) parce que Martanda, fille de l'architecte divin Viçouamitra, quitta le logis de son époux, dont la splendeur l'aveuglait.

Nilacautha, Sans. — Littéralement qui a le cou noir, surnom de Çiva.

Nirmanakâya, Sans. — Nom d'un des trois

vêtements allégoriques ou fluidiques, comme nous l'apprend H. P. Blavatsky dans la note 1, page 101 et suivant de la voix du silence : « Les trois corps ou formes Bouddhistes sont appelés : Nirmanakâya ; 2° Sambhogakâya ; 3° Dharmakaya. Le premier est cette forme éthérée que l'on prendrait lorsque quittant le corps physique, on apparaîtrait dans son corps astral, si on avait en outre toute la connaissance d'un adepte. Le Bodhisattva (Bouddha de compassion) développe en lui-même cette forme à mesure qu'il avance sur le sentier. Ayant atteint le but et refusé son fruit, il reste sur la terre comme adepte ; et quand il meurt, au lieu d'aller en Nirvâna, il reste dans ce corps glorieux qu'il a tissé pour lui-même, invisible à l'humanité non initiée, pour la surveiller et la protéger.

« Sambhogokaya est la même chose, mais avec le lustre additionnel des trois *perfections*, dont l'une est l'oblitération entière de tout rapport terrestre. — Le corps Dharmakâya est celui d'un Bouddha complet, c'est-à-dire pas de corps du tout, mais un souffle idéal : la conscience engloutie dans la conscience universelle, ou l'âme vide de tout attribut. Une fois Dharmakâya, un adepte ou Bouddha laisse derrière lui, tout rapport possible, toute pensée même de la terre. Ainsi pour aider l'humanité, un adepte qui a gagné le droit au Nirvâna *renonce au corps Dharmakaya*, en langage mystique : ne garde de Sambhogakaya que la grande et complète connaissance et reste dans son corps Nirmanakaya. — L'Ecole ésotérique enseigne que Gautama Bouddha, avec plusieurs de ses arhats, est un Nirmakanaya de ce genre, et qu'au-dessus de lui, à cause de son grand renoncement et de son sacrifice au genre humain, il n'y en a pas de connu. »

Niroupi, Sans. — L'un des huit vaçous, celui qui préside aux génies malfaisants ; Niroupi est aussi constitué le gardien de l'angle Sud-Ouest du monde.

Nirvâna, Sans. — Ce terme ne signifie pas, comme on le croit généralement en Occident, *Annihilation*, dispersion, disparition de l'âme dans le sein de Brahma, par exemple. — Le Nirvâna est le monde des *causes*, dans lequel toutes les illusions de nos sens disparaissent à tout jamais ; pour les Bouddhistes, c'est *l'empire complet de l'esprit sur la matière*. C'est la fausse idée qu'on s'est faite de ce terme en Occident, qui a le plus contribué à discréditer la Philosophie Bouddhiste et a permis de dire qu'elle était matérialiste. On voit par les quelques lignes qui précèdent, combien fausse est cette hypothèse. — Dans la Philosophie Bouddhiste, en effet, le terme

Nirvâna ou annihilation, signifie tout simplement la dispersion de la matière, dans quelque forme ou apparence que ce soit. Tout ce qui est forme ou figure a été créé et par cela même, est destiné à périr ou tout au moins à se transformer. Chaque forme, bien qu'elle paraisse permanente, est temporaire, ce n'est en somme qu'une illusion (*Maya*). L'esprit seul n'est pas une illusion, c'est bien une réalité dans un Univers de formes passagères, partant illusoires.

Quand l'Entité spirituelle se détache pour toujours des parcelles ou particules de la matière, alors seulement, elle atteint l'éternel et inaltérable Nirvâna. Cette entité en tant qu'esprit existe ; mais comme forme, comme apparence, comme figure quelconque, elle a été tout à fait annihilée, elle est alors arrivée à Nirvâna, c'est-à-dire la condition de spiritualité la plus pure, condition de développement spirituel que l'esprit ne peut atteindre, même dans l'état supérieur de Dévakhan.

« L'esprit seul, nous dit Sinnet (1) n'est pas MAYA : il est l'unique RÉALITÉ dans un Univers illusoire de formes toujours changeantes... Il est tout simplement absurde d'accuser la Philosophie Bouddhiste de rejeter un Etre Suprême (Dieu et

(1) LE MONDE OCCULTE p. 275, un vol. in-12, Paris, 1887.

l'immortalité de l'âme), de l'accuser d'athéisme en un mot ; en se basant sur ce que Nirvâna signifie ANNIHILATION et que *Swabhavat n'est PAS une personne, mais rien.* Le En (ou ayinn) de l'En-Soph Juif, signifie aussi NIHIL ou *Rien, ce qui n'est pas* ; et rarement on s'est avisé de reprocher aux juifs leur athéisme. Dans les deux cas, le vrai sens du terme RIEN comporte l'idée que Dieu *n'est pas quelque chose*, n'est pas un être concret ou visible, et que l'on ne peut convenablement lui appliquer le nom d'AUCUN objet qui nous soit connu sur la terre. »

Il résulte de ce qui précède, que le Nirvâna est un épanouissement profond dans la sphère spirituelle, une jouissance intime et parfaite, le retour de l'esprit aux sources même de la vie, c'est-à-dire à l'Emanateur des Mondes à l'éternelle Sagesse dans laquelle l'homme vit, en tant qu'individualité et en tant que collectivité tout à la fois.

Le Nirvâna est pour le dire en un mot, l'Etat de perfection de la spiritualité dans sa plénitude, ce qui est la traduction du terme Sanskrit MOKSHA. — Ceux de nos lecteurs qui voudraient de plus amples renseignements sur ce terme n'auraient qu'à consulter la Curiosité, n° 108 et suivants, 1894 ; article : *La Doctrine Esotérique.*

Nombres (Des). — La science des nombres

qui paraît presque complètement perdue pour nous, formait dans l'Antiquité, une sorte de langage universel, mystérieux que pouvaient seuls comprendre les Initiés. Par suite de son langage allégorique, cette langue, en effet, ne disait rien de ce qu'elle avait l'air de dire ; elle n'exprimait que des idées toutes différentes de celles attachées à la valeur des chiffres représentés. Or cette langue des nombres tout à fait inintelligible pour le vulgaire, était comprise par tous les savants du monde, quelle que fut la langue parlée. Cette langue en un mot était comprise en dehors de toutes les langues, comme sont comprises aujourd'hui nos propositions mathématiques. C'était bien la langue universelle, si cherchée de nos jours ; c'est de cette magnifique langue que Pythagore a pu dire que « l'arithmétique était la plus belle des connaissances et que celui qui la posséderait parfaitement aurait le souverain bien. »

Dans cette science, chaque nombre ayant un sens autre que celui de sa valeur numérique, a par cela même, une signification particulière qui lui donne tout à la fois des valeurs arithmétiques physiques, théologiques et morales, et comme le dit fort bien l'abbé Barthélemy (1): « Le temps, la vertu, la justice, l'amitié, l'intelligence exprimés

---

(1) Voyage du jeune Anacharsis en Grèce, XXII.

par des valeurs conventionnelles était considérées comme les rapports des nombres. »

Dans cette science, le nombre lui-même est qualifié de *Glorieux*, et *Père des Dieux et des hommes* (1); chaque chiffre est considéré comme ayant une valeur intellectuelle et une valeur scientifique. Le nombre intellectuel, subsistant, nous dit Pythagore, avant toute chose dans l'entendement divin, était la base de l'ordre universel et le bien qui enchaîne les choses. Le même philosophe définit le nombre scientifique, la cause générale de la multiplicité, procédant de l'*Unité* et venant s'y résoudre, ainsi toujours le principe de l'unité théogonistique au point de départ. — Platon qui voyait dans la musique autre chose que les musiciens de nos jours, voyait aussi dans ces nombres un sens que nos algébristes n'y voient plus. Il avait appris à y voir ce sens d'après Pythagore, qui l'avait appris lui-même des Egyptiens. Or les Egyptiens ne s'accordent pas seuls à donner aux nombres une signification mystérieuse. Il suffit d'ouvrir un livre antique pour voir que, depuis les limites orientales de l'Asie jusqu'aux bornes occidentales de l'Europe une seule et même idée régnait à ce sujet. (2).

---

(1) Proclus, *in Timæo*.
(2) Fabre d'Olivet. — *La langue hébraïque restituée*, p. 30, 11ᵉ volume.

La théorie de la science des nombres était basée sur celle de la musique, d'où son nom de *Nombres harmoniques*, et les mêmes formules musicales exprimaient également le système des sons et celui de l'Univers. L'intervalle des intonations était rapportée à la distance séparant les astres entre eux, de même que les mouvements des astres étaient rapportés à leur tour aux lois de la musique. Les musiciens de l'antiquité avaient remarqué que dans une fine cordelette, bien tendue, une division par le quart, par le tiers, par la moitié de sa longueur donnait constamment la quarte, la quinte, l'octave ; ils avaient reconnu aussi par suite que la quarte était comme 2 est à 3 et l'octave comme 1 est à 2 ; et de cette observation ils avaient donné le nom de *quaternaire* sacré aux nombres 1, 2, 3, 4.

D'après l'abbé Barthélemy (1) les anciens ayant reconnu que la loi fondamentale des sons se trouvait établie sur les lois immuables de la nature, avaient sans doute déduit, suppose le savant, que « la nature toujours constante dans sa marche évolutive devait être soumise aux mêmes lois dans l'organisation du système du monde. »

Quoi qu'il en soit de cette supposition qu'elle

---

(1) Voyage du jeune Anacharsis, ch. XXX.

soit vraie ou fausse, il est très certain que c'est toujours sur ce principe qu'était fondé le système des proportions harmoniques, musicales et astronomiques. Voyant ensuite que le quaternaire sacré 1, 2, 3, 4, forme en additionnant ces chiffres le nombre 10, ils considérèrent celui-ci comme le nombre le plus parfait ; aussi supposèrent-ils une dixième sphère, bien que l'œil n'en aperçut que 9 dans le ciel, et cela afin de suivre ce chiffre 10 dans la composition de l'Univers. A cette sphère idéale, ils donnaient le nom de *Antichtoma* ou Terre opposée, c'est-à-dire aux terres de l'hémisphère boréal par une bande de l'Océan qui entourait le globe comme d'une *Zona* ou ceinture à l'Équateur. Les anciens admettaient aussi que chacun des nombres formant la décade, avait ses qualités caractéristiques et un symbole propre. — Nous n'en dirons pas davantage, car la poursuite de cette étude nous conduirait beaucoup trop loin ; ce qui précède suffira pour faire comprendre l'importance de la science des Nombres, et nous nous résumerons en disant que cette science fut propagée par Pythagore et ses disciples. Le Philosophe Grec l'avait apprise des prêtres Egyptiens. D'après lui « l'essence divine était accessible aux sens, employons pour la caractériser, non le langage des sens, avait-il coutume de dire, mais celui de l'esprit ; donnons à l'intelligence ou au principe *Actif* de l'Univers le nom de *Monade* ou d'*Unité* parce qu'il est toujours le même ; à la matière ou au principe *passif* celui de *Dyade* ou multiplicité, parce qu'il est sujet à toute sorte de changements ; au monde enfin celui de *Triade*, parce qu'il est le résultat de l'intelligence et de la matière. » — Du reste le sens des leçons de Pythagore sur les nombres est que ceux-ci contiennent les éléments de toutes les sciences. Pythagore appliquait la science des nombres au monde invisible. Agrippa, Saint-Martin, le *Philosophe Inconnu*, surtout celui-ci, ont étudié les Nombres d'une manière toute spéciale, nous renvoyons ceux de nos lecteurs qui voudraient de plus amples renseignements aux œuvres de cet auteur.

Nornes. — Parques chez les peuples Celtiques ; c'étaient des vierges magiciennes et fatidiques qui dispensaient les âges des hommes ; elles sont au nombre de trois : Urda (le passé) Verandi (le présent) et Shalda (l'avenir) ; celle-ci a donné son nom aux Scalders qui prédisaient l'avenir.

Nostradamus. — Médecin et astrologue provençal, né à Saint-Rémi en 1503 et mort à Salon en 1566, où il a été enterré. — Il a composé des prophéties qui sont encore consultées de nos jours ; elles sont réunies en un volume dénommé *Centuries* paru à Lyon en 1555. Il fut appelé à la Cour de Charles IX et comblé de biens par le roi et Catherine de Médicis.

Notaricon, Héb. — Une des trois divisions de la Cabale Juive ; voy. CABALE.

Nuctéméron, Grec. — Ce terme signifie *nuit du jour*, c'est-à-dire la nuit éclairée par le jour ; on pourrait traduire aussi : *Lumière de l'occultisme*. — C'est le titre d'un ouvrage d'Apollonius de Thane ; il a été d'abord publié en grec, d'après un ancien manuscrit, par Gilbert Gautrinus, dans son *De vitâ et morte Moysis*. Il a été reproduit par Laurent Moshé-mius dans ses observations sacrées et historico-critiques, publiées à Amsterdam en 1721. Le Nuctéméron a été traduit et expliqué par Eliphas Lévi, dans son ouvrage, *Dogme et Rituel de haute magie*, supplément, Tome II, page 385.

Nyaya, Sans. — Philosophie orientale qui compte douze *prameyas* (sujets, objets ou principes) de Praman.

Nyctalopie. — Faculté qu'ont certaines personnes de voir dans la nuit obscure ; comme les chats par exemple.

Nyima, Thibet. — Nom du soleil (*Suria*) dans l'astrologie thibétaine.

Oannès, Egyp. — D'après la Cosmologie de Bérose, Oanès, qu'on nomme aussi Oan et Oès, était un monstre moitié homme et moitié poisson (sorte de Triton) à qui était due la civilisation primitive de la Babylonie. — Les Babyloniens attribuaient à Oannès d'anciennes cosmogonies que les prêtres conservaient précieusement dans leurs temples. — Oannès est un des quatre Annédotes, le dernier, dénommé *Odacon*.

Ob, Syr. — Dieu Syrien, très connu par les oracles qu'il rendait à voix basse.

Obéron. — Rois des fées et des génies de l'air ; époux de Titania.

Obsédés. — Personnes assiégées, tourmentées et harcelées par de mauvais esprits ; les possédés sont au contraire désemparés de leur corps et n'agissent que par le mauvais esprit qui s'est emparé de ce corps ; voyez l'article suivant.

Obsessions. — Les obsessions et les possessions sont connues dès la plus haute antiquité ; au moyen-âge, elles ont été aussi fréquentes que dans l'antiquité, les Pères de l'Eglise les affirment et les admettent par conséquent.

Voici ce qu'au XVIe siècle, Paracelse pensait des possessions et partant des obsessions : « Une personne, dit-il, qui est saine et pure ne saurait être possédée par des esprits élémentaires parce que ces larves (*larvæ*) ne peuvent agir que sur les hommes, qui leur donnent une place dans leur mental. Un esprit sain est comme une citadelle, dans laquelle on ne saurait pénétrer sans la volonté de son maître ; si on laisse pénétrer ces larves, elles excitent les passions humaines (des hommes et des femmes) et donnent naissance à de mauvaises pensées, qui en incitant le cerveau font commettre de mauvaises actions ; elles aiguisent ainsi les appétits animaux et étouffent bien vite, toute espèce de moralité.

« Les mauvais esprits n'obsèdent que les humains, chez lesquels domine l'animalité. La guérison de l'obsession ne peut être obtenue par des cérémonies et des exorcismes, car cette guérison est un acte purement psychique et moral. »

On voit que Paracelse savait très bien ce que c'étaient que les obsessions « un acte purement psychique et moral » rien de plus vrai ; mais où il a tort, c'est quand il croit qu'on ne peut exorciser les personnes possédées d'élémentals, d'élémentaires et de mauvais génies ou esprits.

Evidemment, aujourd'hui, on procède par la magnétisation pour dégager le corps d'un obsédé ou d'un possédé, mais il ne faut pas croire que l'autorité d'un personnage pur, d'un saint homme ne puisse par la force, de sa volonté, expulser du corps d'un individu un mauvais esprit. L'homme droit et probre, doué d'une forte énergie, n'est nullement possédé ; les mauvaises influences n'ayant sur lui aucune prise. Du reste les cas d'obsessions et de possessions complètes sont aujourd'hui relativement rares.

Quant la possession persiste même après la mort, elle constitue alors une des formes du Vampirisme ; voyez ce mot et Substitution.

Occulte (Science). — La science occulte embrasse dans son ensemble ce qu'on désigne généralement sous le terme de *Sciences occultes*, c'est-à-dire l'alchimie ou hermétisme, l'astrologie, la cabale, la magie, la nécromancie, la goëtie, etc., etc.

Pour la foule ignorante, l'occultisme, la science occulte suggèrent généralement à l'esprit des idées de sorcellerie, de diables et de fantômes (Nécromancie et Goëtie). S'il nous fallait définir l'*Occultisme* d'un seul mot, nous dirions que ce terme sert à désigner ce qui n'est pas connu, ce qui est caché par conséquent à la foule. — Pour l'ignorant, la chimie, la physique, l'astronomie, les mathématiques, les sciences en un mot seraient de l'occultisme. Aussi chaque fois qu'un homme fait un pas dans la voie du progrès, il diminue le domaine de l'occulte. L'étude de la science serait donc le but de l'Occultisme, ce qui est très vrai. Mais le terme : Science occulte a une bien plus haute signification ; il désigne, en effet, l'étude de phénomènes qui ne peuvent être perçus par nos sens physiques, mais qui sont compris et interprétés par nos sens intellectuels, notre *sens intime*, ce que Paracelse nomme notre sixième principe (1). Ceci veut dire dans un autre langage, que la science occulte enseigne non ce que paraît être la nature, mais ce qu'elle est en réalité.

De toutes les études soumises à la curiosité humaine celle de l'homme est de beaucoup la plus intéressante, nous pourrions même dire la plus importante. — Malheureusement, dans la vie réelle, dans les Ecoles scientifiques, on n'étudie que la forme extérieure de l'homme, c'est-à-dire son corps (*la bête humaine*) ; mais on ne s'occupe nullement de son caractère réel de son *Ego* ou Moi véritable. Or l'occultisme a pour but d'apprendre à connaître cet *ego*, à développer ses pouvoirs d'où cet aphorisme de l'Antiquité : « Connais-toi toi-même. »

En effet, en poursuivant cette tâche de se connaître, l'homme se perfectionne de plus en plus ; il affine ses sens et développe son sens intime.

---

(1) Voir pages 8 et 9, *La Psychologie devant la Science et les Savants*, 1 vol. in-12, Paris, 1893.

Occultisme, voyez l'article ci-dessus.

Oculomancie. — Divination qui avait pour but de découvrir un larron en examinant la manière dont il tournait l'œil, après l'accomplissement de certaines pratiques exercées sur lui.

Od. — Fluide magnétique découvert par Reichenbach et qu'il a dénommé, Od, fluide Odique.

Odacon, voyez OANNÈS.

Œil (Mauvais œil). — Cette funeste influence exercée par certains individus, n'est due qu'au magnétisme impur qui souille inconsciemment et parfois consciemment l'individu, qui est à la portée de la personne ayant le mauvais œil, dénommée en italien *Jettatura*, d'où le terme de *Jettatore* donné à celui qui a le mauvais œil.

Œinomancie. — Divination au moyen du vin ; ce genre de divination se pratiquait surtout en Perse.

Œlohim, voyez ELOHIM.

Œon. — Long espace de temps, dont on ne saurait préciser la durée.

Œonistice. — Divination pratiquée par l'observation du vol des oiseaux. — Voyez AUGURES.

Oès, voy. OANNÈS.

Œuf. — Qu'est-ce que l'œuf ? Bien des gens croient savoir ce que c'est qu'un œuf et cependant, il est bien difficile de le dire. — Par exemple, est-ce l'œuf qui a produit l'animal où l'animal qui le premier a produit l'œuf. Il est bien difficile de le dire. Ce que nous savons c'est que l'œuf contient la vie, dès que l'ovule a pénétré dans la matrice ; c'est là un fait incontestable, mais il contient aussi toutes les théories de la vie et c'est là un grand problème.

On voit par les quelques lignes qui précèdent que si l'étude de cette petite *graine de vie*, ouvre à l'esprit du penseur des perspectives considérables sur les plus graves problèmes de la vie, la même étude a pour l'anatomiste, le physiologiste et le pathologiste de très grands attraits. Mais cet attrait est surtout considérable pour le philosophe, car l'œuf est la représentation microscopique d'un monde, ou si l'on veut un *microcosme :* un petit monde.

Sans l'œuf pas d'existence possible, il est un véritable prodige, une merveille de la nature, que la science n'a pu expliquer encore. — L'ovogénie nous apprend d'où vient l'œuf, et l'embryogénie nous apprend ce qu'il devient, mais c'est tout ce que nous savons ; de sorte qu'aujourd'hui nous ne pouvons mieux définir l'œuf que par cette belle expression de notre maître physiologiste, Claude Bernard : *l'œuf est un devenir !*

Tout vient de l'œuf, tout se reproduit par l'œuf, tout aboutit à l'œuf ; c'est l'alpha et l'oméga de toute existence, quelle qu'elle soit ; c'est l'anneau de la série des existences ; il prend une partie de la vie à celui qui la crée et il la donne à celui qui va venir.

Nous venons de dire que l'œuf est un *devenir*, mais c'est un devenir qui est déjà, qui a sa propre vie et qui est pour ainsi dire, une personnalité, parfois une individualité.

Si nous prenons un morceau de houille, une gouttelette d'eau, ces deux substances sont-elles aussi, des *devenir ;* mais pas de la même façon que l'œuf.

Le bloc de houille que ne renferme-t-il pas ? De la chaleur, de la lumière, les couleurs les plus brillantes, la vie, la santé, le bien-être, mais aussi.... la mort.

La goutte d'eau suivant le milieu ambiant, peut devenir cristal ou vapeur, source de vie ou de destruction ; tandis que lui, l'œuf, est créé pour la reproduction, et rien que pour cette fin ; et, chose bizarre, il reproduit toutes sortes d'animaux, bien que composé toujours des mêmes éléments: albumine, glycogène, corps gras, enveloppes, une certaine dose de chaleur et d'oxygène. Et cette composition toujours identique, toujours une pour toutes les espèces produit, suivant son créateur, une autruche ou un oiseau-mouche, un moucheron même ; et le même œuf de même composition, produit également une abeille, un ver, un papillon, un poisson ou un crocodile, un serpent ou un oiseau, une morue ou des écrevisses, des actinies, des éponges, des coraux blancs ou rouges, etc., etc.

Donc, si nous pouvons indiquer par une formule la composition de l'œuf, il ne nous est pas possible de donner par une formule le devenir de cet œuf. — Avec Flourens nous pouvons bien dire : « Tout œuf est composé de même » mais nous ne saurions ajouter : « et le résultat de sa création est toujours le même. »

Œuf de serpent. — L'œuf de serpent était employé dans diverses opérations magiques ; les Gaulois recherchaient tout particulièrement cet œuf, comme nous l'apprennent de vieilles légendes bretonnes. Nous devons ajouter que les Gaulois utilisaient aussi sous ce même terme, comme Amulette, une Echinite. Voici ce que Pline nous dit au sujet des ces œufs : « Durant l'été, on voit se rassembler dans certaines cavernes de la Gaule des serpents sans nombre, qui se mêlent et s'entrelacent et avec leur bave, jointe à l'écume qui suinte de leur peau, produisent cette espèce d'œuf si recherchée des Gaulois.

Ogham, Ogimius ou Ogmius. — Dieu des arts, de l'éloquence et de la poésie chez les Gaulois.

Ololygmancie. — Sorte de divination tirée du hurlement des chiens.

Om, Syllabe mystique et sacrée qui s'écrit plutôt Aum, voyez ce mot.

Ombre. — Ce terme chez les Anciens était synonyme de Fantôme ; l'Ombre était quelque chose d'intermédiaire entre l'âme et le corps ; elle représentait figurativement celui-ci, mais n'était pas palpable ; c'est l'Ombre qui descendait aux Enfers.

Omkariçouara, Sans. — Un des surnoms de Çiva, qui signifie Seigneur de la syllabe Om.

Omniscience. — Tout savoir, science totale, que les Hindous figurent sous le nom d'Akshara, comme une plaine liquide sans rivages, aussi l'Akshara est la source intarissable de l'omniscience ; c'est le symbole de la région de la pleine conscience spirituelle, au-delà de laquelle, il n'existe aucun danger pour l'être qui a pu atteindre cette région.

Omomancie. — Divination au moyen d'une épaule de mouton ; ce genre de divination est pratiqué surtout chez les Arabes.

Omorka. — Divinité Chaldéenne ; c'était la Nature personnifiée, qui se trouve au sein du Chaos primitif, lequel renfermait tout en germe. L'époux d'Omorka était Bel ; il divisa sa femme en deux moitiés, dont il fit le ciel et la terre.

Omphalomancie. — Divination par le nombril. — Les accoucheuses, par les nœuds inhérents au nombril du premier-né d'une femme, pronostiquaient combien la mère pourrait avoir d'enfants après son premier.

Omphalopsychiques ou **Umbilicains.** — Moines du Mont Athos, ainsi surnommés parce que après avoir longtemps contemplé leur nombril, en grec (Ομφαλος), croyaient apercevoir la lumière du Mont-Thabor. Cette secte des omphalopsychiques fit son apparition dans la première moitié du XVIme siècle ; du reste, le procédé de contemplation auquel elle avait recours avait déjà été préconisé dès le XIme siècle par Siméon, abbé de Xérocerque, à Constantinople, et la contemplation du nombril comme moyen de concentration de la pensée est en usage dans certaines sectes de la Chine depuis un temps immémorial. — Au sujet des Omphalopsychiques on peut consulter l'abbé Fleury, *Histoire ecclésiastique*, L,XCV, c. ix.

Une pareille contemplation existe chez les Hindous (1) et Gervais de Tilburg nous apprend que des procédés analogues étaient en usage chez les nécromants (2). A la fin du XIVme siècle la

---

(1) Bochinger, *La vie contemplative ascétique et morale chez les Hindous*, p. 58.

(2) *Otia Imperialia*, p. 897 apud scriptor. rerum Brunsv., t. 1.

faculté de Théologie de Paris, condamna cette contemplation ombilicale, comme un fait d'idolatrie (1).

Ondins. — Esprits élémentaires des eaux, qui ont des femmes dénommées *Ondines*, mais qui ne sont pas des nymphes, comme l'ont écrit certains lexicographes.

Oneirocritique, voyez le terme suivant.

Oneiromancie. — Divination par les songes, en usage dès la plus haute antiquité. Arthémidore, philosophe du second siècle de l'Ere chrétienne, a composé un *Traité des Songes*, pour lequel il a utilisé des ouvrages beaucoup plus anciens. Cet auteur grec divise les songes en deux catégories, les songes *allégoriques* et les songes *spéculatifs*. — L'oneiromancie est considérée comme une science, tandis que l'art d'expliquer les songes se nomme *Onéirocritique*.

Oneiropompos, Grec. — Littéralement qui envoie des songes ; surnom d'Esculape, Dieu de la médecine.

Onomancie et **Onomatomancie**, Grec. — Divination au moyen des noms. Chez deux personnes celle-là est la plus heureuse dans le nom de laquelle, les lettres numérales additionnées forment la plus grosse somme.

---

(1) *Determinatio Parisiis facta per almam Facultatem theologicam. Anno Dom.* 1398.

Onouava. — Déesse Celte dénommée plus tard chez les Grecs et les Romains Vénus ; Onouava était donc la déesse de l'Amour.

Ontologie, Grec. — Branche de la cosmologie à qui il faut demander la connaissance de toute la vie transmise (Saint-Yves d'Alveydre, *Mission des juifs*, p. 55.)

Onychomancie, Grec. — Divination au moyen des ongles ; elle se pratiquait de la manière suivante : on frottait de suie, d'huile et de cire, les ongles d'un jeune garçon et le médium ou psychique lisait sur ces ongles des présages.

Oomancie et **Ooscopie**, Grec. — Divination au moyen des œufs. D'après Suidas, ce genre de divination aurait été imaginé par Orphée. — Dans l'antiquité, le devin tirait des présages suivant la forme de l'œuf ; de nos jours, c'est par l'examen du blanc de l'œuf et du jaune mélangés dans une assiette ou agglutinés par de l'eau bouillante ; suivant les figures que forment le blanc ou le jaune, le devin tire des présages.

Ophiomancie, Grec. — Divination au moyen de serpents, dont le devin observe le mouvement et tire des présages. Ce moyen de divination était en usage, dès la plus haute antiquité.

Ophthalmoscopie, Grec. — Art de connaître les hommes, leur caractère ou leur tempérament par la simple inspection des yeux ; l'Ophthalmoscopie est une des branches de la *Physiognomonie*, voy. ce mot.

Or (Transmutation de l'), voy. Alchimie.

Oracles. — Dans l'antiquité, ce terme désignait : 1° les révélations faites aux hommes par les Dieux ; 2° les lieux consacrés pour obtenir ce genre de révélations. — Les Egyptiens avaient des oracles dès la plus haute antiquité ; les grecs avaient parmi les lieux célèbres de révélations l'oracle de Dodone, celui de Delphes, etc., etc. — Chez les Romains, il n'y avait pas d'oracles spéciaux ; ils consultaient les livres sibyllins les augures et les auspices, mais ils envoyaient à l'étranger consulter les oracles en renom.

Ordalies. — Série d'épreuves par les éléments. — On faisait passer la personne éprouvée par les Ordalies, les yeux recouverts d'un bandeau, à travers des brasiers enflammés, des socs de charrue rougis au feu ; on la faisait passer aussi à travers de l'eau froide ou bouillante, etc., etc. (1).

Oreille. — On tire du tintement des oreilles divers présages ; par exemple quand on dit du bien de nous c'est l'oreille gauche qui perçoit un

---

(1) On peut consulter sur l'emploi des Ordalies chez les Cafres, Suterland, *Memoir respecting the Kaffers, Hottentots and Bosjimans*, Tome I, p. 253, 256, Cape Town, 1845.

bruissement, quand c'est du mal, c'est l'oreille droite.

Orient. — Un des quatre points Cardinaux, personnifié par une femme qui tient d'une main une palme et de l'autre un globe surmonté d'un génie voilé tenant à la main un flambeau; cette femme est montée sur un char tiré par quatre chevaux. — C'est de l'Orient que nous vient la lumière physique et la lumière spirituelle, car l'Orient a été certainement le berceau de l'humanité.

Ormuzd, voyez AHURA-MAZDA.

Ornithomancie. — Divination tirée du vol, du cri et du chant des oiseaux. — De nombreux mythes mettent le serpent en connexion avec ce genre de divination, parce que le serpent attirait l'oiseau par son regard fascinateur. — Pline nous raconte que le sang de certains oiseaux (dont il donne l'énumération) produit un serpent qui donne à celui qui le mange le moyen ou du moins l'intelligence nécessaire pour comprendre le langage des oiseaux.

Orphée, voyez le terme suivant.

Orphisme. — Sous ce terme, il faut entendre un ensemble d'idées formant une doctrine créée par Orphée, l'un des grands Initiés Grecs. Les idées de l'Orphisme empruntées à l'Asie et à l'Egypte furent mises en circulation dans la Grèce par Orphée, par Homère ; l'Orphisme mit en usage chez les Hellènes, les purifications, les exorcismes, les évocations et quantité de rites et d'usages empreints de mysticisme et de l'Esotérisme Oriental. Les sectateurs d'Orphée, les *Orphéotelestes* étaient de véritables mages ou magistes qui écrivirent des ouvrages sur la Magie et la Divination, aussi plus tard, quand les mages devinrent en Grèce de simples magiciens ou diseurs de bonne aventure, ceux-ci accaparèrent les noms des savants pour répandre des écrits ayant quelque autorité.

C'est au moment de la décadence de la Magie, qu'on vit l'apparition de traités signés par des noms tels qu'Osthanès, Dardanus, Typhon, Damigeron et Bérénice (Tertull.) *De animâ*, 35. — Pline, Hist. Nat. XXX, 2.

C'est Orphée ou l'Orphisme qui passe pour avoir inventé l'alchimie ou le Grand Œuvre (Etienne, dans son Traité Περὶ χρυσοποίας, *In* Fabricius, *Bibliotheca græca, Tome* XII, p. 695.

Osiris, Egypt. — Une des grandes divinités de l'Egypte, dont le symbole n'a pas été compris encore en Europe. — C'était le Dieu du bien, le frère et l'époux d'Isis, le divin symbole de toute mort (tout défunt était assimilé à Osiris) ; il est roi de la région inférieure. — En Egyptien on prononce Ousri, Ousiri, Ousiréi.

Ostanès. — Mède qui vivait sous Xercès, roi de Perse. — On lui attribue des ouvrages de philosophie hermétique écrits en grec et en arabe (500 ans av. J.-C.)

Il y a eu un second écrivain hermétique de ce nom, contemporain d'Alexandre-le-Grand (325 ans av. J.-C.) mais ses ouvrages ne sont pas parvenus jusqu'à nous.

Enfin un troisième Ostanès Egyptien vivait vers 430 ap. J.-C.; il a écrit une lettre à Pitasius sur la science hermétique.

Oti. — Ce terme sur la côte de Malabar, signifie *Courbure*; l'*Oti* est une branche de la sorcellerie; voici comment se pratique l'Oti. « Une personne prend la forme d'un chien, d'une vache, d'un éléphant, se promène la nuit et fait du mal aux gens. Généralement, ils s'associent plusieurs et vont tout nus. Ils plient leur corps physique et marchent de telle façon que les gens les prennent vraiment pour les animaux qu'ils contrefont. » (*Lotus Rouge*, oct. et nov. 1888, p. 488) on voit que l'Oti est une sorte de *Lycanthropie*, voyez Loup-Garou. — Par extension ce terme sert parfois à désigner le sort jeté par ces sorciers.

Oucha, Sans. — Fille de l'asura Bana qui épousa secrètement Aniroudha, petit-fils de Krischna.

Ougracena, Sans. — Radjah hindou de la race

des Sadous, père de Kansa et de Dévaki ; il régna à Mathoura.

Ouma, Sans. — Un des noms de Prithivi, qui signifie : *type de beauté*.

Oupadya, Sans. — Précepteur spirituel ou Guru. Les Bouddhistes du Nord le choisissent généralement parmi les *Nardjal* ou Saints hommes, savants en Gôtrabhougnyâna et Gnyânadassana-Soudhi, c'est-à-dire parmi les professeurs de sagesse occulte.

Ourisk. — Genre de lutin de pays celtiques, qui tient à la fois de l'homme et du bouc ; c'est une sorte de Satyre.

Ourvasi, Sans. — Une des plus célèbres Apsaras qui naquit du contact de la cuisse de Naraiana avec une fleur, au moment même où Kama et Vasanta essayaient de séduire le saint solitaire ; voyez Nara.

Ousana, Sans. — Un des noms de Soukra.

Ozeohor. — Nom d'un héros égyptien, sorte d'Hercule.

Paamyla. — Femme de Thèbes qui passe pour la nourrice d'Osiris.

Paamylès, Égyp. — Divinité égyptienne, qui d'après quelques mythographes serait Khem, et d'après d'autres Osiris.

Paça, Sans. — Nom de la corde ou *lasso* que des représentations figurées de Çiva nous montrent dans l'une des mains de ce dieu.

Paccaya, Saunissita, Sila, Sans. — Règles à suivre pour le vêtement, le régime, etc. — C'est une des principales règles à suivre pour la direction et la discipline de l'Ordre (des prêtres).

Pacte. — Sorte de traité fait avec le diable ou des esprits du mal, car il ne saurait être question ici d'un autre genre de pacte. — Bergier dans son *Dictionnaire Théologique* nous dit : « Un pacte est une convention expresse ou tacite faite avec le démon, dans l'espoir d'obtenir par son entremise, des choses qui surpassent les forces de la nature.

Padiave (Eau). — Dans la religion Mazdéenne, on nomme ainsi, une eau sacrée qui servait à la fois pour les ablutions et pour la purification des demeures ; cette eau arrivait la seconde dans la liturgie du Mazdéisme, la première et la plus efficace se nommait *Zour*. — Les adorateurs d'Ormuzd devaient se laver avec la Padiave, le visage, les pieds et les mains, et cela à leur lever et à leur coucher, et parfois dans les grandes fêtes, avant leur principal repas.

Padma. — Nom hindou de la fleur de Lotus que Vishnu porte dans la main de son quatrième bras dans ses représentations figurées.

Padmapani, Sans. — Cinquième des Bodhisatwas qui par ordre d'Adhibouddha créa Brahma, Vishnu et Çiva.

Pagès. — Sorciers des rives de l'Amazone, qui passent pour avoir un grand pouvoir dans les incantations employées contre les maladies et les douleurs de toute sorte.

« Les Pagès, nous dit A. Wallace, (1) guérissent les plaies et les blessures en y appliquant de violents coups et en soufflant dessus ; ce qui est un des modes du magnétisme.

Les Indiens de l'Amazone s'imaginent de même que les Pagès peuvent envoyer des maladies et tuer leurs ennemis (2).

Paiti-dhâna, Pers. — Quand les Perses prient, ils s'appliquent sur la bouche un morceau d'étoffe de laine quadrangulaire (Paiti-dhâna) qui est large de deux doigts sur sept. Selon Strabon (733) ce morceau d'étoffe pendait depuis le couvre-chef jusque sur les lèvres ; il servait à préserver le feu pur, de l'atteinte de leur impure haleine.

Le feu brûlait ordinairement sur un bûcher placé sur un autel d'argent. Des mages vêtus de blanc nourrissaient la combustion du foyer avec du bois de Santal ; ils l'attisaient au moyen de faisceaux de verges.

---

(1) *Travel on the Amazon and the Rio-Negro* p. 499.
(2) Ibid. page 499.

Pali ou Bali. — Ancien idiome de l'Inde tombé à l'état de langue morte, sauf à Ceylan et dans l'Indo-Chine, où il subsiste encore comme langue scientifique et religieuse. Comme le latin qui servait au moyen-âge et à la renaissance de langage usuel entre les savants de diverses nations, le pali sert aujourd'hui de liens entre des peuples bouddhistes, dont les idiomes vulgaires sont très-différents les uns des autres. Le Pali a pris naissance dans l'Hindoustan, d'où il fut chassé avec les doctrines Bouddhiques. Cet idiome est issu du sanskrit très certainement, il offre du reste le degré de déformation que cette langue avait atteint vers le milieu du Ve siècle de l'ère vulgaire et nous pensons avec Burnouf et Lassen que les altérations du sanscrit ont donné naissance au *Prâkrit*.

Si nous comparons les deux idiomes, nous voyons que le Pali abrège les voyelles longues du sanscrit, mais il tend par une sorte de compensation à redoubler les consonnes.

Il existe plusieurs alphabets palis écrits en caractères différents ; mais ces diverses écritures paraissent dériver presque toutes de l'ancien alphabet Bouddhique, formé sur le modèle du Dêvanagari brahmanique ; quelques éléments de cet alphabet ont disparu, tandis que d'autres lettres ont été accentuées pour représenter les nuances de la prononciation en usage dans l'Indo-Chine.

Le Pali des Birman est écrit en caractères carrés, tandis que les siamois se servent du caractère *khahmen* qui est formé de petits traits angulairement disposés entre eux. Beaucoup de livres Bouddhiques sont écrits en Pali.

Ouvrages écrits en pali. — *Tcheritas*, poèmes ; le *Rasavahini* recueil de légendes ; *Mahavansa*, chronique composée par Mahana et continuée par Dhammakitti ; le *Boromat*, traité de théologie et de philosophie ; le *Divapansa* et le *Dhatadhatuvansa* ouvrages historiques en vers ; le *Khammawahya*, rituel du culte bouddhique publié par Spiegel ; Bonn, 1841 ; *Kammouva*, code des cérémonies à observer pour élever un prêtre de Bouddha aux ordres supérieurs ; le *Phatimokkha*, corps de règles à suivre pour arriver au salut. — On peut consulter pour étudier le pali, Clough, *Pali grammar, with a copious vocabulary*, Colombo, 1824, 1 vol. in-8°.— Eug. Burnouf, *Observations grammaticales sur quelques passages de l'Essai sur le Pali*, Paris, 1826, in-8° ; E. Burnouf et Lassen, *Essai sur le Pali*, 1826, in-8°, Spiegel, *Anecdota Palica*, Leipzig, 1845.

Palingénésie. — Régénération, renaissance. Ce terme désigne aussi un système historique d'après lequel les mêmes révolutions se reproduiraient sans cesse dans un ordre donné. Dans la *Dissertation* sur ce qu'on doit penser de l'apparition des Esprits, qui se trouve à la fin de l'ouvrage de Dom Calmet, nous lisons ceci, sur la *Palingénésie,* ou résurrection des fleurs.

« Ils (les savants) prennent une fleur, la brûlent et en ramassent toutes les cendres dont ils tirent les sels par le moyen de la calcination. Ils mettent ces sels dans une fiole de verre, où ayant mêlé certaines compositions capables de les mettre en mouvement lorsqu'on les échauffe, toute cette matière forme une poussière, dont la couleur tire sur le bleu. De cette poussière excitée par une douce chaleur, il s'en élève un tronc, des feuilles, une fleur ; en un mot, on aperçoit l'apparition d'une plante qui sort du milieu de ses cendres. Dès que la chaleur cesse, tout le spectacle s'évanouit, la matière se dérange et se précipite dans le fond du vaisseau, pour y former un nouveau chaos. Le retour de la chaleur ressuscite toujours ce phénix végétal caché dans les cendres et comme la présence de la chaleur lui donne la vie, son absence lui cause la mort.

« Le P. Kircher qui tâche de rendre raison de cet admirable phénomène, dit que la vertu séminale de chaque mixte est concentrée dans ses sels ; et que, dès que la chaleur les met en mouvement, ils s'élèvent aussitôt et circulent comme un tourbillon dans le vaisseau du verre ; ces sels dans cette suspension, qui les met en liberté de s'arranger, prennent la même situation et forment la même figure que la nature leur avait donné primitivement : conservant le penchant à devenir ce qu'ils étaient, ils retournent à leur première destination et s'alignent comme ils étaient dans la plante vivante. Chaque corpuscule de sel rentrant dans la première destination qu'il tenait de la nature, ceux qui étaient au pied de la plante s'y arrangent : de même ceux qui composaient le haut de la tige, les branches, les feuilles et les fleurs reprennent leur première place et forment ainsi une parfaite apparition de la plante entière.

« On prétend que cette opération a été faite sur un moineau : et MM. de l'Académie Royale d'Angleterre, qui en font des expériences, espèrent parvenir à la faire aussi sur les hommes. »

Palmoscopie. — Augure qui se tirait de la palpitation des parties du corps de la victime dans un sacrifice et que l'on calculait à la main, d'où le terme aussi de Palmicum employé pour ce genre de Divination. (Cicéron, De Fat., 5 ; *Tusculum* IV, 7 ; Suétone Tit., 2 ; Juvénal, Satyr. IV, 581 ; Vell. Paterc. II, 24).

Palomancie. — Divination analogue à la Rhabdomancie ou divination par les baguettes.

Panca Sila. — Les cinq préceptes imposés

aux bouddhistes laïques et contenus dans la formule suivante répétée publiquement par eux dans les *viharas* (temples)

1. Je dois m'abstenir de détruire ;
2. de voler le bien d'autrui ;
3. de tout commerce sexuel illégitime ;
4. de tromper quiconque ;
5. d'user de boissons fermentées, ou de drogues stupéfiantes ou soporifiques.

Trois autres préceptes ajoutés aux cinq qui précèdent constituent les *atthanga sila*, les voici ; il faut s'abstenir :

6. de manger en temps inopportun ;
7. de danser et de chanter d'une manière inconvenante ;
8. d'user de parfums, de cosmétiques, pommades ou autres futilités analogues ;

Enfin à ces huit règles s'en ajoutent deux autres ce qui forme le *Dasa sila* ou Décuple (obligatoire pour le prêtre) il faut s'abstenir :

9. de se servir de lits larges et élevés ;
10. de recevoir de l'or et de l'argent.

Panchakaranam, Sans. — Opération assez complexe, par laquelle les éléments du plan matériel, du plan physique (plan sthulique) sont formés par le secours des éléments du plan astral. — Les Védantins nous enseignent par leur cosmogonie que l'*ahankaram* évolue du *Mahat* ou élément primordial. De cet ahankaram naissent les cinq éléments ou *Tatwats* : Akasa, Tejas, Vayu, Apas et Prithivi. — Akasa, l'aither correspond à la pensée ; Tejas, le feu à l'âme animale ; Vayu, l'air à la forme astrale ; Apas, l'eau à la vie ; enfin Prithivi, la terre à la matière. Parfois, suivant les passages à interpréter, suivant le plan sur lequel on opère, les *tatwats* sont dénommés *Bhutas*. Ajoutons qu'au-dessus de ceux-ci qui sont dans le plan matériel, il y a dans le plan astral, les *Mahabuttas*, grands éléments, et enfin au-dessus dans le plan spirituel, les *Taumatras*, éléments spirituels.

Pendant le sommeil, notre corps astral baigne pour ainsi dire dans la lumière astrale, aussi notre corps physique absorbe-t-il cette lumière par immersion, tandis qu'à l'état de veille le corps ne fait que respirer la lumière astrale ; c'est même cette respiration qui produit autour des personnes, l'*aura* magnétique qui brille autour du corps comme un halo qui s'étend à environ dix centimètres autour de celui-ci. — Cette *aura* est plus ou moins colorée et c'est l'intensité de sa couleur qui indique le degré de vibration de chaque individu, en un mot sa qualité vibratoire. Chez les personnes douées de haute spiritualité le halo est violet pâle, couleur d'électricité statique, les personnes douées d'une moindre spiritualité ont leur *aura* successivement bleue, verte, jaune, orange et enfin rouge chez les personnes empreintes de matérialité grossière. La même *aura* est couleur de boue noirâtre chez les personnes essentiellement perverses et mauvaises.

Panchanjanya ou **Cankha,** Sans. — Nom hindou de la conque que Vishnu tient dans la main droite ou gauche de ses premiers bras.

Pandava, Sans. — Nom générique des cinq fils de Pandou. — Les Pandavas avaient pour mère les uns, Kosnuti et les autres Madri.

Pandou, Sans. — Roi de Couroudésa et père des Pandavas, qui laissa son trône à son frère Dhritarachtra et se retira sur les monts Himalaya où il mourut.

Panjangam. — Almanach des brahmines, sur lequel sont consignés les jours heureux ou malheureux, ainsi que les heures du jour ou de la nuit, heureuses ou malheureuses.

Pantacle. — Sorte de talisman magique ; ce sont des figures à la fois symboliques et synthétiques qui renferment en elles une série d'enseignements, que l'Initié doit savoir développer et analyser dans tous ses détails. Notre figure montre un pantacle célèbre, le sceau de Salomon. — Pour expliquer les pantacles, on doit tout d'abord décomposer la figure en ses éléments, puis voir la situation qu'occupent ces mêmes éléments dans la figure, les uns par rapport aux autres, enfin chercher la science de laquelle relève le pantacle. — Voici ce qu'Eliphas Lévi nous dit du triangle de Salomon (1) : « Le ternaire est tracé dans l'espace par le point culminant du ciel l'infini en hauteur, qui se rattache par deux lignes droites et divergentes à l'Orient et à l'Occident. Mais à ce triangle visible, la raison compare un autre triangle invisible, qu'elle affirme être égal au premier : c'est celui qui a pour sommet la profondeur, et dont la base renversée est parallèle à la ligne horizontale qui va de l'Orient à l'Occident. Ces deux triangles réunis en une seule figure qui est celle d'une étoile à six rayons forme le signe sacré du sceau de Salomon, l'étoile brillante du Macrocosme. »

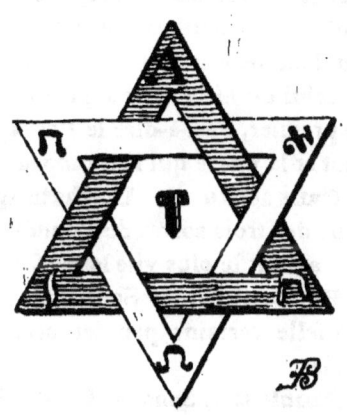

PANTACLE (SCEAU DE SALOMON)

(1) *Dogme et Rituel de haute magie*, tome Ier, pages 135 et 136.

Au sujet du même Pantacle : « Paracelse, ce novateur en magie, qui a surpassé tous les autres initiés par les succès de réalisation obtenus par lui seul, affirme que toutes les figures magiques et tous les signes cabalistiques des Pantacles auxquels obéissent les esprits se réduisent à deux, qui sont la synthèse de tous les autres : le signe du Macrocosme ou du sceau de Salomon (1) » et celui du Microcosme plus puissant encore que le premier, c'est-à-dire le PENTAGRAMME, voyez ce mot et la figure qui l'accompagne.

Panyadika ou **Udghatitagnya**, Sans. — Une des trois sortes de Bouddhisants, c'est celle qui atteint le plus vite la perfection.

Paouaouci. — Sorte de conjuration, par laquelle certains peuples prétendent amener la pluie.

Paoulastia, Sans. — Un des huit Vaçous, qui est proposé à la garde du Nord ; on le nomme aussi Kuvera, voy. notre figure au mot KUVERA.

Parabrahm, Sans. — Désigne l'absolu tout et rien. Voici ce que nous lisons à ce sujet dans le LOTUS ROUGE, n° 14 (mai 1888) p. 65 : « Ce qui est à la foi moi et non moi, esprit et matière, sujet et objet, cause et effet, fini et infini, instant et éternité, tout et rien, nous l'appellerions Para-

---

(1) Ibidem. — Pages 178 et 179.

brahm, si ce pouvait être nommé. Encore ne pourrait-on dire qu'il est cela, étant à la fois l'être et le non Etre. Et essayer de le louer serait un blasphème aussi vain qu'impie, s'il était en même temps et celui qui parle et celui qui écoute et la parole même. »

Dans son triple et unique aspect, Parabrahm est: Parabrahm-Purusha, Parabrahm-Prakriti et Parabrahm-Çakti, ce qui correspond à la Trinité catholique. — Les Philosophes hindous disent que Parabrahm, bien que n'étant ni *Jnatha*, ni *Jnanam*, ni *Jnayam* est cependant la source d'où émane, le *connaisseur*, le *connu* et la *connaissance*. Chez les Hindous le : Gloire au Père, au Fils et au Saint-Esprit du catholicisme a pour équivalent : Honneur au Suprême Brahman en qui existe la trinité de *Bhôktei* (le sujet) de *Bhôhgya* (l'objet) et de *Preritri* (le moteur).

Si nous considérons Parabrahm-sujet, nous voyons qu'il est l'Esprit-Universel ou Ego Cosmique, le connaisseur inconnaissable, par qui tout est connu. — Voici quelques noms sanskrits de Parabrahm-sujet : Purusha ; Içwara, Cabda-Brahm, Brahma, Avalôkiteçwara, Pratyayâtma.

Cabda-Brahm est en essence identique avec l'inconnaissable Para-Brahm, bien qu'il s'en distingue en tant que connaisseur universel.

Comme conclusion à ce qui précède nous donnerons quelques lignes du *Lotus rouge* (n° 16, juillet 1888) p. 214 : Parabrahm peut-être envisagé sous deux aspects complémentaires et parfaitement symétriques, comme les deux moitiés de l'image kaléidoscopique sont toujours parfaitement opposées l'une à l'autre, de quelque manière qu'on les combine en remuant l'instrument. Le premier de ces aspects nous représente la parfaite non-existence ou plutôt ne représente rien, n'existe pas. Le second aspect représente l'existence parfaite et doit par conséquent contenir tous les principes de l'existence. Ces deux moitiés sont séparées par l'horizon de l'éternité.

Ajoutons que ces deux parties sont intimement unies et n'existent que l'une par l'autre. Absolument, Parabrahm ne peut être compris, ni représenté, c'est la page blanche de toute figure, l'ineffable, l'Ain-Soph des Kabbalistes, dont la seule louange possible, est le silence.

Paracelse. — Alchimiste-médecin et philosophe suisse, né dans le canton de Zurich, en 1493 et mort à Saltzbourg, le 24 septembre 1541. Paracelse est un homme de génie, quoique mort jeune à 48 ans, il eut de son vivant une grande réputation ; il s'est attribué lui-même le titre de *Monarque des Arcanes*. De ce qu'il est mort jeune, ses adversaires en ont conclu que si ses remèdes avaient été aussi bons qu'il les prétendait et qu'ils aient eu le pouvoir d'allonger la vie au-delà du cours naturel, il aurait vécu plus qu'un autre. — Mais nous devons dire qu'il y a deux versions au sujet de sa mort : la première le fait mourir ivre à la suite d'une orgie, ce qui n'est guère croyable ; la seconde, à laquelle nous ajouterons plus volontiers créance, nous apprend que ses ennemis « l'empoisonnèrent en une débauche de vin, à quoi il était facile à porter et qu'estant yvre et endormi, ils lui ôtèrent les préservatifs qu'il portait toujours sur lui ; de manière que le poison ayant fait son effet, les remèdes ne purent agir. » (Pages 11 et 12 de son *abrégé des archidoxes*).

Comme tous les véritables grands hommes, Paracelse a été fort décrié et ce n'est guère que de nos jours, qu'il a été apprécié suivant son mérite. Voici, en effet, ce qu'a dit un contemporain et nous trouvons juste son appréciation.

« Quel homme a eu des idées plus exactes de la nature que Paracelse ? Il fut l'intrépide créateur de la chimie médicale, le fondateur de vaillantes écoles ; supérieur dans la controverse appartenant à cette catégorie d'intelligences qui ont créé une méthode nouvelle pour l'étude de l'existence naturelle des choses. Ce qu'il a écrit sur la pierre philosophale, sur les élémentaux, les pygmées et les esprits des mines ; sur les signes, sur les *Homonculi* et sur l'Elixir de vie, toutes choses que l'on cherche à tourner contre lui pour l'amoindrir dans l'estime publique, tout cela ne saurait éteindre notre reconnaissance pour ses œuvres, ni même notre grande admiration pour ses découvertes aussi sublimes que hardies ainsi que pour sa noble et parfaite existence (1). »

Eliphas Lévi, en dit encore plus de bien que M. Plytoff (2).

Paracelse a été enterré dans l'hôpital de Salzbourg. Voici son épitaphe gravée sur marbre : — « Cy-gist Téofraste, médecin insigne, lequel par un art merveilleux sçeut guérir les plus fières maladies que l'on croyait incurables, c'est-à-dire la lèpre, la goutte, l'hydropisie et autres semblables ; il a laissé ses biens pour être distribués aux pauvres, il est mort le 24 septembre 1541. »

Nous avons pris cette inscription dans son Abrégé de la Doctrine de Paracelse et de ses archidoxes, ci-dessus mentionnés. — Dans une revue d'occultisme « l'Initiation », nous avons donné une traduction de la préparation des médicaments de Paracelse, ainsi que les XIV Livres

---

(1) *Les Sciences Occultes,* par Plytoff, 1 vol. in-12, Paris, 1891.

(2) Voir *Dogm et Rituel de haute magie,* passim.

des Paragraphes du même auteur. — Conférez Initiation, n° 1, oct. 1894.

Parachansa, Sans. — L'un des aïeux de Çakya-Muni (Bouddha).

Paramitas, Sans. — Ce terme signifie littéralement : *vertu*. — Dans l'Ésotérisme Bouddhique, il y a six vertus transcendantes pour l'homme ordinaire et dix pour le prêtre. — D'après les Bouddhistes du Nord, on arrive à la *Rive*, c'est-à-dire on atteint le *Nirvâna* par l'exercice des six et dix vertus ou *Paramitas* ; voyez Sentier.

Parasou-Rama, Sans. — Célèbre brahmane hindou, élevé par Çhiva, ennemi de Vishnu et des Tchatryas. De bonne heure, Parasou-Rama manifesta un courage indomptable.

Paratcharia, Sans. — Muni hindou, époux de Kali (la noire) ; celle-ci tout en conservant sa virginité mit au monde Viaça.

Parchemin. — Nous n'avons à nous occuper ici que du parchemin vierge, qui sert à faire les pantacles et les talismans. Le parchemin vierge est celui qui n'a jamais servi à aucun usage, celui qui ne comporte aucune écriture sur sa surface ; mais en Magie le parchemin vierge est celui qui provient de la peau d'une bête n'ayant jamais engendré ; on le prépare d'une manière toute spéciale ; on le travaille avec un couteau de bois fait avec un bâton vierge, c'est-à-dire provenant de la pousse de l'année.

Paridjata, Sans. — Arbre du paradis d'Indra, qui était d'une beauté remarquable et dont les fleurs répandaient un parfum subtil et pénétrant.

Parodar, Parodarsh ou par Omonotapée **Kahrkataç** (crête haute ou basse), Pers. — Nom du coq chez les Perses. Cet animal était considéré comme sacré, parce qu'il chassait les sombres Diws de la nuit dans leurs cavernes *(Vendidad* XVIII, 34, 5).

Paroles magiques. — Ce terme générique embrasse les imprécations, les incantations, les conjurations magiques.

Parthénomancie. — Divination au moyen de laquelle on s'assurait si une jeune fille était ou non vierge; c'était aussi une divination tirée des signes de la virginité même.

Parvati ou **Prithivi,** Sans. — Déesse de la terre, l'épouse de Çiva et la fille de Prithou; suivant ses diverses personnifications, elle porte des noms divers. Comme déesse bienfaisante, on la nomme *Oumâ* (type de beauté) ou *Gauri* (la jaune brillante) ou bien encore *Jagan-Mâtâ* (Mère du Monde), enfin *Bhâvani* (qui donne la vie); sous ce nom elle préside aux enfantements, à toute sorte de productions et même à des opérations magiques qui lient les Dieux à des mortelles par une union légitime. — Les légendes hindoues distinguent deux Bhavâni ; l'une créée par Brahm, supérieure et primordiale; elle aurait donné naissance à la *Trimourti*, en laissant échapper de son sein trois œufs ou plutôt un œuf unique, duquel serait sortie la Trinité hindoue : Brahmâ, Vishnu, Çiva. — La seconde Bhâvani est femme de Çiva, c'est elle qui nous occupe, et qui est tour à tour déesse conservatrice, créatrice ou guerrière. Bhâvani est la mère de Ganéça, de Skanda et de Subramahnya.

Comme déesse de la destruction, c'est-à-dire sous sa forme terrible, elle a divers noms; c'est *Kali* ou *Cyânâ* (la Noire), *Mahakali* (la Grande Noire), *Chandi* ou *Chandica* (l'orgueilleuse, la violente), *Dourgâ* (celle qui est difficile à fléchir), enfin *Bhaïravi* (la terrible) ; mais on la désigne plus généralement sous le nom de *Dévi* (Déesse) ou *Maha-Dévi* (la Grande Déesse).— *Pour d'autres détails*, voir Addha-Nari p. 186 et suiv.

Patalâs. — Nom des sept sphères qui se trouvent en opposition avec les Souargas ; les Patalas sont éclairées par sept escarboucles portées sur la tête de sept serpents *(Nagas)*. Voy. Souargas.

Patimokka samvara sila, Sans. — Principales règles à suivre pour la direction de la discipline de l'Ordre (des prêtres).

Pavana, Sans. — L'un des 8 Vaçous, père de Hanouman, qui préside à l'air et aux vents, ainsi qu'à la musique ; on le nomme aussi Vaiou et Vayou. Une de ses représentations figurées, assez rares du reste, nous le montre tenant son fils Hanouman dans ses bras ; au terme Vayu, le lecteur peut voir une autre représentation de ce Dieu.

Pazatas. — Mage oriental qui répandit en Grèce la science divinatoire, de concert avec Astrampsychos et Gobryas. Voy. ces mots.

Pégomancie. — Divination par les sources ; on utilisait plusieurs modes de consultation ; le plus répandu consistait à jeter dans l'eau des poteries à goulots et le devin étudiait la manière dont s'échappait l'air de ces poteries et des bulles qu'elles donnaient.

Pélava. — Nom d'un richi, qui subdivisa le Rig-Véda en deux sections.

Pendu (corde de). — Bien des personnes croient encore aujourd'hui que la corde de pendu porte bonheur aux joueurs ; ils considèrent donc cette corde comme une amulette. Bien des joueurs de Monte-Carlo portent sur eux de la corde de pendu, ce qui ne les empêche pas d'être décavés.

Pennina. — Déesse Celtique adorée dans les Alpes Pennines.

Pentagramme. — Etoile à cinq pointes, au sujet de laquelle Eliphas Lévi nous dit (1) : Le Pentagramme, qu'on appelle dans les écoles gnostiques, l'Etoile flamboyante, est le signe de la toute puissance et de l'autocratie intellectuelles. — C'est l'Etoile des Mages ; c'est le signe

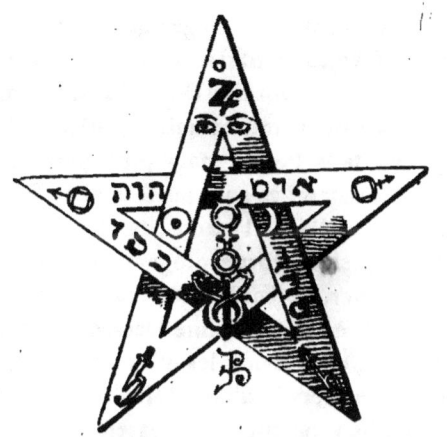

du Verbe fait chair ; et suivant la direction de ses rayons, ce symbole absolu en magie représente le bien ou le mal, l'ordre ou le désordre, l'Agneau béni d'Ormuzd et de Saint-Jean ou le Bouc maudit de Mendès. — C'est l'initiation ou la profanation ; c'est Lucifer ou Vesper, l'étoile du

---

(1) *Dogme et Rituel de haute magie*, tome II, ch. V, page 93.

matin ou du soir ; c'est Marie ou Lilith ; c'est la victoire ou la mort ; c'est la lumière ou la nuit. »

Voyez notre figure. — Paracelse proclame le Pentagramme « le plus grand et le plus puissant des signes (1). »

Pératoscopie. — Divination par l'inspection des airs et la forme des nuages qui s'y montrent.

Péri. — Génies bienfaisants de l'ancienne religion Persane ; ce sont des Dews du sexe féminin et d'une beauté extraordinaire ; elles habitent divers lieux de la Perse, mais plus particulièrement le Ginnistan ; ce sont les fées de la Perse.

Perséa. — Végétal sacré de l'Egypte; cet arbre que quelques archéologues ont confondu avec le pêcher, le saule et même le sycomore était consacré à Isis la Bonne Déesse. — Plutarque nous dit, que parmi les plantes sacrées des Egyptiens, le Perséa d'Isis doit être principalement sanctifié « car son fruit ressemble au cœur et sa feuille à langue. »

Cet arbre est originaire d'Ethiopie ; il fut transporté en Egypte, à une époque très reculée ; aujourd'hui il a complètement disparu ; on en voyait autrefois au Caire, comme nous l'apprend Dom Pernetty, qui a puisé la note suivante dans l'*Antiquité expliquée* de Monfaucon, Tome II,

---

(1) Ibid. page 99.

p. 2, pl. 124, figures 8 et 10 : « c'est un arbre qui croît aux environs du Grand Caire. Ses feuilles sont très semblables à celles du laurier, excepté qu'elles sont plus grandes. Son fruit a la figure d'une poire et renferme un noyau qui a le goût d'une châtaigne. — La beauté de cet arbre qui est toujours vert, la ressemblance de ses feuilles à une langue et celle de son noyau à un cœur, l'avaient fait consacrer au Dieu du Silence, sur la tête duquel, on le voit plus ordinairement que sur celle d'aucune Divinité. Il est quelquefois entier ; d'autres fois ouvert pour faire paraître l'amande ; mais toujours pour annoncer qu'il faut savoir conduire sa langue et conserver dans le cœur le secret des *Mystères d'Isis et d'Osiris* et des autres divinités de l'Egypte ; c'est pour cette raison qu'on le voit quelquefois sur la tête d'Harpocrate rayonnante ou posé sur un croissant. — Pour d'autres détails, voir Isis DÉVOILÉE ou l'*Egyptologie sacrée*, pages 123 à 127.

Petchimancie. — Divination par les vergettes ou les brosses d'habits ; quand un habit ne peut pas se vergeter, le vulgaire croit y reconnaître un signe de pluie prochaine.

Petpayaton. — Dans le Siam et dans quelques parties de l'Inde, on désigne sous ce terme les mauvais esprits répandus dans l'atmosphère terrestre.

Pettimancie. — Divination au moyen de dés que l'on agite dans un cornet et que l'on jette en l'air. — Voyez Astragalomancie et Cubomancie.

Phantasia. — L'Imagination personnifiée. — D'après quelques mythographes, Phantasia aurait été une Egyptienne, qui aurait donné à Homère les plans de l'Illiade et de l'Odyssée.

Pharmacie portative. — Ce meuble ou petite officine remonte à la plus haute Antiquité, puisque les Egyptiens ne quittaient jamais leur pays sans emporter en voyage leur pharmacie portative. On en voit une au Musée de Berlin, qui d'après l'inscription qu'elle porte sur sa caisse remonterait à la XIe dynastie, c'est-à-dire à la fin du 30e siècle avant l'ère vulgaire, c'est-à-dire encore sous le Pharaon Meuton-Hotep. Bien des archéologues contestent l'authenticité de la boîte à drogues de Berlin.

Phateiq, voyez Pitha.

Phétic, voyez Pitha.

Philaléthéens. — Philosophes d'Alexandrie, ainsi nommés parce qu'ils étaient *amants de la vérité* de φιλος ami, et αληθεια vérité. Ce sont ces philosophes qui, les premiers, ont employé le mot *Théosophie ;* ce mot daterait donc du IIIe siècle de notre ère.

Ammonius Saccas et ses disciples furent, paraît-il, les premiers à employer ce terme.

On appelait également ces mêmes philosophes *Analogistes*, parce qu'ils avaient l'habitude d'interpréter les légendes sacrées, les mythes et symboles d'après certains principes *d'analogie* ou de correspondance.

On les nommerait encore *Néo-Platoniciens*.

Si nous nous en rapportons à Diogène de Laërce, la Théosophie ou le système éclectico-Théosophique remonterait à un prêtre Egyptien du nom de *Pot-Ammon*, contemporain des premiers Pharaons de la dynastie des Ptolémées.

Ce terme de Pot-Ammon serait dérivé du cophte ancien et signifierait *celui qui est consacré à Ammon le Dieu de la Sagesse*.

Les disciples d'Ammonius Saccas, tels que Plotin, Porphyre, Jamblique, étaient appelés *Théodidactoi*, c'est-à-dire enseignés de Dieu. (θεος et διδακτος). — Jamblique, on le sait, est l'auteur ou, du moins, passe pour l'auteur du traité du *Mysteriis Œgyptiorum* signé du nom de son maître Abammon, fameux prêtre Egyptien ; ce traité a pour principal objet la réhabilitation des pratiques de la Théurgie.

Parmi les disciples immédiats d'Ammonius Saccas, mentionnons encore Longin, le conseiller de la reine Zénobie, Origène, Herrennius.

Plotin passe pour un homme de caractère très intègre naturellement, mais doué aussi d'une grande science et sagesse ; il était universellement respecté et estimé ; il fonda une école de Philosophie à Rome même ; son plus fidèle disciple Porphyre, de son vrai nom *Maleck*, réunit en un seul volume tous les écrits de son maître ; il écrivit lui-même une interprétation allégorique de quelques parties d'Homère.

La méditation des Philaléthéens était une véritable extase, comparable à l'état extatique dans lequel se plonge le Yogui hindou.

Philosophale (Pierre), voyez Alchimie, Art Sacré et Elixir de longue vie.

Philosophie Hermétique, voyez Alchimie et Hermétisme.

Philosophie Hindoue. — La Philosophie hindoue se divise en deux branches principales : la philosophie orthodoxe et la philosophie hétorodoxe. — Parmi les plus célèbres auteurs du premier système dénommé aussi : Théologie Brahmanique, nous devons mentionner en premier lieu, Djeminy, qui appartenait à la secte des *Saniassy's* ou *Mendiants*, parce qu'il portait le bâton et le bassin (vase à boire) ainsi que des vêtements jaunes. — Djeminy est l'auteur d'un ouvrage le *Purvâ-Mimansa*, qui commente naturellement les Védas, mais qui traite aussi de casuistique. Cet ouvrage présente, en outre, beaucoup d'affinité avec le dogme mystérieux du Philosophe de Samos Pyrrhon, adopté, en partie du moins, par Platon. — Le Philosophe de Samos qui avait voyagé dans l'Inde avait rapporté de ses conversations et de ses relations avec les Brahmes, le principe que tout est illusion *(Maya)* sauf Dieu. D'après Djeminy, tout dans l'Univers étant en harmonie tout est comme un concert perpétuel ; c'est même de ce système que découle la Loi des Nombres harmoniques, qui d'après le *Mimansa* a une puissance mystérieuse. Ainsi les nombres *un* et *trois* sont le symbole de la *Trinité* dans l'*Unité*, le signe des trois attributs de la Divinité : création, conservation et transformation (par la destruction). C'est, du reste, de cette façon que les prêtres du séminaire de Memphis expliquaient à l'*Initié* le nombre trois; ils lui disaient que la Monade première a créé la Dyade, laquelle a engendré la Triade et que c'est celle-ci qui se retrouve dans la nature toute entière. — Le nombre deux représente la nature Androgyne, l'agent et le patient, l'actif et le passif, la grande puissance génératrice, base de toutes les légendes sacrées, dans lesquelles tous les poètes et les mythographes ont puisé l'énorme variété de fables, de symboles si variés dans la mythologie hindoue par exemple.

L'auteur de Mimansa a également traité des questions très abstraites, telles par exemple, que de l'efficacité des œuvres *(Karma)* de la foi *(Sradha)* de la grâce *(Iswara-parasada)* etc., etc.

Disons, comme résumé de ce qui précède, que d'après la Philosophie hindoue, il y a trois qualités ou attributs inséparables de la Nature, et qui s'infiltrent nécessairement dans tout ce qui existe, qui entrent dans sa composition et forment pour ainsi dire son essence.

De ces trois choses, la première est la présence de tout ce qui est bon et l'absence de tout ce qui est mauvais ; la dernière est l'absence de tout ce qui est bon et la présence de tout ce qui est mauvais ; celle du milieu participe des deux autres.

Philtres. — Breuvages, Boissons ou Drogues préparés par un Magicien ou par une Magicienne dans un but déterminé, pour obtenir un résultat voulu, principalement pour inspirer de l'amour en faveur d'une personne. Il existe de nombreuses recettes pour préparer des philtres, suivant les résultats qu'il s'agit d'atteindre.

Phishôn. — Fleuve producteur de la création élémentaire ou physique, principe de l'éternelle fécondité. — Moïse fait couler ce fleuve dans la région de l'Eden ; il le désigne sous le nom de *Jônah* qui est l'emblème de la colombe, qui s'approcha de l'Arche de Noé, après le déluge.

Phra ou Phré, Egypt. — Divinité, troisième personnage d'une des triades Egyptiennes, il était fils de Ptaph et principalement adoré à Thèbes.

Phrénologie. — La science ou l'art de juger le caractère et la capacité d'un homme par les protubérances de son crâne, d'où les noms de *Cranologie*, *Craninologie* et *Cranoscopie* donnés à cette science.

C'est Gall et Spurzheim qui sont les créateurs de cette science ; avant eux les physiologistes n'avaient du moins dans ces temps modernes que des idées fort vagues sur l'art de juger les hommes par la Phrénologie.— Le matérialiste Broussais définit ainsi ce terme (*Cours de Phrénologie*, p. 2, leçon 1re) : « La *Phrénologie* est la physiologie du cerveau ; voilà quelle doit être la véritable acception de ce mot ; c'est la définition adoptée par Gall, et qu'on aurait dû conserver parce qu'elle est aussi exacte que rationnelle. Lorsque l'étude des fonctions de l'encéphale fut appelée *Psychologie*, on étudiait la vie indépendamment de l'organisme... Le mot Φυχη (âme) présuppose un moteur, une puissance qui ne sont point accessibles à nos sens ; c'est le *Comment* et le *Quomodo* des phénomènes physiologiques. »

Aujourd'hui, nous commençons à mieux connaître le *Quomodo* et le *Comment*, non-seulement des phénomènes physiologiques, mais même psychiques.

Phrényogénie. — Science qui enseigne aux procréateurs soucieux de leur descendance, le moyen de doter leurs enfants d'une heureuse organisation cérébrale. Cette science, dans son ensemble, ne comprend pas que des choses fausses; mais enfin il ne faut pas prendre au pied de la lettre ce que renferment les *Traités de Phrényiogénie.* — Cf. Bernard Moulin. Phrényogénie ou *Données scientifiques modernes* pour doter *ab initio*, ses enfants de l'organisation phrényogénique. Paris, 1868, in-12.

Phylactères. — Sorte d'amulettes; ce sont généralement de petites bandes de parchemin sur lesquelles on écrit diverses sentences.

Phyllorhodomancie. — Divination pratiquée surtout par les Grecs à l'aide de feuilles de Roses; on la pratique de diverses manières.

Physiognomonie. — Science qui a pour but de connaître les hommes d'après leur physionomie, c'est, en un mot, l'art de connaître l'homme intérieur par son extérieur.

Cette science étant toute d'observation ne comporte pas de fraudes, car les preuves en sont dans l'étude. L'auteur classique de la Physiognomonie, c'est Jean Lavater qui a écrit un fort beau traité sur la question. A ceux de nos lecteurs qui seraient désireux d'étudier cette science, nous leur conseillerions de prendre pour guide l'édition in-4° de Lavater, qui contient de nombreuses planches et des figures extrêmement bien gravées. — La Physiognomonie est une science véritable, surtout quand on contrôle les pronostics tirés de l'examen des traits, par d'autres sciences, telles que la Chiromancie, la Graphologie, etc.

Picatrix. — Célèbre médecin et alchimiste arabe, qui vécut en Espagne dans le XIII° siècle. — Ses œuvres traduites en latin, en français et de l'espagnol en latin sur l'original arabe de 1265, existent en manuscrit à la Bibliothèque de l'arsenal de Paris, Sc. A, n° 85 et 86 et comprennent : la clef des clavicules ; les caractères de tous les génies et esprits et les soixante-et-douze noms de Dieu avec les versets des psaumes qui y correspondent. (Bibliographie Générale des sciences occultes, Paris, Chamuel, éditeur, en cours de publication.)

Pic de la Mirandole (JEAN). — Alchimiste et philosophe, né en 1463 et mort en 1494. Il a été surtout célèbre par la précocité de son savoir et par une mémoire prodigieuse. Il est l'auteur d'un ouvrage d'alchimie qui a pour titre : *Libri tres de Auro, tum œstimando, tum conficiendo, tum utendo* ; in 4°, Venetiis, 1586. — Ed. de Ferrare, in-8°, 1587 ; autre édition Ursellis, 1598. — Il existe également du même auteur un ouvrage in-fol. extrêmement rare : *Conclusion philosophique de cabale et de théologie*, Rome, Silbert. S. D.

Pierre d'Apone. — Astrologue, médecin et mage, né dans le village d'Apone, près de Padoue, en 1250.

Pierre Philosophale, voy. Alchimie, Hermétiste, Art sacré ; Elixir de longue vie.

Pindam, Sans. — Méthode qui est utilisée pour envoyer son astral dans le corps d'une personne, afin de se servir de ce corps comme du sien propre, voyez Possession, Substitution.

Piripiris. — Amulettes, talismans en usage chez un grand nombre de peuples sauvages.

Piromis, Egyp. — Nom d'une divinité Egyptienne qui n'est autre que le soleil.

Pisakha, Sans. — Ce terme est synonyme de Diable.

Pischkesh, Pers. — Ce terme signifie littéralement *Présent hospitalier* ; l'usage d'offrir le Pischkesk existe encore en Perse ; ces présents consistent en sucreries, en confitures ou corbeilles de fruits très ornées et très fleuries.

Pisomancie. — Divination au moyen de pois.

Pistole volante. — On désignait sous ce terme pendant le moyen-âge, l'argent enchanté que les sorciers et les magiciens donnaient en paiement et qui avait la propriété de revenir dans la poche de leur propriétaire.

Pitha, Phéthie, Phateiq. — Ce sont là des termes que nous trouvons dans Court de Gébélin (*Le monde primitif*, T. VIII), qui nous dit que les Dieux des Egyptiens, des Phéniciens, des Cananéens et autres, étaient comme ceux des Nègres, de petites idoles appelées Pitha, Phétie, Phateiq, dont les Grecs firent le nom des Pataïques et qui, se conservant sans altération chez les Nègres, est exactement leur mot *Fétique* ou *Fétiches*.

Pitris, Sans. — C'est bien à tort que l'on croit que les *Pitris* sont nos ancêtres directs, c'est-à-dire les esprits des hommes qui nous ont précédés sur notre globe. Les Pitris qui comprennent sept espèces diverses, sont les ancêtres de l'humanité actuelle, c'est-à-dire les esprits des races humaines qui ont précédé notre race dans l'échelle de l'Evolution.

Parmi les sept espèces de Pitris, quatre sont pourvues de corps (*Rupa*) et trois en sont dépourvus (*A-Rupa*). Il y a les Pitris *lunaires* et les Pitris *solaires*, les premiers sont les Dévas de la lune, c'est-à-dire de l'Intellect ; et les Pitris du soleil, les Dévas de la Sagesse. Au cours de l'évolution, les Pitris lunaires laissèrent leurs chayas (ombres) et cela d'après la *Doctrine secrète* pour la formation de la première race humaine de la quatrième ronde ; quant aux Pitris solaires, ils douèrent l'homme de raison. — Dans *Secret Doctrine*, H. P. Blavatsky nous dit : « les Pitris ne sont en rien de la nature des fantômes ni de celle des hommes défunts, selon la moderne manière de voir. Ils furent le lien unissant les races éthérées de l'humanité aux races pourvues d'un corps physique. Ils n'ont jamais eu de rapports avec les fariboles du spiritisme, ni avec les merveilles des fakirs, et l'esprit immortel d'un homme défunt n'a non plus aucun rapport avec ces choses. »

Les *Lunars Pitris*, sont représentés par le mythe de Prométhée, car ils sont les créateurs de l'hom-animal, ses progéniteurs. Quand l'homme eut reçu des *lunars Pitris* sa forme physique, les *Solars Pitris* lui donnèrent son essence qui lui permit d'avoir le moi humain supérieur.

Plasma et **Protoplasma.** — Le plasma est la partie liquide du sang dans laquelle nagent les globules microscopiques. — Le terme de protoplasma est synonyme de *plasma*, avec cette nuance cependant, que le protoplasma désigne principalement le liquide contenu dans les cellules végétales ou dans les cellules embryonnaires, quand l'embryon n'a pas encore de sang.

Platon. — Philosophe Grec, né 430 ans avant l'ère vulgaire et dont la doctrine a servi de type à celle des Néoplatoniciens d'Alexandrie ; voyez Néoplatoniciens.

Plexus solaire. — Grand centre ganglionique dénommé aussi *Soular* et par les anciens *Cerveau mâle* et *Cerveau du ventre ;* les Grecs le nommaient *Majjuperikos*, ou cerveau derrière le diaphragme, et ils lui attribuaient une large part dans nos sensations intérieures ; c'est le Plexus solaire qui meut le cœur. — En sanskrit ce terme est désigné sous celui de *Nabhichakra*. Voyez : Possession.

Pneumatographe. — Médium qui a la faculté d'obtenir de l'écriture, des dessins, des signes graphiques quelconque directement, c'est-à-dire sans le secours de sa main, ni de celle de personne. — L'Ecriture directe entre deux ardoises est obtenue par la pneumatographie. Le médium Slade est un *Pneumatographe*.

Polythéisme. — Doctrine religieuse qui admet un grand nombre de Dieux. Cette doctrine qui paraît fausse au premier abord est cependant de toute logique, quand on considère Dieu, l'Absolu, l'Inconnaissable, comme un Être tellement supérieur, que l'homme religieux n'ose, dans sa grande humilité, s'adresser à lui directement. Il prend donc comme intermédiaires des saints, des démiurges ou Demi-Dieux ; d'où rien de surprenant que la théologie hindoue, qui a conservé par tradition un grand nombre de saints personnages *(Rischi)* compte environ 33 millions de Dieux ou de Déesses. La religion catholique qui honore les puissances angéliques et les saints doit bien compter aussi des millions de Dieux et elle n'a, cependant, que vingt siècles d'existences, ce qui est un court espace de temps à côté de la haute antiquité du Védisme. — Du reste, David explique parfaitement ce qui précède, quand il dit (*Psaume* LXXXLVI, *verset* 8) : « Seigneur entre les *Dieux*, il n'y en a point de semblables à TOI, et il n'y a point de TELLES ŒUVRES que les TIENNES. »

Pôrava, Sans. — Nom des princes de la Dynastie Lunaire, descendants de Pouru. Les Koravas et les Pandavas étaient des Pôravas.

Porta (GIAMBATTISTA DELLA). — Ce célèbre physicien italien naquit à Naples, en 1541, et il y mourut le 4 fév. 1615. Il montra des dispositions si précoces que tout jeune (à quinze ans à peine) il avait déjà écrit les trois premiers livres de sa *Magie naturelle* qui est un ouvrage plein d'érudition. La première édition de ce livre célèbre, qui a joui d'une vogue extraordinaire dans toute l'Europe, date de 1558. C'est un in-fol. rarissime. — Voyez notre *Bibliographie générale des sciences occultes*, N° 2082 au N° 2091, pour les autres ouvrages de cet éminent occultiste *(en cours de publication).*

Possession. — Action de posséder ; mais dans notre *Dictionnaire,* il faut entendre par ce mot, l'action d'être possédé par une entité de l'astral dénommée par la religion catholique Démon. — Voyez Obsession.

Le fait de possession est absolument certain, il existe même une sorte de méthode pour s'entraîner dans cette voie, comme le prouve la note suivante extraite du *Pancharatra Padma Samhita charryapada,* chapitre XXIV, versets, 131 et 140.

« Je te dis maintenant, ô né du Lotus, la méthode par laquelle on entre dans le corps d'un autre *(Pindam)....* Le corps qui sera occupé doit être frais, d'âge moyen, doué de toutes les bonnes qualités et exempt de toutes les horribles maladies qui sont la conséquence du péché. Le corps doit être celui d'un brahmin ou même d'un Tchatriya. Il faut qu'il soit couché dans quelque lieu solitaire (1) le visage tourné vers le ciel et les jambes étendues : Entre ces jambes tu devras t'asseoir dans *Yogâsana* (2) ; mais auparavant, ô toi aux quatre faces, tu devras avec une con-

---

(1) C'est-à-dire dans lequel il n'y ait aucun risque que le processus cérémonial soit interrompu, on verra pourquoi plus loin.

(2) C'est-à-dire en posture de Yoghi.

centration mentale fixe, avoir exercé longtemps ce pouvoir de Yoghi. Le Jîva est localisé dans le *Nabhichakra* (1) il est de lui-même radieux comme le soleil et a la forme de Hamsa (2) et il se meut le long de Idâ et de Pingala nâdis (3). Après avoir été concentré comme Hamsa (4), il passera à travers les narines et comme un oiseau s'élancera à travers l'espace. Tu devras l'accoutumer à cet exercice en voyant au dehors le Prana (5) à la hauteur d'un palmier et en le faisant voyager un mille ou cinq milles au plus, puis l'attirant de nouveau dans ton corps, dans lequel il doit entrer, comme il l'a quitté, à travers les narines et le remettre dans son centre naturel, le *Nabhi-*

(1) C'est le nom sanskrit du PLEXUS SOLAIRE, voy. ce mot.

(2) Ce terme *hamsa* (oiseau) est *Soham* interverti qui signifie « que je suis » ce qui est une allusion à Parabrahm. Ainsi Parabrahm — Nivatma — Soham — Hamsa est tout un. — Nous devons ajouter que Hamsa est aussi le nom de l'oiseau divin à qui l'on attribue le pouvoir de séparer le lait de l'eau et qui représente ésotériquement *Atma*. C'est cela qu'il faut comprendre par ces mots « de la forme de l'oiseau Hamsa ». — Hamsa est aussi cette « étincelle argentée dans le cerveau » cette étincelle comme une étoile qui n'est pas « l'âme mais le halo qui rayonne autour de l'âme » décrite par Bulwer Lytton dans le XXXI° chapitre de *Strange history*.

(3) Ce serait deux canaux de circulation psychique.

(4) Voir la note 2 ci-dessus.

(5) Le souffle astral, voyez plus loin PRANYAMA.

chakra. Il faut pratiquer cela journellement jusqu'à ce que la perfection soit atteinte.

Postel (Guillaume). — Un des hommes les plus savants du XVI° siècle, né en 1505 ou 1510 à Dalerie, près Barenton, dans la Manche, et mort à Paris le 6 septembre 1581. Guillaume Postel était un prodige d'érudition, François Ier et la Reine de Navarre le considéraient comme tel. Aucun homme peut-être n'a eu des débuts plus pénibles et plus misérables que Guillaume Postel ; il a été successivement maître d'école, mendiant, domestique ; enfin François Ier le nomma en 1539, professeur de mathématiques et de langues orientales au Collège de France. Guillaume Postel a publié de nombreux ouvrages et a laissé un grand nombre de manuscrits.

Pouchpamitra, Sans. — Père d'Agnimitra, à qui il donna le trône de Moria et devint ainsi le premier roi de la dynastie Sounga.

Poudja, Sans. — Ce terme signifie *Pratiques occultes*.

Poule noire. — Beaucoup de cartomanciennes emploient encore de nos jours des poules noires pour les aider dans leurs consultations. La superstition de la *Poule noire* est encore très vivace en Bretagne (Cambry, *voy. dans le Finistère*, Tome III, p. 46). Un livre auquel certaines femmes ont grande confiance a pour titre : La

Poule Noire ou *la Poule aux œufs d'or*, avec la science des talismans et des anneaux magiques ; l'art de la nécromancie et de la cabale pour conjurer les esprits, etc., 1 vol. in-18. En Egypte, 740.

Pourdarica, Sans. — Roi de Priagu ; il fut tué par Krischna qu'il avait voulu combattre.

Pouranas, Sans. — Anciennes Ecritures hindoues : Le Bagavat, le Scanda, l'Agni, le Bhavishya-Pourana.

Pourou, Sans. — Fils d'Yati, le sixième roi de la race lunaire et qui donna son nom à ses successeurs.

Pouroucha, Sans. — D'après quelques traditions hindoues, ce serait le nom du premier homme ; il aurait été hermaphrodite.

Pourouva, Sans. — Troisième prince de la dynastie lunaire.

Prabhavasi, Sans. — Fille du roi Vadjanâbhna qui aima et épousa secrètement Pradiumna qui s'était emparée des Etats de son père et dont elle eut un fils.

Pradiumna, Sans. — Fils de Krischna et de Roukimini, qui passe pour une incarnation de Kama.

Pradjapatis, voy. Brahmadikas.

Pradjna ou **Aria-Tara**, Sans. — Nom d'une Déesse de la mythologie hindoue qui personnifie la *matière*, un des membres d'une Triade hindoue, dont les deux autres sont : Bouddha, l'essence intellectuelle et Sanga la multiplicité.— C'est aussi le nom de la septième clef, qui fait de l'homme un Dieu, elle ouvre une des portes, qui conduisent l'aspirant au Nirvâna.

Pradurbhava. — L'acte de revêtir un corps qui n'est plus animé par un Jiva. — voy. A'ves'a. Prama et Krischna ont revêtu des corps desquels était parti Jiva ou Prana (*la Vitalité*).

Prakrit. — Cette langue, dérivée du sanskrit, n'est qu'une corruption de celui-ci.

Prakriti, Sans. — D'après les philosophes anciens et modernes, l'Univers a pour principe une sorte de Trinité dénommée *la matière, le mouvement* et *l'espace*. Aucune de ces trois forces n'a d'existence propre, en effet ces trois termes : matière, mouvement, espace, indiquent seulement trois aspects différents sous lesquels se manifeste cette unité éternelle. Cette Trinité, cause originelle de toutes choses, est dénommée la NATURE (en sanskrit *Prakriti*). Si donc, nous considérons l'Univers sous son véritable aspect *(le mouvement de la matière dans l'espace)*, nous voyons que toute puissance n'est constituée que par certaines vibrations de *Prakriti* (l'aither cosmique de la science moderne).

Mais ces vibrations se produisent dans un certain ordre et suivant certaines lois ; elles sont *stationnaires dans la matière et progressives dans la force.*

stationnaires dans la matière et progressives dans la force.

Pralaya, Sans. — Une des phases ou Etat du Kalpa dans la métaphysique hindoue ; voyez LAYA.

Prana, terme sanskrit synonyme de JIVA, voyez ce mot.

Pranayama, Sans. — Exercice pratiqué par le Yoghi, qui consiste à retenir son souffle d'abord quelques secondes, puis quelques minutes, enfin, par un long entraînement, quelques heures. Le yoghi s'entraîne au *Pranayama*, pour accomplir l'exercice de la mort apparente ce qu'on dénomme en Occident *Anabiose*, c'est-à-dire suspension complète des fonctions vitales. Quand le yoghi peut pratiquer à volonté le Pranayama, on lui fait sous la langue une incision qu'on élargit chaque semaine, ce qui au bout d'un certain temps, lui permet de retourner sa langue dans son gosier de façon à fermer, à boucher l'arrière-gorge. — Les pratiques de Pranyama sont accompagnées d'ablutions, de massages, de prières, enfin le yoghi ne s'alimente que de végétaux et ne doit prendre aucune médication. Le jour de l'expérience *anabiotique* arrivé, le yoghi se nettoie l'estomac, s'étend sur un drap de toile, puis se recueillant, il s'hypnotise en fixant le bout de son nez ; enfin il retourne sa langue dans son gosier et tombe en catalepsie. Des assistants lui bouchent alors tous les orifices de son corps avec de la cire et l'on enferme ce cadavre vivant dans un cercueil qu'on dépose dans un caveau dont la pierre fermant l'ouverture horizontale est recouverte de terre et ensemencée de gazon. Au bout d'un temps déterminé, 20, 30, 50, ou 60 jours après cet enfouissement, on ouvre le caveau, on retire le cercueil et le yoghi est ramené à la vie par les opérations suivantes : on verse de l'eau chaude sur sa tête, on lave et l'on frictionne son corps, on détamponne les orifices qui avaient été bouchés, enfin, après avoir ouvert la bouche avec précaution, on ramène la langue dans sa position normale. — Les frictions ayant réchauffé le corps et ramené graduellement la chaleur, le yoghi reprend son souffle, ouvre les yeux et renaît à la vie qu'il semblait avoir quitté. — Bien que le fait que nous venons de rapporter paraisse merveilleux, il est tout à fait exact et véridique ; des milliers de voyageurs qui l'ont vu de leurs yeux, l'ont attesté ; il s'est accompli sous les yeux du prince de Galles, qui avait établi jour et nuit une garde de soldats autour du caveau ; il avait même scellé à la cire du sceau de sa bague, le cercueil du yoghi soumis à l'expérience. Douter d'un pareil fait ne peut faire supposer qu'une chose : c'est qu'on n'a jamais étudié la question. — Il existe un mode particulier de respiration dénommé Dranayana Védique qui comporte trois opérations principales ; il serait trop long d'en parler ici ; mais nous en donnerons la pratique dans un ouvrage ultérieur, dans un *Traité des Respirations*.

Prasrinmo, voyez le terme suivant.

Prasrinpo, Tib. — Nom d'un singe qui eut de sa femelle Prasrinmo trois fils et trois filles ; d'après une légende Tibétaine, c'est ce couple qui enseigna aux hommes le moyen de se perpétuer par l'union.

Pratyag-âtma. — Un des noms sanskrits de Parabrahm — sujet, qui est essentiellement *Un* ; le foyer de tous les âtmas, qui n'en paraissent distincts que par l'illusion des *Upadhi* (substances) ou principes microscopiques, sortes de miroirs dans lesquels le rayon primordial s'obscurcit en réflexions successives et se brise en six faisceaux dont chacun s'éparpille à son tour en raies innombrables.

Pratyag-Buddha, Sans. — Bouddha qui en recherchant la délivrance n'a aspiré à délivrer que lui-même et est tombé dans le néant.

Pratysakhyas, Sans. — Dans la littérature hindoue, on désigne sous ce terme des traités spéciaux sur la grammaire védique.

Prédiction. — Action de prédire ; il y a une infinité de manières de prédire ; le lecteur les trouvera toutes relatées dans le courant de cet ouvrage, nous ne renverrons pas aux divers mots de ce dictionnaire, car la nomenclature en serait aussi longue qu'inutile.

Prénotion. — Sentiment ou sensation qu'on a d'une chose avant son accomplissement. La prénotion peut être matérielle et naître dans notre esprit par suite de phénomènes antérieurs ; elle provient de la raison. Des hauts sensitifs ou médiums peuvent avoir la prénotion d'un événement par suite de la représentation qu'ils en voient dans l'astral. Bacon affirme que notre âme, recueillie et ramassée pour ainsi dire sur elle-même, possède la prénotion à un si haut degré qu'elle lui permet de prédire l'avenir.

Le *pressentiment* est immatériel, il provient du cœur et procède d'une manière spontanée sans action réflexe ; presque tous les esprits avancés ont le pressentiment des événements qui peuvent survenir, soit dans leur vie privée soit dans les affaires publiques. Nous pourrions citer quantité de personnages historiques, nous nous bornerons seulement à mentionner : Alexandre, César, Socrate, Jeanne d'Arc, Napoléon, et Henri IV; tous ces personnages ont, dans le cours de leur existence, témoigné de la sûreté des pressentiments qu'ils ont éprouvés ainsi que de Prénotion de bien des faits survenus ultérieurement.

Présages, voy. Augures, Aruspicine, etc.

Prescience. — Connaissance de l'avenir, quelques rares médiums ou sensitifs possèdent la Prescience.

Preta. — Terme sanskrit qui signifie littéralement *parti* (*pré*, préfixe exprimant l'intensité et *ita* partir de la racine *ê* aller, s'en aller), ce qui est laissé quand le Sat ou l'être est mort ou du moins parti pour l'au-delà, ce qui n'est pas du tout la même chose. Ce terme désigne les âmes désincarnées bonnes ou mauvaises. Les coques astrales se désintègrent plus ou moins vite, suivant l'être auxquelles elles ont appartenu. Quand le *Manas* (intelligence physique) du mort a été dirigé pendant sa vie par son *Buddhi*, cette désintégration se fait assez rapidement ; quand, au contraire, l'égoïsme *(ahamkara)* a eu le pas sur Buddhi, la désintégration est moins rapide, mais elle s'accomplit tout de même. Pour faciliter cette désintégration de la coque astrale, les Brahmines de l'Inde ont l'habitude pendant les dix jours qui suivent le décès, de pratiquer diverses cérémonies, qui s'appliquent non à l'*atma*, mais au Préta, ce que les Egyptiens anciens dénommaient l'*Osiris*. Le sens général des Mantrams, récitées pendant ce rite funéraire est celui-ci : « Je verse cette eau pour apaiser la soif du Préta, si, par hasard, il ne l'avait pas satisfaite ? »

(sous-entendu avant de mourir). Je fais cette offrande de riz et de carry de sésame et de pois pour apaiser la faim non satisfaite du Préta. »

Chez les personnes riches, dès qu'un homme est mort, on fait 32 boules de riz et de carry et on les place devant le Préta, comme s'il était présent, bien qu'invisible, une cordelette de kusa, dont un bout tient censément à celui-ci et l'autre à un pauvre Brahmine établit entre eux une communication ; et pendant qu'on récite des *Mantrams*, le Brahmine mange le riz. On lui paie pour cela une somme parfois considérable, dix, vingt et jusqu'à cinquante roupies, car on croit généralement que le Brahmine n'a plus qu'un an à vivre, parce qu'il fournit de son fluide vital pour favoriser l'astral du décédé dans l'action de manger.

Le nombre de boules avons-nous dit est de 32 ; elles représentent des *Kalas* dont 12 appartiennent au Soleil, 16 à la Lune et 4 au feu ; ce sont les Tatwas primitifs qui sont au nombre de 96, obtenus par la division de chaque unité en TATWA, RAJAS et TAMANO *gunas*, voyez ces mots. — Dans le cas de suicide, de mort violente ou accidentelle causée par l'eau, le feu, le hasard, les batailles, les cérémonies ne sont accomplies que six, huit ou dix mois après le décès, parce que dans ce genre de mort le corps physique (*Annamaya hosha*) est seul détruit, tandis que les autres principes ne le sont pas ; aussi le rite funéraire ne saurait être accompli, il serait sans aucun effet car il n'y a pas mort au vrai sens du mot; ce n'est qu'une mort partielle.

Prêtres. — Hommes remplissant dans le culte des religions, les fonctions de sacrificateurs ou autres. Suivant les époques et suivant les religions les fonctions des prêtres ont été fort diverses. Si nous nous en rapportons, par exemple, au livre apocryphe de Daniel, il existait à Babylone divers ordres de prêtres s'occupant de Divination ; ces prêtres étaient dénommés *Interprêtres sacrés* et avaient chacun une spécialité. Il y avait les *Hakamim* ou savants, qui exerçaient la thérapeutique ; les *Kartumim* ou Magistes; les *Asaphim* ou Théologiens, théosophistes même comme l'indique la version des Septante ; enfin les *Kasdim* ou *Gazrim*; c'est-à-dire les Chaldéens ou astrologues ou devins proprement dits. En Egypte il y avait quantité de prêtres correspondant à des fonctions multiples. — On nomme *Prêtres noirs*, les prêtres du sabbat, ceux qui célèbrent la *Messe Noire*.

Prithivi, voy. Bhavani et Parvati.

Protyle. — Terme employé par William Crookes, le grand chimiste anglais, pour spécifier la substance homogène du monde, de laquelle sont sortis les 70 éléments de chimie (genèse des éléments). — Le Protyle est analogue au Protoplama de la Biologie, voyez Plasma.

Pséphomancie. — Divination au moyen de cailloux, qu'on cachait dans le sable.

Psychagogue. — Chez les grecs, on nommait Psychagogues ou évocateurs des âmes, ceux qui au moyen de certaines conjurations, parvenaient à évoquer les âmes des morts, ce que les spirites nomment aujourd'hui les *Esprits*.

Psychique. — Tout ce qui a rapport à l'âme, en tant qu'effets physiques ou actifs ; tout ce qui agit sur l'âme ; *force psychique*, force qui vient de l'âme ; *faculté psychique*, faculté de l'âme.

Au sujet des forces psychiques, voici ce que nous apprend un auteur américain : « Les forces psychiques constituent une susbstance réelle. L'âme humaine est un composé de ces substances psychiques, aussi éternelles et indestructibles que n'importe quelle substance d'ordre le plus matériel. » C. G. Raue, *Psychology as a natural science*, applied to the solution of occult psychic phenomena, p. 529. — Philadelphia, 1889.

On nomme *substances psychiques*, des substances qui agissent sur l'âme, les narcotiques et les stupéfiants : Haschich ou Esrar, Opium, Laudanum, etc., etc. — Nous avons étudié toutes ces substances dans un volume spécial : Traité *théo-*

rique et pratique, du Haschich *et autres substances psychiques*, 1 vol. in-12, Paris, Chamuel, éditeur, 1895, sans nom d'auteur.

Psychisme. — Ce terme bien que d'un usage constant, n'est pas défini dans les dictionnaires de la langue Française : Littré ne le connaît pas. — Le psychisme est l'ensemble des connaissances de tout ce qui a rapport à l'âme ; c'est aujourd'hui une vaste science, comme le lecteur pourra s'en convaincre en lisant les termes suivants, dont la plupart sont de récente introduction dans le langage usuel.

Psychologie. — Science de l'âme en tant qu'étude purement métaphysique, ou quant aux facultés intellectuelles et morales. Ce terme n'est donc pas synonyme de *Psychisme*.

Psychologique. — Qui a rapport à l'âme dans le sens de psychologie et non de psychique.

Psychologiste, Psychologue. — Celui ou celle qui s'occupe de Psychologie et non de Psychisme.

Psychomancie. — Divination au moyen de l'évocation des morts ou des esprits désincarnés.

Psychomancien. — Celui qui pratique la Psychomancie.

Psychomètre. — Moyen de mesurer la valeur de l'âme, de l'intelligence. Tel est le sens générique, qui a été défini, croyons-nous, pour la première fois par Bonnet à l'état de simple question : « Le nombre des conséquences justes, dit ce philosophe, que différents esprits tirent du même principe, ne pourrait-il pas servir de fondement à la construction d'un *Psychomètre*, et ne peut-on pas présumer qu'un jour, on mesurera les esprits (sans jeu de mots) comme on mesure les corps. » *(Contemplations IV, 10).*

Dans la langue occulte, ce terme est synonyme de *Médium*, de clairvoyant, c'est-à-dire d'une individualité qui, dégageant de son corps son astral, peut lire le passé, le présent et l'avenir. *Lire, comme complément du présent article, l'article suivant.*

Psychométrie. — Extrême sensitivité d'une personne, qui lui permet de se dégager de son corps, c'est-à-dire de faire sortir son astral et de voir au loin des événements, de prédire le passé, le présent et l'avenir, etc., etc. ; une personne ainsi douée, se nomme Psychomètre. — Voici la définition que donne Buchanam de cette faculté, dans son *Manuel de Psychométrie* : « La Psychométrie est le développement et l'exercice de facultés divines dans l'homme. Cette sphère inexpliquée de l'intellect, qui comprend les réponses oraculaires, analogues aux révélations des somnambules, les prophéties des saints, les pronostics du Destin, les présages mystérieux, de même que les impressions soudaines qui dirigent la conduite de beaucoup de personnes. »

La Psychométrie est une science réelle incontestable, nous avons eu l'occasion de voir et de constater des milliers d'exemples qui prouvent en faveur de la Psychométrie.

Du reste, la science psychométrique est vieille comme le monde et c'est bien à tort que l'on croit qu'elle a pris naissance à notre époque, que Buchanam de Boston, le Dr Hübbe-Schleiden et Louis Deinhard de Munich en sont les inventeurs. — Cf. — WILLIAM DENTON *The soul of Things*, 3 vol in-8°, Wellesley, Massachusetts.

Avant de terminer cet article nous devons ajouter que ce terme a un autre sens : nous dirons que la Psychométrie est une dynamométrie psychologique, c'est-à-dire un mode de mesurer la force psychique. L'activité nerveuse ou neurique que nous qualifions plus spécialement de *psychique*, n'échappe point aux conditions physiques, elle est, du reste, soumise à une loi toute mécanique dont nous pouvons intervertir l'ordre par des agents mécaniques.

« Beaucoup de personnes seraient très surprises, si on leur disait que la force musculaire dépensée par un travail cérébral donné, est plus importante que celle dépensée par un effort musculaire prolongé, qui ne demande pas le concours du cerveau. Autrement dit, qu'un manouvrier dépense moins de force musculaire qu'un Philosophe. » (1) Cela est cependant, nous l'avons constaté bien des fois sur nous-même.

Pschopompe. — Conducteur des âmes ; ce terme est donc synonyme de psychologue ; c'est aussi un surnom qu'on donne à Mercure ou Hermès parce qu'il conduisait les âmes des morts aux Enfers.

Psychose. — Terme générique qui sert à désigner les maladies de l'âme ; les maladies psychiques.

Psychostasis. — On désignait sous ce terme, chez les anciens Egyptiens, les pesées des âmes, lors de leur jugement après la mort, quand l'âme, l'Osiris, paraît devant ses juges.

Psychothérapie. — Thérapeutique suggestive, connue de Paracelse et dénommée par lui *Médecine de la foi.* — Bien peu de médecins modernes utilisent de nos jours la force psychique ; la plupart d'entre eux éprouvent pour elle un dédain tout à fait injustifié, aujourd'hui surtout, que la science a reconnu la *Force psychique* et lui a donné ses lettres de grande naturalisation. Ce qui a fait abandonner la Psychothérapie

---

(1) Féret. *Comptes-rendus de la Société de Biologie.*

autrefois en usage, c'est que beaucoup de malades éprouvent le besoin absolu d'absorber des drogues ; sans cette absorbtion, ils croiraient ne rien faire d'utile pour se guérir d'une maladie quelconque. Du reste, dans notre société, bien des personnes redoutent la psychothérapie par crainte d'un danger moral et par crainte aussi du charlatanisme professé par certains magnétiseurs de profession. — Le rôle de la Psychothérapie est d'agir sur l'organe de la pensée, afin de réagir sur les autres organes ; cette fonction explique ces paroles de Montaigne : « L'esprit humain est un grand ouvrier de miracles. »

Et ce n'est pas l'esprit humain seul, qui accomplit des miracles de guérison par la suggestion, mais c'est aussi et surtout une forte volonté. — Examinons comment peut agir la Psychothérapie ou Psychothérapeutique ? Il faut autant que possible obtenir chez le malade la faculté réceptive, c'est-à-dire un minimum de réceptivité pour le rendre susceptible de recevoir les impulsions extérieures à sa volonté propre et un maximum d'énergie pour atteindre un résultat désiré, voulu par sa volonté consciente, bien dirigée par sa faculté idéoplastique. — Pour arriver à ce résultat, le meilleur moyen à employer serait l'*hypnose*, c'est-à-dire, un état de somnolence légère et passive qui permet au malade de garder la conscience parfaite de ce qui se passe autour de lui, tout en le mettant dans un état de réceptivité favorable à sa guérison.

L'hypnose n'apporte nul trouble dans les fonctions du malade, bien au contraire, c'est une sorte de sommeil calme et réparateur ; de plus, ce sommeil laisse à son réveil le souvenir intact de ce qui s'est passé.

Quant à l'hypnotisme, il faut le réserver pour les grands cas, où l'hypnose ne suffit point, car si celle-ci est comme un sommeil normal, l'hypnotisme est un sommeil tout à fait anormal, c'est une éclipse parfois totale de la volonté du malade.

On voit par ce qui précède, que tout l'art de guérir consisterait à aider l'organisme vivant dans son œuvre biologique de défense et de restauration spontanées et cela avec le seul secours de l'hypnose.

Les travaux des Luys, des Beaunis, des Bernheim de Lloyd Tackey et d'autres encore ont, du reste, démontré tout ce qu'on peut attendre du stimulus psychique, qui semble devoir être le grand guérisseur de l'avenir.

Aussi, comme conclusion de ce court article, formulerons-nous cet axiome : Le Psychothérapeute doit baser toute sa méthode sur ce principe : « Guérir son malade par son imagination propre, guidée par la suggestion favorisée, s'il y a lieu de l'employer, par le sommeil hypnotique. »

La Psychotérapie est, pensons-nous, la médecine de l'avenir ; surtout secondée par l'électrothérapie et le Magnétisme.

Psylles. — Peuples imaginaires de la Libye, que nous connaissons seulement par Hérodote et par Pline. — Ils exhalaient de leur corps une odeur qui endormait les serpents et si ceux-ci les mordaient, ils mourraient.

Ptarmoscopie. — Divination pratiquée à l'aide de l'observation des éternuements.

Ptolémée de Péluse. — L'un des derniers docteurs de la célèbre Ecole d'Alexandrie, qui vivait au premier siècle de l'ère vulgaire. Il est l'auteur de l'*Apotélesmatique*. Cette œuvre écrite en grec est divisée en quatre parties, elle expose toute la doctrine de la magie Egyptienne, d'après les traditions d'Hermès et des fameux sanctuaires de Thèbes et de Memphis, dont l'origine se perd dans la nuit des temps. — L'œuvre de Ptolémée a été commentée et développée par le Florentin Junctin, docteur en théologie et aumônier de François de Valois, dernier frère de Henri III.

Junctin a annexé page à page avec une très grande érudition, toutes les concordances doctrinales qu'il a pu glaner dans ses recherches sur l'*Astromancie* chaldaïque, sur la *Kabbale* des hébreux et sur les *Théurges* Arabes, Grecs et Latins. Les commentaires de Junctin font de ce maître en orthodoxie religieuse, de ce docteur en théologie sacrée *(Sacræ theologiæ doctor)* comme il s'intitule lui-même, un hiérophante d'Isis, qui nous parle la langue d'un monde éteint depuis plus de quatre-vingt siècles.

Voici le titre de l'ouvrage : *Speculum Astrologiæ, universam mathematicam scientiam, in certas classes digestam, complectens : auctore Franscisco Junctino sacræ Theologiæ doctor*, 2 vol. in-fol., Lugduni, 1581. — Se trouve à la bibliothèque Sainte-Geneviève. — V. 143.

Puranas, Sans. — Livres sacrés de l'Inde.

Purohitas, Sans. — Littéralement, les préposés au sacrifice du feu, c'est-à-dire les prêtres qui desservaient les rois et les chefs guerriers dans l'Inde primitive, avant l'introduction du Brahmanisme. — Les Purohitas étaient les ministres et les conseillers des rois ; ils jouissaient d'une grande influence parce qu'ils étaient les héritiers des Rishis et possédaient seuls l'ésotérisme des Védas.

Purusha, Sans. — Les Hindous nous disent que Purusha est dans l'Univers, le soleil est dans l'homme la pupille de l'œil. — Purusha est Parabrahm ; dans l'homme c'est la soi-conscience, le divin. — Le *Katha Upanishad*, (I, 1°

et 2° Valli) nous dit que « le soi connaisseur n'est pas né et ne meurt pas ; il n'est sorti de rien et rien n'est sorti de lui... Plus petit que la petitesse même et plus grand que la grandeur, il est caché dans le cœur de la créature...... Le suprême Purusha qui veille en nous, tandis que nous dormons, créant une à une, les scènes les plus riantes, les plus charmantes, c'est lui Brahman, c'est lui le brillant, c'est lui qu'on nomme *Immortel*. Il est devant, derrière, à droite, à gauche : il remplit le haut et le bas, tout.

En lui sont contenus tous les mondes et il n'y en a aucun au-delà. » Voy. Sackti.

Purusha-Uttama, Sans. — L'Esprit Suprême; c'est l'*Içwara* non manifesté, c'est-à-dire le père de tous les êtres et la source de toutes les créatures ; c'est aussi la limite de l'omni-science.

Pygmées. — Peuplades fabuleuses de l'antiquité, qui habitaient, suivant Homère, au bord de l'Océan où des grecs venaient chaque année leur faire la guerre.

Il prit un jour fantaisie aux pygmées de s'attaquer à Hercule qui était endormi ; quand celui-ci s'éveilla il se mit à rire devant cette fourmillière, il les enveloppa dans sa peau de lion et les porta à Eurystée. — Ce terme est synonyme de Gnomes et de Nains.

Pyrée, Grec. — Lieu chez les Perses où était

enfermé le feu sacré, d'où l'origine du mot πῦρ qui signifie en grec feu. — A Bactres, il y avait sept pygmées en l'honneur des sept planètes.

Pyromancie. — Divination au moyen du feu ; ce genre de divination aurait été imaginé par Amphiarüs.

Pythagore. — Philosophe grec, fils d'un sculpteur de Samos, voyagea beaucoup pour s'instruire, aussi son savoir était considérable. Il étudia l'art sacré ou science occulte et Iamblique et Porphyre attestent qu'il faisait de véritables prodiges.

Il quitta Samos pour se rendre dans les Gaules, il y vint en 241 de l'an de Rome, afin de se faire initier aux mystères du Druidisme; puis il se rendit en Egypte pour se faire initier par les prêtres Egyptiens ; il passa vingt-deux ans parmi eux pour parfaire son instruction. Revenant alors en Grèce il fonda une Ecole et divisa ses disciples en plusieurs classes :

La première était celle des *auditeurs ;* une de leurs principales obligations était de se secourir entre eux.

La seconde était celle des *Coïnabions* ou *Cénobites*, c'est à ceux-ci que Pythagore développait sa doctrine. — Ce philosophe a bien été le créateur de la *Métempsycose*, mais ici il y a lieu de s'entendre. Il disait que l'homme ne s'élevait que par la vertu et ne se dégradait que par le vice. L'homme colère était changé en animal féroce, celui qui était adonné aux plaisirs des sens l'était en pourceau. Mais ces transformations ne doivent être prises qu'au figuré.

Python. — Serpent monstrueux qui avait cent têtes et qui vomissait de ces cent gueules des torrents de flammes. Il fut tué par Apollon d'où son surnom de Pythien. — Ce terme sert aussi à désigner un esprit qui prédisait l'avenir. Chez les grecs, on nommait du nom d'Apollon Pythien, les personnes possédées par ce Dieu et qui rendaient des oracles. La *Vulgate* emploie ce même terme pour désigner les devins, magiciens et nécromanciens.

Pythonisse. — Ce terme dérivé du précédent sert à désigner des prophétesses : la Pythonisse d'Endor fit apparaître devant Saül l'ombre de Samuel. — On nommait Pythées ou Pythonisses, les Prêtresses du Temple d'Apollon à Delphes.

Grégoire de Tours parle d'une Pythonisse, célèbre de son temps.

« Cette fille, dit-il *(Hist. Francor. VII, 44.)* procurait, par les réponses qu'elle donnait, un grand profit à ses maîtres. Elle faisait connaître les lieux où étaient cachés les objets dérobés et ceux qui avaient commis le vol. Agéric, évêque de Verdun, tenta, mais en vain, de délivrer cette femme de l'esprit impur dont il la croyait possédée ; aussi la devineresse, pour ne plus être inquiétée, quitta son industrie et se retira près de la reine Frédegonde. »

Qabale et **Qualabah,** voy. Cabale et Cabaliste.

Quadrature du Cercle. — Problème absolument impossible à résoudre, les prétendues solutions données reposant sur des considérations fausses qui sont en contradiction avec les principes les plus élémentaires de la géométrie. Il est, en effet, démontré que le rapport de la circonférence au diamètre ne peut-être exprimé par un nombre rationnel ; d'un autre côté, Legendre a démontré que le carré de ce même rapport n'est pas non plus un nombre rationnel, donc le problème est insoluble, même à l'aide de la Magie.

Quaternaire. — Premier nombre carré et parfait, qui est la source de toutes les combinaisons numériques et le principe de toutes les formes.
— « Affirmation, négation, discussion, solution, telles sont les quatre opérations philosophiques de l'esprit humain. La discussion concilie la négation avec l'affirmation en les rendant néces-

saires l'une à l'autre. C'est ainsi que le ternaire philosophique se produisant au binaire antogonique, se complète par le quaternaire, base carrée de toute vérité. » ELIPHAS LÉVI, *Dogme et Rituel de haute magie*, vol. I, p. 149.

Quippus, Péruv. — Ecriture des anciens Péruviens, dénommée aussi *Quippos* ; elle se compose de fils de diverses couleurs, diversement noués. — Ce mode d'écriture fut-il imaginé au Pérou ? Il y a lieu d'en douter, puisqu'il était en usage dans diverses parties de l'Asie Centrale, surtout en Chine et cela depuis un temps immémorial. — Quoi qu'il en soit, les Quippus Péruviens en laine tordue, sont formés à l'aide d'un gros fil ou cordon servant de base et en fils secondaires plus ou moins déliés, qui s'attachent au cordon. Suivant le nombre de nœuds, leur écartement, la couleur des fils, le lecteur lit couramment comme dans un livre les Quippus. — Ceux de nos lecteurs qui désireraient de plus amples renseignements, n'auraient qu'à consulter notre *Dictionnaire Raisonné d'Architecture*, vol. III, au mot PÉRUVIEN (Art.) §. *Quippus*, pages 487 et 488.

Quirini. — On désigne sous ce terme ou sous celui de *Pierre des traîtres*, une pierre qui aurait la propriété, placée sur la tête d'un homme endormi, de lui faire dire tout ce qu'il a dans le cerveau.

Rabdomancie, voyez Rhabdomancie.

Races. — A chaque continent disparu correspond une race ; mais combien notre globe a-t-il eu de continents ? C'est ce que personne ne saurait dire aujourd'hui. — Dans les légendes les plus anciennes qui nous rapportent la présence de l'homme sur le globe, il y a un fait que nous devons constater, c'est que le nom d'*Adam* ne s'applique pas à un homme, mais à une suite d'individus désignés sous le nom d'*Adams*, d'où la race Adamite ; celle-ci est une de celle qui aurait été connue des Babyloniens par tradition. De quelle couleur était-elle cette race ?

C'est ce que nous allons voir.

On admet assez généralement qu'il y a eu deux races primitives, génératrices de celles qui vinrent plus tard et desquelles nous sommes issus. — La première race disparue fut, on a de fortes présomptions pour le croire aujourd'hui, une race noire, celle que nous venons de nommer les *Adams* et une seconde race blanche qui serait demeurée pure pendant longtemps, pendant une longue période de temps (Epoque, Kalpa, etc.) — ce qui confirmerait ce qui précède, c'est que les Babyloniens, à l'époque du grand cataclysme connu sous le nom de *Déluge Asiatique*, auraient reconnu ces deux races principales et distinctes, celle des *Adams* (race noire) et celle des *Sarku* (race blanche) ; mais antérieurement à celles-ci, il aurait existé une race éthérée, céleste, celle des Dieux (race ancestrale de celles dont nous venons de parler) qui aurait été la progénitrice de notre seconde et troisième race ; de sorte que le premier continent que nous connaissions, *Continent Polaire* aurait reçu la troisième race sur laquelle nous ne savons absolument rien. — Le second continent dit *Hyperboréen* porta la quatrième race qui vécut probablement au début de l'âge *tertiaire*, c'est ce continent qu'Homère nomme « La terre de l'éternel soleil ». Le troisième continent fut dénommé *Austral*, c'est la *Lemuria* de la science ; il porta la cinquième race dite des *Lémuriens*. On suppose que les hommes de cette race étaient fort grands, des *colosses*. Ce continent aurait disparu à l'époque *Eocène*. Le quatrième continent donna naissance aux Atlantes, la sixième race, et renfermait dans son sein les *Gibborim* ou magiciens.

Ici, nous devons ouvrir une parenthèse et dire que bien des écrivains n'admettent que cinq races au lieu de sept ; ainsi d'après un livre sanskrit que nous allons mentionner, le déluge universel, c'est-à-dire celui qui fut le plus considérable, engloutit la quatrième race, habitant l'Atlantide. Voici comment est raconté le fait dans les *Stances de Dzyan* : « la quatrième race devint grande par l'orgueil. Nous sommes les Rois, disaient ses hommes, nous sommes les Dieux. — Ils prirent des femmes belles à voir, qu'ils choisirent parmi les races à la tête étroite, c'est-à-dire sans intelligence. Ils engendrèrent des monstres, de méchants démons mâles et femelles et aussi des *Khados* à l'intellect étroit. Ils bâtirent des temples pour le corps humain ; ils adorèrent le mâle et la femelle, alors le troisième œil (le sens intérieur) devint paralysé. — Ils bâtirent des cités immenses avec des terres rares et des métaux, et avec le feu ; avec les pierres blanches des montagnes et avec les pierres noires, ils firent des statues à leur image et de même taille qu'eux et les adorèrent. — Les premières grandes eaux vinrent, elles engloutirent les sept îles ; les saints furent sauvés, mais les pervers périrent. » Tandis que nous, considérons cette quatrième race dont nous venons de parler, comme la sixième. Voilà donc une grande différence entre notre donnée et celle que nous venons de mentionner qui est plus généralement admise. Qui a raison, qui a tort dans cette question ? Ce n'est pas à nous à décider, cependant nous pouvons ajouter en faveur de notre thèse que l'origine du monde remonte à une antiquité si reculée, qu'il n'est pas étonnant qu'il y ait eu six races avant la nôtre ; du reste, tous les auteurs s'accordent à dire que toutes ces races ont eu des sous-races; donc nous pouvons dire sans trop nous aventurer que nous appartenons à la septième race venue sur le cinquième continent ; mais il est probable qu'entre la race Aryenne et la race Atlante, il y a eu des races mixtes qui ont formé une transition entre notre race et celle de ces mêmes Atlantes.

Cependant, comme nous désirons que nos lecteurs aient une connaissance complète de ce que pensent d'autres auteurs qui n'admettent que quatre races ; nous donnerons ici une page d'un livre admirable de M. Ed. Schuré (1), qui résume merveilleusement la question : « Les quatre races qui se partagent actuellement le globe sont filles de terres et de zônes diverses. Créations successives, lentes élaborations de la terre en travail, les continents ont émergé des mers à des intervalles de temps considérables que les anciens prêtres de l'Inde appelaient cycles interdiluviens. A travers des milliers d'années, chaque continent a enfanté sa flore et sa faune couronnée par une race humaine de couleur différente.

---

(1) Edouard Schuré, *Les grands Initiés*, 1 vol. in-8°, 2ᵉ édition, pages 5 et 6. Paris, 1893.

« Le continent austral, englouti par le dernier grand Déluge, fut le berceau de la race rouge primitive, dont les Indiens d'Amérique ne sont que les débris issus de Troglodytes qui gagnèrent le sommet des montagnes quand s'effondra leur continent. L'Afrique est la mère de la race noire appelée Ethiopienne par les Grecs. L'Asie a mis à jour la race jaune, qui se maintient dans les Chinois. La dernière venue, la race Blanche est sortie des forêts de l'Europe, entre les tempêtes de l'Atlantique et les sourires de la Méditerranée. Toutes les variétés humaines résultent des mélanges, des combinaisons, des dégénérescences ou des sélections de ces quatre grandes races... Dans notre cycle, c'est la race blanche qui domine et si l'on mesure l'antiquité probable de l'Inde et de l'Egypte, on fera remonter sa prépondérance à sept ou huit mille ans. »

Evidemment, M. Ed. Schuré s'appuie sur la donnée généralement admise, notamment sur celle de notre regretté ami François Lenormant, qui dans son *Histoire des peuples d Orient*, tome Ier, nous dit : « Cette division de l'humanité en quatre races successives et originaires, était admise par les plus anciens prêtres de l'Eglise. Elles sont représentées par quatre figures à types et à teintes différentes dans la peinture du tombeau de Seti Ier à Thèbes. La race rouge porte le nom de *Rot* ; la race asiatique au ton jaune, celui d'*Amou* ; la race africaine au teint noir, celui d'*Halasiou* ; la race Lybico-européenne au teint blanc, aux cheveux blonds, celui de *Tamahou*. »

C'est cette donnée Egyptienne qui a été reproduite par tous les auteurs. Est-elle la vraie ? — Voyez Religion.

Radha, Sans. — C'est le nom de la plus belle des Gopis ; mais c'est aussi le nom de la femme de Dhritarâchtra qui éleva, après l'avoir recueilli, Karna, fils de Kounti.

Ragalomancie, voyez Régalomancie.

Ragas, Sans. — Génies hindous qui président aux modes musicaux. — Les Ragas, au nombre de six, sont fils de Saraçouati, ce sont : Bhairava, Malava, Sriraga, Hindala, Dipaka, Mégha.

Raghava, Sans. — Surnom de Râma considéré comme descendant de Raghou.

Raghinis, Sans. — Nymphes hindoues de la musique ; elles sont au nombre de trente et conduisent de concert avec les Gandaravas et les Kinnaras, la danse des sphères et des astres.

Raghou, Sans. — Prince de la dynastie solaire, roi d'Ayodhya et bisaïeul de Râma.

Rahou, Sans. — L'un des Asuras, qui s'étant glissé parmi les Dieux parvint à dérober l'Amrita pour se rendre immortel ; ayant été aperçu par Vishnu, celui-ci lui coupa la tête, mais comme

Rahou avait porté l'Amrita à ses lèvres sa tête était immortelle, aussi devint-elle une constellation, dont l'influence est funeste.

Rajas, Sans. — Mélange d'impureté et d'obscurité ou, dans d'autres cas, passion ou indifférence.

Rakohas et **Rackchasas**, Sans. — Génies malfaisants qui prennent toutes sortes de formes ; ce sont, pour ainsi dire, les vampires de la mythologie hindoue ; ils sont innombrables.

Rakchasis, Sans. — Femmes des Rakchasas.

Ram. — Jeune Druide doux et grave, nous dit Ed. Schuré (1) qui avait montré « de bonne heure une aptitude singulière dans la connaissance des plantes, de leurs merveilleuses vertus, de leurs sucs distillés et préparés, non moins que dans l'étude des astres et de leurs influences. Il semblait deviner, voir les choses lointaines. De là son autorité précoce sur les plus vieux Druides... qui l'avaient appelé *celui qui sait* ; » tandis que le peuple l'avait nommé l'*Inspiré de la Paix*.

Ram après avoir voyagé dans toute la Scythie, dans les pays du Nord, se rendit dans le Sud, dans le pays des Noirs, qui était en pleine civilisation. Par son savoir et sa modestie, il séduisit les *Prêtres Noirs*, qui l'initièrent aux mys-

---

(1) *Les grands Initiés*, page 22.

tères, à l'occultisme. — Son initiation terminée Ram revint dans son pays, dans la Scythie, et il gémit dans son cœur, de voir l'ignorance et la sauvagerie de ses compatriotes ; aussi entreprit-il l'éducation, l'instruction et la civilisation des Scythes (des Celtes).

C'est Ram, qui fut l'inventeur du *Gui* et qui composa avec celui-ci, une liqueur qui délivra ses compatriotes d'une affreuse maladie, d'une sorte de peste noire; depuis lors, le Gui fut considéré comme une plante sacrée et devint l'objet d'un culte. — Ram fut bientôt élu chef des prêtres de sa peuplade, et défendit les sacrifices sanguinaires. Les Druidesses, menacées dans leurs pouvoirs, se mirent à clamer des malédictions contre l'audacieux Druide qui voulait soustraire ses compatriotes à l'autorité des Druidesses ; les uns prirent parti pour Ram, d'autres contre lui. Il se créa deux camps qui adoptèrent deux étendards. Les partisans de Ram eurent le bélier *Aries* d'où aryens, ceux des Druides le taureau *Tauros*, *taurus tricarinus*, *thor*. Une guerre formidable était imminente ; pour l'éviter Ram, emmena ses partisans au cœur de l'Asie, suivant en ceci les conseils de son génie familier, que l'ésotérisme Celtique nomme *Aesc-heyl hopa*, ce qui signifie : *l'espérance du salut est au bois*; c'est en effet dans les forêts, dans les bois que Ram allait consulter son Génie. Esprit merveilleux qui es-tu? dit un jour Ram à son Génie; et celui-ci lui répondit : « On m'appelle Déva Nahousha, l'Intelligence divine. Tu répandras mon rayon sur la terre et je viendrai toujours à ton appel, maintenant suit ta route, marche en avant ! » Et de sa main le Génie lui montra l'Orient. C'est ce qui décida le départ de Ram pour l'Asie, où il fit créer pour son peuple le culte du Feu *(Agni)* continué plus tard par Zoroastre *(Zarathuastra)* qui n'a été que le continuateur de Ram, comme en témoigne le Zend-Avesta, par le passage suivant :

1. Zatathustra demanda à Ahura-Mazda (Ormuzd) : Ahura-Mazda, toi saint et très sacré créateur de tous les êtres corporels et très purs;

2. Quel est le premier homme avec lequel tu t'es entretenu, toi qui es Ahura-Mazda ?...

3. Alors Ahura-Mazda répondit : « c'est avec le bel Yima, celui qui était à la tête d'un rassemblement digne d'éloges, ô pur Zarasthuatra. » (Vendidad-Sadé 2ᵉ Fargard; Traduction d'Anquetil Duperron.)

Le bel Yima, nous le savons, n'était autre que Ram ou Rama, voir l'article suivant.

Râma.— Personnage historique de l'Inde qui a bâti des cités ensevelies sous plusieurs étages successifs d'autres cités moins anciennes, mais toujours *préhistoriques,* dont les ruines existent encore aux Indes. — Râma eut deux fils : Lava et Koush.

Les tribus des Rajpoutes de la race solaire *(Suriavansa)* descendent des fils de Râma. — C'est aussi la septième incarnation de Vishnu ; il naquit à Aoude ; il eut pour père Daçaratha et pour mère Kaou. De grands prodiges signalèrent son enfance ; ainsi un énorme serpent ayant enlacé l'enfant dans son berceau fut mis en pièces et déchiré par GAROUDHA.

Ce terme est aussi synonyme de RAM ; Voyez ces mots et l'article suivant.

Râmayana, Sans. — Ce terme signifie littéralement *Course de Rama ;* en effet, le Râmayana est un poème sanskrit qui ne comprend pas moins de 50.000 vers et qui raconte l'histoire et les hauts faits du fils de Daçaratha Râmá. — Ce poème est attribué au poète Valmiki. Il contient quantité d'épisodes reproduits par Homère ; ainsi l'épisode de l'enlèvement de la Belle Hélène et la guerre de Troie qui s'en suivit, est très certainement dérivée du Râmayana, où nous voyons Râma partir en guerre à la tête de ses alliés pour reprendre sa femme Sitâ, enlevée par le roi des Singes, le roi de Ceylan. Pour les Grecs, en effet, les Troyens n'étaient guère que des singes perfectionnés.

Rambha, Sans. — Reine des Apsaras qui naquit comme Lakshmi de l'écume de la mer de lait et comme Vénus Aphrodite de l'écume de la mer; du reste chez les hindous, Lakshmi est la déesse des plaisirs et de l'amour.

Ramochné, Pers. — L'un des Izeds qui préside au temps; il est le Hamkar de Séfendomad et de Havan.

Rapitan, Pers. — Gah de la mythologie des Parsis, qui préside à la seconde partie du jour. On le compte parmi les Izeds, parce que pendant les hivers, il s'abîme dans le sein de la terre pour y conserver la chaleur nécessaire.

Raps, Ang. — Terme employé surtout en Amérique pour désigner les coups frappés dans une table, un guéridon, un meuble quelconque dans les séances spiritiques et cela, par l'entremise d'un médium typtologue.

Rapsodomancie. — Divination qui se faisait en tirant au sort dans les œuvres des poètes des Rapsodes, principalement dans Homère et dans Virgile.

Rasi-Tchacra. — Zodiaque des Brahmes; il est destiné à marquer le mouvement annuel de précession des astres et à noter le point équinoxial dans un des degrés d'un signe. Le Rasi-Tchacra est divisé en douze signes, divisés eux-mêmes en 30 degrés, ce qui donne comme total 360 degrés.

Voici les noms des douze signes du zodiaque des Brahmes :

Mécha.	le Bélier ;
Vricha.	le Taureau ;
Mithouna.	le Couple ou les Gémeaux ;
Carthataca.	l'Ecrevisse ;
Sinha.	le Lion ;
Canya.	la Vierge ;
Toula.	la Balance ;
Vristchica.	le Scorpion ;
D'hanous.	l'Arc ;
Macara.	le Monstre marin ;
Coumbha.	l'Urne ;
Minas.	les Poissons.

Tous les savants s'accordent aujourd'hui pour reconnaître que les Zodiaques Egyptien, Chaldéen et Grec ne sont que la copie du Zodiaque des Brahmes, dont les diverses émigrations avaient emporté avec elles la construction dans divers pays.

Rati, Sans. — Femme de Kama, le Cupidon hindou ; elle périt ainsi que son époux par suite d'un accès de colère de Siva ; mais elle renaquit bientôt après sa mort.

Râvana. — Célèbre géant hindou qui avait dix têtes. Suivant le *Râmâyana*, il était fils d'Oulsrava, il dépouilla son frère Couvera, roi à Lanska (Ceylan) ; ayant osé le poursuivre jusqu'auprès de Çiva, il fut précipité dans un gouffre par le doigt du Dieu.

D'autres traditions font de Râvana le frère de l'avide Coumbhacarna, qui terrifiait l'Olympe hindou, parce qu'il avait dévoré en un seul repas une certaine quantité de Munis et d'Apsaras. Vischnu fit périr Râvana en le précipitant dans le Naraka ou Enfer. On voit par là que, qu'elle que soit la tradition, toujours Râvana a péri de mort violente, précipité dans un gouffre.

Régalomancie. — Divination pratiquée à l'aide d'osselets, de petites balles, etc.

Religion. — Ce terme moderne pour désigner une chose très ancienne est dérivé du verbe latin *Religare*, relier, parce que les religions ont eu pour but de relier entre eux les hommes. La religion a fait son apparition sur la terre en même temps que l'homme. La plus ancienne des religions que nous connaissons, c'est la religion védique, l'ancienne religion des Aryens ou Aryas instituée par Ram ; or, les Védas nous montrent les Aryens adorant d'abord les principales forces naturelles, comme les Grands Dieux (*Dii Majores*) puis les forces secondaires, comme les Déités ou Génies ; mais tous ces Dieux ou Génies représentaient aux yeux des Aryens des forces lumineuses : éclat, lumière, chaleur (Foudre, Eclair, Soleil.) Les grands Dieux étaient : le Soleil (*Savitry*), le Feu (*Agni*) l'atmosphère (*Vayu*). — Quant aux génies, ils étaient pour le peuple innombrables, mais divisés en deux classes principales : les Esprits de lumière (génies du bien) et les Esprits des ténèbres (génies du mal, démons malfaisants). — Pour la caste sacerdotale, ce polythéisme se fondait en une seule *Trinité*.

La religion des Aryens apparaît tout d'abord dans les Védas, comme un culte domestique, simple adoration dans la famille et dont le chef était le prêtre. Plusieurs familles se réunissant ensuite entre elles, le culte, de privé qu'il était auparavant, devint public ; alors des hommes : Bardes ou Bardits, chantèrent des poésies religieuses dans les cérémonies et les sacrifices du culte. C'est dans les Védas, et dans les Védas seulement, qu'on peut retrouver les croyances qui furent communes à tous les peuples aryens de l'Asie.

De nombreux auteurs ont voulu également utiliser pour expliquer l'origine de la religion des Aryens, le Zend-Avesta. Nous pensons que c'est là une erreur ; ainsi Abel Bergaigne nous dit que la religion aryenne a oscillé entre une conception unitaire du système des Dieux et une conception dualiste dérivée de la religion de Zoroastre, ceci nous paraît faux, car il est certain, prouvé, qu'il y eut primitivement une religion complètement fixée chez les Aryens avant leur conquête de l'Inde et à plus forte raison avant celle de celle de l'Iran. — Voyez Ram.

La vérité, c'est qu'après la conquête de ce dernier pays, il y eut un schisme, chez les Aryens, schisme causé précisément par la publication du Zend-Avesta par Zoroastre. Ce qui a amené la confusion regrettable que nous venons de signaler, c'est que c'est le Zend-Avesta, qui accuse « les Aryens de l'Inde d'avoir altéré la commune religion. » Il est donc bien évident, par cette citation, qu'il n'y avait qu'une religion chez les Aryens avant l'apparition du nouveau Zend-Avesta (2ᵉ édition, si l'on peut dire), bien postérieure à la teneur de la première rédaction probablement perdue pour nous pour toujours. C'est donc, nous nous plaisons à le répéter, dans les Védas seulement qu'on peut rechercher et trouver les croyances qui ont été communes aux Aryens de l'Asie.

De l'Inde, la religion Aryenne passa dans la Babylonie, puis en Egypte, dans la Chaldée, enfin en Europe.

Après le Védisme les diverses religions reconnurent toutes ou presque toutes sept Dieux primitifs créateurs des sept races d'*hommes* ou *Dieux incarnés*; ce furent *Zi*, *Zisku* (le dieu de la pureté et de la chasteté); *Mirku* (Sauveur de la mort); *Libzu* (Sage parmi les Dieux); *Nissi*, *Suhhab*, enfin *Héa* ou *Sa*.

D'après les tablettes Babyloniennes et les récits

de la Genèse, sont sorties deux créations distinctes : Les *Elohites* et les *Jéhovites*, ces deux créations d'après la *Doctrine Esotérique* présidèrent à la formation respective des sept races Adamites primitives créées par les *Pitris* ou *Elohim*.

Nous venons de voir que c'est par les Védas qu'on peut se faire une idée de la religion de nos pères dans la patrie Aryenne primitive. C'est cette religion qui a été l'origine de toutes les autres à travers les siècles, et c'est elle qui a créé les Trinités ou Triades. — Le ciel qu'on nommait *Dhi* (Brillant) fut le premier élément de la trinité ; il était mâle, *Prithivi* (la terre) le second était femelle et le troisième membre fut le nuage, tantôt mâle ou femelle ; parfois c'était l'*Eclair*, précurseur de la pluie bienfaisante et emblème du feu.

Renouka, Sans. — Femme de Djamadagni et mère de Parasou-Rama ; elle exhorta son fils à venger son père qui avait été égorgé par les *Tchatryas*.

Respiration. — L'acte de respirer, auquel de nos jours on n'attache qu'une importance relative, était considéré chez les anciens, comme un fait de la plus grande importance pour la vie physique, car suivant le mode de respiration (lunaire ou solaire) il survient à l'homme des maladies ou bien il se trouve dans un état de santé et de bien-être parfaits.

Chez les Egyptiens, il existait un *Livre des Respirations*, qui était un véritable traité de l'art de respirer ; même chez les hindous modernes, la respiration est considérée avec toute l'importance qu'elle mérite, car chez les Initiés de l'Inde, le système respiratoire est considéré comme le grand Régulateur ou le grand Perturbateur de l'organisme humain.

Les lignes qui précèdent et celles qui suivent démontrent que la respiration profonde comme Panacée Universelle a été préconisée dès l'antiquité la plus reculée.

Deux mille cinq cents ans avant l'Ere vulgaire, la vieille civilisation Chinoise employait comme moyen de guérison, dans un grand nombre de maladies une manière spéciale de respirer. Douze ou quinze cents ans avant J.-C., on ordonnait dans l'Inde en guise d'exercices réguliers, la respiration active.

Ultérieurement, les médecins Grecs et Romains employaient la respiration profonde combinée avec le refoulement de l'air pour combattre avec succès diverses maladies.

Celse, Galien et autres médecins, recommandaient de leur temps l'exercice quotidien de la respiration profonde ; ces hommes éminents prétendaient avec raison, que cette manière de respirer contribuait à assouplir la peau, à en ouvrir les pores et à provoquer dans tout l'organisme une chaleur bienfaisante, ce qui est littéralement vrai, puisque la chaleur n'est que le produit du mouvement.

Plutarque nous apprend que l'exercice du chant contribue grandement à la santé du corps et Celius Aurelius l'utilise comme moyen de guérison pour les maux de tête, les catarrhes et quantité de maladies. Le moyen-âge à son tour préconise l'art du chant comme moyen thérapeutique. Oribasius et Mercurialus utilisent cet exercice pour guérir ou plutôt prévenir la phthisie pulmonaire et combattre les mauvaises digestions.

Or, le chant, l'exercice de la voix n'est rien qu'un mode de respiration qui a des lois fixes et immuables ; de là, de bonnes ou de mauvaises méthodes de chant suivant qu'elles sont faites ou non, d'après les lois naturelles ; car il y a lieu d'observer ici, que ce n'est pas le chant qui est la base d'une bonne respiration, c'est au contraire une bonne respiration qui doit être la base de l'art de chanter.

Voilà pourquoi, il est indispensable de savoir choisir un bon professeur, quand on veut se livrer à cet art sublime. Les anciens avaient donc raison de propager la respiration active, car respirer activement, c'est fortifier et développer les organes les plus essentiels de la vie; nous ne vivons, en effet, que par l'air que nous respirons et les substances même, qui servent à notre alimentation, ne sont composées en grande partie que des éléments constitutifs de l'air. Ceci prouve que les anciens avaient bien raison de dire que l'air est la nourriture de la vie « *Aër pabulum vitæ.* » Mais ce n'est pas tout d'avoir de l'air il faut encore savoir l'ingérer dans notre économie. Or, si nous disions que l'homme ne sait pas respirer, nous aurions l'air d'émettre un paradoxe et cependant rien n'est plus vrai. L'homme respire, c'est évident, puisque sans respiration il ne saurait vivre ; mais entre respirer, savoir respirer et pratiquer l'art et la science des *Respirations*, il y a fort loin : un ABIME.

La vie active et fiévreuse que nous menons, ne nous laisse pas le temps de respirer, c'est-à-dire de vivre.

L'homme s'occupe bien, aujourd'hui, de ventiler sa demeure, il existe même des ouvrages très étudiés sur cette question (1) ; mais il ne songe pas encore à aérer ses poumons, c'est-à-

---

(1) Cf. — ERNEST BOSC, TRAITÉ THÉORIQUE ET PRATIQUE DU CHAUFFAGE ET DE LA VENTILATION *des habitations privées et des édifices publics*, 1 vol. in-8° jésus avec 250 figures intercalées dans le texte, Paris. Veuve A. Morel et C‌ie, éditeurs.

dire sa demeure corporelle, ce qui a une importance capitale.

Il y a donc lieu de pratiquer l'inspiration active et profonde qui est, comme le dit la Marquise de Ciccolini « le point d'appui de la gymnastique pulmonaire, qui renferme l'art de métamorphoser en des personnes saines et robustes, les êtres les plus délicats ; enfin, elle est l'ancre de salut du physique humain, affaibli, énervé, amolli et anémique. »

Par les lignes qui précèdent, on voit combien il est utile pour l'homme de savoir respirer ; mais quand le lecteur aura vu ce qu'est le poumon, sa fonction active et sa fonction inactive, c'est-à-dire son mauvais fonctionnement ; il pourra tirer lui-même la conclusion de l'utilité d'une bonne respiration.

« Les poumons, nous dit le professeur Mathias Duval, sont les lieux où s'effectuent les échanges gazeux, qui s'opèrent entre le sang et les masses d'air mises en contact avec lui. — Ils consistent dans une muqueuse respiratoire qui est développée en 1700 à 1800 millions d'alvéoles s'étendant sur une surface de 200 mètres carrés, dont trois quarts sont représentés par les capillaires sanguins et un quart seulement par les mailles qui les réunissent entre eux, les accollant les uns aux autres. — Ces capillaires forment donc une masse sanguine de 150 mètres carrés d'étendue, qui représente un volume de sang à peu près égal à deux litres, *se trouvant en circulation permanente dans les poumons.*

On a pu calculer ainsi qu'en vingt-quatre heures il passe au moins 20,000 litres de sang dans nos poumons, mis en contact avec 10,000 litres d'air. »

Tel devrait-être le fonctionnement régulier, normal des poumons et l'oxygénation de notre sang. Mais en est-il ainsi ? Nullement, notre façon défectueuse de respirer, la compression exercée sur le thorax, surtout chez la femme, des habitudes vicieuses ou des passions malsaines, tout cela restreint la surface pulmonaire et par suite la nappe sanguine qui en est la résultante, et aulieu de faire passer notre sang sur une surface de deux cents mètres carrés d'alvéoles, cette surface est réduite, suivant les personnes, de la moitié, du quart, d'un cinquième ou d'un sixième ; dès lors, notre sang n'étant plus suffisamment oxygéné, nous respirons de plus en plus mal, et les maladies s'abattent chez nous, plus nombreuses et plus violentes. Nous ne pouvons insister ici plus que de raison, mais nous renverrons ceux de nos lecteurs que la question intéresserait, à notre LIVRE DES RESPIRATIONS (1) et nous termi-

---

(1) LE LIVRE DES RESPIRATIONS ou *Traité théorique et pratique de l'art de respirer,* 1 vol. in-12, Paris, 1896.

nerons comme conclusion en disant que « les personnes frêles et maladives, les personnes si nombreuses atteintes de bronchite, d'emphysème pulmonaire ou de phthisie, n'aspirent guère qu'un demi ou un cinquième, un quart de litre d'air à la minute et n'ont par conséquent qu'une nappe sanguine 14 ou 28 ou 35 fois inférieure à ceux qui respirent normalement, c'est-à-dire qui aspirent 7 litres d'air par minute tel que le réclame la nature ; voyez PRANAYAMA.

Rhabdomancie. — Divination pratiquée au moyen de bâtonnets ou de baguettes.

Rhombus. — Instrument en forme de toupie, utilisé chez les anciens Grecs pour pratiquer des sortilèges ; le Rhombus était donc un instrument, un ustensile magique.

Richi. — Personnage de la Mythologie hindoue, sorte de patriarches divins divisés en trois classes principales : les *Maharchis* ou grands Richis ; les *Dévarchis* ou divins richis et les *Radjarchis* ou rois ou princes Richis. Ce terme s'écrit aussi *Rishi*.

Richyasringa, Sans. — Saint solitaire de l'Inde, fils de Vibhândaka et l'époux de Santâ, fille du roi Lomapâdâ.

Rig-véda, Sans. — Un des livres sacrés de hindous qui contient 10,580 vers ou 1,028 hymnes primitifs qui ne sont pas encore bien compris par les Orientalistes occidentaux, parce qu'ils n'en possèdent par la clef.

Rita. — Terme Pali ou Sanskrit exprimant l'idée d'ordre, de loi, sous sa forme la moins fixe, la plus mythique. — L'aurore suit l'*avrata* (c'est-à-dire la nuit, l'obscurité) qui sont appelées les mères du *Rita*, de même que le ciel et la terre. L'étendue que le ciel et la terre occupent est appelée la matrice du Rita. Chez les poètes hindous, on lit aussi ces expressions : Les rênes, les cochers, les navires, les ailes et les Portes du Rita.

Roch de Bailly, Sieur de la Rivière. — Médecin et astrologue, né au XVIe siècle à Falaise, et mort à Paris le 5 novembre 1605, devint le premier médecin de Henri IV. Il se nommait lui-même *Edelphe* et *médecin spagiric* ; son ouvrage le plus connu a pour titre : *Le Démosterion*, auxquels sont contenus 300 aphorismes, sommaire véritable de la médecine Paracelsique ; in-4°, Rennes, Pierre Le Brest, 1578. — Le n° 117 du Voile d'Isis (17 mai 1893) contient une étude intéressante sur cet ouvrage.

Rohini. — Une des vingt-sept nymphes, filles de Dakch, lesquelles représentaient les astérismes lunaires. Soma, le dieu de la lune avait épousé les vingt-sept sœurs, mais Rohini était la favorite du Dieu.

Roudra, Sans. — Un des surnoms de Siva. —

C'est aussi le nom générique donné aux demi-dieux, manifestations inférieures de Siva, au nombre de dix ; ce sont : Adjécapada, Ahivradna, Viroupakcha, Sariçouara, Djayanta, Vahurupa, Tryambaka, Aparadjitâ, Savitra et Hara.

Roukmi, voyez le terme suivant.

Roukmini, Sans. — Fille de Bhichmaka, roi de Coundina et frère de Roukmi ; celui-ci s'opposa de tout son pouvoir au mariage de sa sœur avec Krischna, mais il fut vaincu par ce Dieu, qui lui laissa la vie grâce à l'intercession de sa sœur, Roukmini, qui eut dix enfants de Krischna.

Ruggieri (Cosme). — Célèbre Florentin, l'astrologue de Catherine de Médicis qui lui avait fait construire un observatoire dans son hôtel de Soissons à Paris. La colonne de la Halle aux blés de Paris est le dernier débris de cet observatoire.

Runes. — Caractères magiques qui passaient chez les peuples du Nord pour avoir une grande vertu dans les enchantements ; il y avait les *runes amers*, les *runes secourables*, les *runes médicaux*, les *runes victorieux*, etc., etc. Voici au sujet des runes, ce que nous lisons dans le IV° volume du Dictionnaire d'architecture *et des sciences et arts qui s'y rapportent* (1) : « Sorte

---

(1) 4 volumes, in-8° jésus, d'environ 550 à 600 pages chacun, contenant environ 4,000 bois dans le texte, 60 gravures à part et 40 chromotithographies, Paris, Firmin-Didot, éditeur, 1879-80 ; 2° éd. 1882-83.

de caractères d'écriture de la race primitive de la Germanie. C'étaient des signes mystérieux ; de là, leur nom dérivé de *runa*, mystères, ou plutôt de *runen*, faire des *rainures*, des entailles ; en effet, ces caractères étaient entaillés dans la pierre et dans le bois : Plusieurs lettres de l'alphabet runique présentent une certaine analogie avec les caractères sémitiques. — On ignore de quelle manière, ni à quelle époque, ces caractères sont parvenus chez les anciens Germains ; mais on sait que les Scandinaves, les Anglo-Saxons et les Marcomans possédaient des alphabets runiques, dont le nombre des lettres était variable chez ces diverses races. Si nous en croyons Tacite, les runes n'auraient pas seulement servi d'écriture, mais on aurait employé des *bâtons runiques* pour consulter l'avenir, pour interroger le sort. Voici comment on opérait : sur *chacun de ces bâtons* on écrivait, ou du moins était gravé le nom d'un rune, l'*n* par exemple, dont le nom est *nath* (nécessaire), et, comme chaque caractère avait une valeur magique, on les assemblait à côté les uns des autres pour former le sort. On les jetait sur un morceau d'étoffe, et ce n'est qu'après les avoir agités, qu'on tirait les bâtons runiques qu'on plaçait à côté les uns des autres pour en tirer des conclusions. » Comme on voit c'était aussi une sorte de Rhabdomancie, voyez ce mot.

Rupa. — C'est le corps matériel dans l'homme ; il est de composition essentiellement terrestre et les gaz plus ou moins subtils qui entrent en partie dans la composition de Rupa doivent être placés au dernier plan de la matérialité. — Rupa est le premier principe qui entre dans la Constitution de l'homme parfait ; les autres principes sont : Jiva ou *Prana*, Linga-Sharira, Kama-rupa, Manas Buddhi et Atma ; voyez ces mots.

Rupa-Loka, Sans. — Le monde des formes, c'est-à-dire des *Ombres* plus spirituelles, qui possèdent une forme et de l'objectivité, mais pas de substance.

Rutas. — Anciens peuples de la plus haute Antiquité, qui possédaient une vaste science, dont les savants hindous anciens peuvent passer avec raison comme les derniers héritiers.

Sabaoth. — Nom d'un ange ou génie du mal qui d'après une secte du second siècle, les Archontiques, s'occupait beaucoup des affaires du monde terrestre.

Sabasies. — Cérémonies licencieuses faites en l'honneur de Bacchus Sabasius, auquel le bouc était consacré, comme en témoigne un passage du livre intitulé : *Josephi Hypomnesticum*, *cap.* CXLIV, CXLV, *apud Fab.*, *cod pseudep. Veter Testam.* Tom. II. — Ce culte remontait à un Dieu phrygien très ancien, Sabazios, fils de Jupiter et de Proserpine ; il fut élevé par Nyssa. Les Sabasies ou Sabazies qui avaient lieu la nuit furent célébrées d'abord en Phrygie, plus tard en Thrace. Ce terme dériverait-il de Sabbat, c'est ce qui est bien difficile de dire ; ce qui est certain, c'est qu'un Bouc figurait dans ces fêtes orgiaques, qui plus tard furent faites en l'honneur de Dionysos. Ce terme de Sabazios chez les Kabbalistes sert à désigner un gnome.

Sabba. — L'une des Sibylles, celle de Cumes ; elle était fille de Berosos et d'Eurymanthe. Tour à tour, ce qui indique son ancienneté, on a regardé Sabba comme originaire de la Babylonie, de l'Egypte, de la Chaldée ou de la Palestine.

Sabbat. — Assemblée des démons, des sorciers et des sorcières. Cette assemblée se tenait généralement dans quelque carrefour de forêt, ou près d'un lac ou d'un étang. Nous ne reproduirons pas ici tout ce qui s'est dit sur le sabbat, d'abord parce qu'on a débité beaucoup d'inepties à ce sujet, ensuite parce que cela nous entraînerait beaucoup trop loin.

Sabéïsme. — Culte qu'on rend aux éléments et aux astres, et qui d'après quelques-uns serait l'origine de l'astrologie judiciaire.

Sacti. — Puissance divine, personnifiée sous une forme féminine. — Ce terme, du reste, est un nom générique qu'on peut appliquer à toutes les déesses, mais il l'est tout particulièrement donné à Dourga, femme de Çiva. Voyez Saktis.

Saddhàdika ou **Viparachitagnyana,** Sans. — Une des trois sortes de Bouddhisants, celle qui atteint moins vite la perfection que le *Pangadika*.

Saddharma Alahkara, Sans. — Canon de l'Eglise Bouddhiste du Sud, qui contient environ 29,368,000 lettres, c'est-à-dire cinq fois plus que la Bible qui d'après Max Müller ne contient que 3,567,000 lettres.

Sadhous, Sans. — Ascètes de la religion des Jaïns ; ils ne peuvent rester au même endroit qu'un certain nombre de jours déterminés, sauf pendant le Mousson. — Ces ascètes jeûnent sans discontinuité pendant 100 et 140 jours ; le docteur Tanner, Succi, Merlatti et autres jeûneurs célèbres, sont comme on voit, fort distancés par les Sadhous.

Sadic et **Sadoo,** Héb. — D'après Saint-Jérôme le premier de ces termes signifierait juste et le second justice ; ce sont ces termes qui ont servi à dénommer les *Sadducéens*, c'est-à-dire une secte juive, dont l'origine ne remonte guère qu'à l'an 196 ou 200 au plus avant l'ère vulgaire. Les Sadducéens étaient les libres penseurs de cette époque ; c'étaient des matérialistes qui ne croyaient ni à l'immortalité de l'âme, ni par conséquent à une existence quelconque après la mort. Eusèbe nous affirme que cette secte était originaire de l'Egypte. Les Sadducéens portaient les cheveux coupés en rond et la plupart d'entre eux étaient tonsurés. — A Jérusalem, la secte des Sadducéens était la moins nombreuse de toutes, parce qu'elle vivait dans une austérité relative. Le grand prêtre juif Caïphe était Sadducéen, du reste le clergé juif appartenait en général à cette secte.

Sadumnica, voyez Ila.

Saganes. — Paracelse nous dit que « tous les éléments ont une âme et sont vivants. Les habitants des éléments se nomment *Saganes*, ce qui veut dire éléments. Ils ne sont pas inférieurs à l'homme, mais ils en diffèrent en ce qu'ils n'ont point d'âme immortelle. Ce sont les puissances de la Nature, c'est-à-dire *ce sont eux qui font ce qu'on attribue généralement à la Nature*. Nous pouvons les appeler des êtres ; mais ils ne sont pas de la race d'Adam. Ils mangent et boivent les substances qui, dans leur élément, servent de nourriture et de boisson. Ils sont habillés ; ils se marient et se multiplient entre eux. On ne peut les enfermer et ils meurent comme les animaux, n'ayant point d'âme. Ils savent tout ce qui se passe et le révèlent souvent aux hommes qui peuvent converser avec eux. Mais il ne faut pas trop s'y fier, car quelques-uns sont perfides. Ils ont une préférence pour les enfants et les innocents ; ils évitent les ivrognes et les gens brutaux. Ils se font mieux connaître aux innocents et aux simples d'esprit, qu'à ceux qui sont instruits et arrogants. Il y a parmi eux plus de femmes que d'hommes et une Association de ces femmes se nomme : *Mont de Vénus*. La légende du Tannhauser n'est pas un conte, elle est vraie. »

Que sont les Saganes, d'après ce qui précède ? Nous n'osons dire que ce sont des élémentals, bien que Paracelse le dise, ce sont peut-être des incubes et des succubes, ce qui suit du moins, pourrait le faire supposer ; car, ajoute le grand alchimiste : « Ils peuvent venir parmi nous et se mêler à notre société. Ils peuvent engendrer avec nous, mais les enfants ne leur appartiennent pas, *ils sont à nous*. Nous pouvons lier à nous les femmes élémentales par la fidélité, la pureté de pensée et le pouvoir de notre imagination. Quand ils entrent dans notre sphère d'existence et s'unissent à nous, ils nous apparaissent comme des

Dieux. Ceux qui vivent dans l'eau sont appelés Nymphes et Ondins, ceux de l'air Sylphes, ceux de la terre Pygmées ou Gnomes, ceux du feu Salamandres. Les Nymphes et les Ondins ressemblent beaucoup aux hommes, les autres en diffèrent plus ou moins. Ce sont surtout les Nymphes qui s'unissent aux hommes. Quand une Ondine épouse un homme, elle et ses enfants deviennent âmes. »

La Kabbalah nous fournit beaucoup d'indications qui sont loin d'infirmer les dires de Paracelse ; nous n'insisterons pas davantage ici, et nous renverrons le lecteur au mot Schedim.

Ceci vient à l'appui de ce que bien de savants occultistes (le Comte de Gabalis entre autres) savent, c'est-à-dire que si l'homme dans l'astral a des rapports avec des nymphes ou des ondines, celle-ci créent des êtres qui après une période de temps passée dans l'astral meurent et peuvent ensuite se réincarner sur la terre ; c'est là un mode de multiplication utilisé par Lucifer pour donner à ses émanations, à ses créations, l'immortalité qu'elles ne peuvent avoir.

Sagara, Sans. — Radjah d'Ayodhya, fils de Bahou et de Kalindi, qui a dû être le père d'une race, puisque la mythologie hindoue nous apprend qu'avec deux femmes : Kessini et Soumati, il eut 60.000 enfants.

Sagatragavacha, Sans. — Géant à cinq cents têtes et à mille bras, qui naquit de l'émanation de la cinquième tête de Brahma, abattue par Mahadéva.

Sahadèva, Sans. — Le cinquième des Pandavas, époux de Bhanoumasi, petite fille de Krischna, célèbre surtout par son habileté à tirer de l'arc.

Sahadjanya, Sans. — Nom d'une Apsara.

Saisons. — En Chine, *Yuen,* (1) le printemps ; *Hang,* (2) l'été ; *Lé,* (3) l'automne et *Ching,* (4) l'hiver, c'est-à-dire les saisons servant à désigner toute la vie et tout le mouvement des êtres. Ces quatre termes possèdent en outre d'autres sens, métaphysiques ou divinatoires, trop longs à exposer ici.

Sakara ou **Sagkar.** — Ange de sixième ordre ; esprit malfaisant.

Sakountala, Sans. — Fille de l'Apsara Ménaka et une des héroïnes du Mahabarata. Elle épousa à la mode des Gandharvas, le roi Douchamanta qui, sous l'influence d'un charme, l'abandonna après l'avoir rendue mère, mais quand il se souvint de cette jeune femme, il la reprit avec lui. On écrit également Çakountala.

---

(1) C'est le commencement : les semailles, l'enfance. —
(2) C'est le développement : la floraison, l'adolescence. —
(3) C'est l'adaptation : la fructification, l'âge mûr. —
(4) C'est la perfection : la moisson, la vieillesse.

Ceux de nos lecteurs qui désireraient lire cet épisode poétique du Mahabhàrata, n'auraient qu'à se reporter au chapitre VII, p. 77 d'ADDHA-NARI, ou *l'Occultisme dans l'Inde*.

Sakra, Sans. — Un des noms d'INDRA, voyez ce mot.

Sakti ou **Çakti**, Sans. — Ce terme signifie force, énergie, puissance et a d'autres significations encore, suivant le mot avec lequel il est accouplé, ce qui se comprend ; car dans le plan physique les forces sont : affinité, chaleur, électricité, lumière, magnétisme, pesanteur, son. Mais le terme Sakti s'applique surtout aux forces du plan astral, forces qui sont en nombre infini ; aussi ne pourrons-nous en dénommer que quelques-unes ? *Gnânasaki*, la puissance du savoir, qui rend possible l'interprétation des sensations; la clairvoyance, la psychométrie, etc. *Itchâsakti*, la puissance de la volonté qui engendre les courants neuriques ; *Kriyàsakti*, la puissance d'extériorisation que possède la pensée ; *Kundalini-sakti*, la force circulaire, c'est à dire le principe animateur qui est la source de l'attraction et de la répulsion (électricité, magnétisme) ; *Matrikâ-sakti*, la puissance du Rythme ; etc., etc.

Sakti est inséparable de *Purusha* : « les pouvoirs du magicien sont invisibles avant leur manifestation, ce n'est que par celle-ci qu'ils sont évidents, manifestes. De même les Saktis de Brahm sont infinies et il est impossible de les connaître ; mais tout le monde peut s'assurer de leur existence, par la méthode d'induction, à l'aide de laquelle on peut voir les effets et leur base, l'énergie active restant cependant invisible. L'on peut voir le magicien et les phénomènes qu'il produit, mais non la puissance, le pouvoir magique qui les crée ; cependant la Sakti n'est ni indépendante, ni indifférente du Sakta qui la possède. » *(Kaivalyanavanita*, de 96 à 99). — Au pluriel, ce terme exprime des forces ou facultés animiques, dont les unes sont purement dynamiques et d'autres demi-conscientes (élémentals), d'autres enfin tout à fait mentales.

Salamandres. — Esprits élémentaires du feu. L'abbé de Villars dans le *Comte de Gabalis* nous dit que : « Les Salamandres, habitants enflammés de la région du feu, servent les sages, mais ils ne recherchent point leur compagnie ; leurs femmes et leurs filles se font voir rarement, etc.. »

Salambo. — Divinité des Babyloniens, déesse de l'amour ; c'était comme l'identification de Vénus chez les grecs.

Salgrama, Sans.— Pierre noire longue (cône) qui symbolise Vishnu ; voici d'où vient ce symbole. Vishnu emprunta un jour les traits du géant Djalendra pour séduire sa femme *Vrindha* (voy. ce mot), celle-ci fut involontairement coupable, quand elle eut reconnu la faute qu'elle venait de commettre, elle maudit Vishnu qui fut changé en pierre noire, de forme conique.

Salia ou **Chalia,** Sans. — Tchatriya d'un grand courage, adversaire de Krischna.

Salivahana, Sans. — Ce terme signifie littéralement *Porté sur une croix* ; prince qui a donné son nom à une ère dont on se sert dans l'Inde pour supputer le temps, comme aujourd'hui, on se sert du nom de Jésus-Christ pour le même objet.

Salisateurs. — Devins du moyen-âge qui s'appuyaient pour faire leurs prédictions sur le mouvement du premier membre de leur corps qui venait à remuer, ils tiraient de là de bons ou de mauvais présages.

Salomon. — Célèbre roi des juifs, fils de David et considéré comme le patron des astrologues et devins. Salomon avait, dit-on, un anneau dont le sceau était un talisman qui lui donnait de grands pouvoirs, entre autres celui de commander aux esprits élémentaires de tous les éléments. — On attribue à ce prince des livres de magie dont le plus célèbre porte ce titre : *Clavicules de Salomon.* — Il serait également l'auteur d'un *Traité de la pierre philosophale*, d'un autre *Traité de nécromancie* adressé à son fils Roboam, etc., etc. — Le plus grand titre de gloire de ce prince, c'est la construction du Temple de Jérusalem.

Samadhi, Sans. — Terme difficile à traduire : *être en état de Samadhi*, c'est être dans une sorte de catalepsie particulière, qui peut durer fort longtemps sans porter atteinte à la santé de l'individu. Pour se préparer à cet état, il faut suivre un certain entraînement et diminuer successivement la quantité de la nourriture qu'un homme doit raisonnablement absorber chaque jour. — Voyez PRANAYAMA.

Samashti-Srishti, Sans. — C'est la création générale, tandis que l'on nomme *Vyashti srishti*, la création spéciale. — Samashti Srishti est aussi l'évolution de mahat, ahankara, etc., en obéissance à la volonté de Parabrahman, tandis que Vyastisrishti est l'évolution qui résulte de la combinaison en proportions régulières des cinq éléments, après leur venue dans l'existence.

Sambha, Sans. — Fils de Krischna et de Djambavati ; c'est lui qui établit dans l'inde les Magas ou familles sacerdotales venues du pays de Saka.

Sambhara, Sans. — Mauvais génie amoureux de Rati ; il jeta dans l'océan l'époux de celle-ci : Pradiumna ; qui n'est autre que Rama, ce dernier avalé par un poisson et transporté dans le Palais de Rati, tendit une embûche à Sambhara, qui ne put échapper à la mort.

Samir. — Vermisseau de la grosseur d'un grain d'orge qui, d'après les Talmudistes, aurait rendu de grands services à Salomon, lors de la construction de son temple. — Les Samirs, par exemple, auraient aidé à fendre et tailler les granits employés dans la construction du Temple de Jérusalem. On nomme aussi ce vers *Samis*, Dieu l'aurait créé pour tailler et polir les pierres du Temple de Salomon (symbole allégorique, dont la tradition juive a fait un édifice réel). Les Francs-maçons ont introduit le *Ver Samis* dans l'histoire légendaire du Temple de Salomon et l'ont désigné sous le nom d'*Insecte Shermah*.

Samothès. — Fils de Japhet et le fondateur de la race celtique.

Sampati. — Oiseau fabuleux de la mythologie hindoue ; c'était le roi des vautours, le frère de Garoudha, voy. ce mot. — Ce fut Sampati qui fit connaître le lieu où Ravana tenait captive la belle Sîtâ.

Samuel. — Prophète dont la Pythonisse d'Endor évoqua l'ombre devant le roi Saül.

Sanaves. — Amulettes formés de morceaux de bois odorants, que certaines peuplades de l'Afrique portent en collier ou en bracelet des mains ; ces amulettes ont pour fonction de protéger ceux qui les portent contre les atteintes des sorciers et des sorts.

Sandia, Sans. — Fille de Brahma qui eut commerce avec les Daïtias.

Sandjgna, Sans. — Père d'Iama, Dieu de la mort chez les hindous.

Sang. — Le sang a toujours été considéré, comme ayant une grande influence dans les actes d'évocations ; mais nous devons ajouter que le sang ne peut attirer que des esprits malfaisants. — Pline nous raconte que les Prêtres d'Egine ne manquaient jamais d'absorber du sang de taureau avant de descendre dans la grotte où l'esprit prophétique les attendait. Cependant, les prêtres de l'antiquité répandaient dans le peuple que le sang des taureaux étaient un poison, afin de les empêcher de l'utiliser pour les évocations. — De nos jours, on a fait boire du sang à des malades, on leur en a injecté sous la peau, enfin on a créé la sérumthérapie, qui est une pratique de la magie noire — Voyez Sérothérapie.

Sani ou **Sano,** Sans. — Génie frère d'Iama, Dieu de la mort ; il préside à la conscience, aux destinées et à la transmigration des âmes. On lui donne comme attribut un oiseau dans lequel quelques mythographes ont cru voir un corbeau.

Sankara, Sans. — L'un des surnoms de Vishnu.

Sankara-Atcharia, Sans. — Célèbre personnage connu surtout pour avoir persécuté les Bouddhistes. Il périt misérablement au Tibet.

Sankara-Narayana, Sans. — Dieu dont l'identification n'est pas bien connue ; quelques-uns croient que c'est un Dieu hermaphrodite, qu'on représente avec un corps mi-partie bleu et mi-partie blanc.

San-Pou, Sans. — Dieu tricéphale, symbole de Hopame et qui résume en lui la triade Tibétaine : Giam-Ciang, Tsihama-Tortseh et Tsenréci. — Les représentations figurées nous le montrent assis, deux de ses têtes sont mitrées, la troisième est coiffée d'un bonnet rond et il a pour attributs : un arc, un sceptre, un cœur enflammé, un lys et un miroir.

Santa, Sans. — Fille de Daçaratha, roi d'Aīodhia et femme de Richyasringa.

Santanou, Sans. — Radjah hindou, bisaïeul des Pandous et des Kourous.

Saoumanaça, Sans. — Un des quatre éléphants qui supportent le globe, il est placé à l'Ouest.

Saphis. — Carrés de papier sur lesquels sont écrits des passages du Koran. Les mahométans les portent sur eux, comme talismans.

Saptapana, Sans. — Grotte de Sattopani de Mahavansa ; elle est située près du Mont Baibhar (le Webhâra des manuscrits Palis). C'est dans cette grotte que les Arhats reçoivent l'*Initiation* ; elle était située à Rajagriha l'ancienne capitale de Magadha ; c'était la grotte *cheta* de Fa-hian.

Saraçouati, Sans. — Sœur, fille et femme de Brahma. Son nom signifie littéralement *qui préside aux sons*. Saraçouati eut de Brahma une nombreuse progéniture : Naréda, Dakecha, les Ragas, etc., etc.—Cette déesse préside à la science, à l'harmonie, au langage et à la musique.

Saranam. — Généralement tous les traducteurs donnent à ce terme la signification de *Refuge*, cependant ni l'étymologie *Palie*, ni la philosophie Bouddhiste ne peuvent justifier cette interprétation. En effet, la racine sanscrite *Sri* en pali *Sara* signifie se mouvoir, de sorte que le terme *Saranam*, indique un mouvement, une marche en avant et, par extension, *Mort*, puisque la mort n'est qu'un passage à une vie meilleure, donc une marche en avant. Ainsi la phrase : *Buddham saranam gacchami* devrait signifier d'après nous : Je vais vers Bouddha, vers la loi et vers l'ordre (des prêtres).

D'autres linguistes donnent à ce mot la signification de *guide* ; en effet, c'est un homme qui va en avant, qui vous conduit. Il faudrait donc traduire : *Gacchami* je vais *Bouddham*, vers Bouddha *Saranam* mon guide ; enfin d'autres linguistes considèrent ce terme comme un synonyme figuré de Nirvana, voyez ce mot.

Sarawasti, Sans. — C'est un des noms de Prakriti, voy. ce mot. — On la représente comme le montre notre figure sous la forme d'une gracieuse jeune femme, couronnée de la tiare ; elle chevauche soit un cygne, soit un paon ; elle a quatre bras et dans ses mains, elle porte des insignes divers.

Sarawasti ou Prakriti ou Sakti

Saribout, Sans. — L'un des disciples de Samanakodom, le dieu du Chamanisme, adoré à Siam et dans toute l'Indo-Chine.

Sariputra, Sans. — Un des diciples favoris de Bouddha.

Sarmitoha, Sans. — Fille du roi Vrichaparva, qui avait été obligée de servir Devaghani, première femme de Yayati ; mais ce prince s'énamoura d'elle et l'épousa secrètement.

Sas (Divination par le). Voyez Cosquinomancie.

Sat. — Terme sanskrit, en usage dans la philosophie du *Vedantâ* et fort difficile à traduire ;

car Sat, n'est rien, ni substance, ni esprit ; c'est l'idée ; tout infini, l'existence absolue.

Sat, est donc Parabrahm ou Brahm, l'absolu ou neutre ; l'Ain-Soph, divinité négative des Kabbalistes n'est qu'une pâle copie de Sat. — Ce terme signifie aussi Etreté absolue, c'est-à-dire : arriver après les souffrances des vies limitées et conditionnées, à la vie éternelle. — Il faut se rappeler, que tout dans ce monde n'est que *préparatoire*, parce que tout est transitoire. Le sage sait, en effet, qu'il existe après la série des vies terriennes, d'autres vies, d'autres existences bien supérieures.

Sataciva, Sans. — Personnification du vent dans la mythologie hindoue.

Satanisme, Luciférianisme, Palladisme. — Sous ces termes divers, on dénomme des œuvres de démons ; des sacrifices offerts au génie du mal, à Satan ou Sathan, qu'on désigne également à tort sous le nom de Lucifer. Nous devons avouer que la définition de ces termes n'est pas bien définie ; suivant les uns, le Satanisme est une œuvre diabolique et suivant certains pratiquants, ce serait au contraire une œuvre de bien, de dévotion. — Ainsi, par le Satanisme, qu'il dénommait lui Palladisme, un certain abbé Boulan opérait des cures merveilleuses dans son *Carmel* ; c'est ainsi qu'il dénommait le lieu de ses réunions mystiques. Ce même abbé se sentait « délégué par le ciel pour combattre Satan et pour prêcher la venue du Christ glorieux et du divin Paraclet. »

Cet abbé Boulan, était disciple de Vingtras ; on prétend qu'il arrivait à produire des phénomènes surprenants. Ainsi, quand il consacrait des hosties devant de nombreuses personnes qui l'ont vu de leurs yeux et attesté, ces hosties restaient suspendues dans l'espace après être sorties du calice ; d'autres hosties gardaient des stigmates sanglants. Cet homme guérissait aussi à l'aide de pierres précieuses, des petits enfants et rien que par l'imposition d'hosties consacrées, il aurait guéri des femmes, notamment une artiste parisienne fort connue, d'une maladie interne réputée incurable suivant les docteurs les plus renommés. L'abbé Boulan qui, naturellement, avait défroqué, s'était retiré à Lyon chez un architecte (7, rue de la Martinière) ; on le connaissait sous le nom de Dr Johannès. — On prétend qu'il aurait été assassiné par envoûtement par des occultistes de Paris ; mais rien n'est moins prouvé que cette accusation, qui a donné lieu cependant à un duel. — Cf. — HUYSMAN, *passim* ; Jules Bois, les *Petites religions*, etc , etc.

Sataroupa, Sans. — Nom de la première femme créée par Brahma.

Satchi, Sans. — Fille du Muni Paulomâ et

femme d'Indra ; à cause du nom de son père, la nomme-t-on aussi *Palomi*.

Satchidanand, Sans. — Ce terme réunit en lui les trois qualificatifs d'*Atma*, savoir : *Sat*, du radical *as*, être, signifie l'existence absolue, le comble de l'Etre. L'*Etreté* pure, la réalité suprême, l'omniprésence dans le temps, l'immutabilité dans le passé, le présent et le futur éternels. *Chit* veut dire omniscient, l'omniprésence dans l'espace ; enfin *Amanda* est la félicité parfaite, la béatitude divine. Ce terme *Satchidanand* est aussi le symbole du triple caractère de Purusha dans la manifestation spirituelle (*Sat*), matérielle (*Chit*), et astrale (*Ananda*). — Ajoutons que si *Chit* signifie omniscience, *Achit* signifierait ignorance, et *Asat*, irréalité ou illusion, synonyme de Maia comme le terme Jâda est synonyme d'Achit.

Saté, Egypt. — Déesse égyptienne qui, dans les légendes égyptiennes, porte le titre d'âme de la région inférieure. C'était une sorte de Junon, peut-être même de Proserpine.

Sati, Sans. — Fille de Dakcha et femme de Çiva, qui se jeta dans le feu quand Çiva fut insulté par son beau-père. Ce terme qui signifie littéralement *pieuse* était appliqué à toutes les veuves qui se brûlaient sur le bûcher de leur époux.

Satiabhama, Sans. — Fille du Muni Satiadjit

et l'une des huit épouses favorites de Krischna ; elle se montra hostile aux partisans de Çiva et engagea son époux à combattre Indra, afin de lui enlever l'arbre de la sagesse.

Satiadjit, Sans. — Sage hindou qui reçut de Suria un magnifique escarboucle, que Krischna désira posséder, mais Satiadjit ne voulant pas le donner à son gendre, le confia à son frère Praçana, qui disparut en emportant le joyau.

Satiavrata, Sans. — Radjah hindou qui dévora les Védas, échappés de la bouche de Brahma.

Sattva, Sans. — Terme très-difficile à traduire, car il signifie à la fois : splendeur ou pureté ; bonté, vertu ou justice.

Sazychès. — Ancien législateur des Egyptiens que nous ne connaissons que par Diodore de Sicile qui nous apprend que Sazychès était antérieur à Sésostris.

Scarabée. — Insecte sacré chez les Egyptiens qui personnifiait l'image du soleil et qui servait d'ornement royal.

Schada-Schiavoum. — Génies hindous qui gouvernent le monde.

Schadukiam. — Province du Ginnistan qui d'après les romans orientaux serait peuplée de dives et de péris.

Schamans. — Sorciers de certaines peuplades du nord de l'Europe.

Schedim, Héb. — Terme générique qui, dans les livres sacrés des juifs, dans la Kabbalah, sert à désigner les élémentals ; que celle-ci nous montre comme une race d'êtres intermédiaires entre l'homme et l'animal ; ils comprennent quatre classes : les Schedim du feu, ceux de l'air et du feu ; la troisième est composée de Schedim de feu, d'air et d'eau, enfin la quatrième classe est composée des mêmes éléments dans lesquels il entre de la terre. — On nomme *Ruchin* le mâle et *Lilin* la femelle.

Schem hamphorasch, Héb. — Ces deux termes signifient littéralement, *le nom est bien prononcé*, c'est-à-dire le grand prêtre a bien prononcé le nom sacré de Jéhovah.

En occultisme, un mot bien prononcé a une vertu magique ; ainsi Clément d'Alexandrie nous dit que *Ievé* ou son dérivé *Iévo* bien prononcé pouvait frapper de mort un homme.

Schem hamphorasch a été chez les anciens, l'emblème de la plénitude, de la toute puissance, de l'universalité du feu céleste « ou de la lumière incrée, laquelle remplit, anime et féconde tout l'espace » (Ragon).

Le même auteur nous apprend que le Schem hamphorasch, étaient les 72 noms de Dieu, tirés cabalistiquement de l'*Exode*, et correspondant 8 par 8, aux neuf hiérarchies célestes ; les noms des 72 anges qui occupent les 72 degrés de l'échelle de Jacob.

Schéma, Lat. — Image. — D'après la croyance Egyptienne, le défunt, en entrant dans l'Amenti (Enfer), recouvrait l'usage de ses membres ; c'est pourquoi l'embaumement était une cérémonie religieuse indispensable. La partie dont un mort était privé manquait au Schéma (image). — *(Liv. des morts,* C. 21-39.)

Schiauriri. — Mot cabalistique qui constitue un talisman contre les maux d'yeux et les vertiges, quand il est écrit en triangle sur parchemin comme le montre la figure ci-contre :

```
S
S C
S C H
S C H I
S C H I A
S C H I A U
S C H I A U R
S C H I A U R I
S C H I A U R I R
S C H I A U R I R I
```

Sciamancie et **Sciomancie.** — Divination par le simulacre du corps évoqué afin d'apprendre des choses sur l'avenir. — C'est une subdivision de la nécromancie.

Sciences occultes. — Voyez Occultisme, Alchimie, Magie, etc., etc.

Scopélisme. — Sorte de maléfice, qui consiste à jeter des pierres charmées ou ensorcelées dans un champ, dans un jardin ou sur le passage des personnes qu'on veut atteindre, celles-ci venant à toucher ces pierres d'une manière quelconque, en recevraient un maléfice. — A Rome, bien des personnes jetaient des pierres dans les champs pour les frapper de stérilité, aussi ce maléfice était-il puni comme un crime. — (Digest. *Lib. XLVII*, titre II, 1, 9.)

Sécha ou **Adicéchen.** — Grand serpent à têtes multiples, qui sert de couche à Vishnu pendant son sommeil.

Sef. — Déesse Celtique, femme du Dieu Thor.

Séfendomad ou **Sapandomad.** — Amchaspand, fille d'Ormuzd, qui préside à l'agriculture et aux travaux des champs.

Seidour. — Nom de la magie noire chez certains peuples du Nord de l'Europe.

Seing. — Grain de beauté ; un seing au front de l'homme lui promet des richesses ; celui qui porte un seing à la joue deviendra opulent ; à la langue indique bonheur domestique. Mélampus adressa à Ptolémée une célèbre divination qu'il avait faite à l'aide de seings. Il ne faut pas confondre ceux-ci avec les taches ou verrues qui ont une toute autre signification. — Cf. à ce sujet notre volume sur la Chiromancie Médicinale. Ch. IV, p. 189, in-12, Paris, 1895.

Sekhet, Egypt. — Déesse égyptienne à tête de lionne, qu'on a aussi dénommée *Pacht* ; elle symbolise l'ardeur dévorante et funeste du soleil ; aussi cette déesse est-elle chargée du châtiment des réprouvés dans l'Amenti. — Les Déesses Bast, Mendit, Ouadjī, ne sónt que des formes de Sekhet, dont la tête de lionne est surmontée du disque solaire. — Ce terme sert aussi à désigner le troisième décan du Bélier, selon Saumaise. Le zodiaque de Dendérah le représente assis sur une fleur de Padma (Lotus).

Sel. — Le sel est le symbole de l'éternité et de la sagesse, parce qu'il ne se corrompt point.— Les démonographes prétendent que c'est un antidote souverain contre les puissances infernales ; de là, la coutume dans certains pays, notamment aux Hébrides et aux Orcades, de placer un vase d'eau salée sur la poitrine des morts, afin de chasser de ces coques astrales, les esprits infernaux. — En Ecosse, on attribue également une vertu extraordinaire à l'eau saturée de sel.

Selage. — Plante sacrée que les Gaulois cueillaient comme le somalus avec le rite consacré.

Selam. — Bouquet symbolique de la langue écrite d'amour. La claustration des femmes dans tout l'Orient donna une grande importance aux couleurs, de là l'invention du Sélam ou bouquet symbolique. Chez les arabes, comme chez presque tous les peuples, ce langage a une origine religieuse.

Dans la Perse ancienne, les Esprits ou Génies avaient des fleurs qui leur étaient consacrées

(Boun-Dehesch, p. 407). Cette floré symbolique se retrouve dans l'Inde, en Egypte, en Grèce et jusqu'à Rome.

Le Sélam des arabes a emprunté ses emblèmes à la langue des couleurs. Le Coran nous en donne la raison mystique. « Les couleurs que la terre étale à nos yeux, dit Mahomet, sont des signes manifestes pour les penseurs. » (Coran, ch. 16. *Les Abeilles.*)

Selk, Egyp. — Déesse Egyptienne qu'une représentation figurée nous montre avec une tête surmontée d'un scorpion et qui tient dans ses mains une clef du Nil (croix ansée) et un sceptre à tête de coucoupha.

Senanus. — Nom d'une divinité Gauloise que nous ne connaissons seulement que par une inscription lapidaire.

Senes, Gaul. — Nom des druidesses, plus particulièrement appliqué à celles de l'île de Sein.

Sentier. — Petit chemin, voie étroite ; nous n'avons à parler ici que de ceux qui conduisent au *Nirvâna*. On y arrive : 1° par *Prôtâpatti*, c'est-à-dire littéralement : *celui qui entre dans le courant* (qui mène à l'Océan Nirvanique) ; 2° par *Sakrida-gâmin* (celui qui reverra une fois seulement la naissance) ; 3° par *Ana-gâmin* (celui qui ne se réincarne plus) ; 4° par le *Rahat ou Arhat* ; c'est le plus élevé des quatres sentiers.

Séparabilité. — Disposition qui permet de séparer des choses quelconques. Le fait de la séparabilité est un fait universellement reconnu, c'est une des bases d'Aristote qui nomme khôriston (χωριστὸν) cette séparabilité. — Celle-ci est réelle ou rationnelle ; elle est réelle, quand elle existe de fait, un chien et un chat sont séparés de fait ; elle est rationnelle, quand la séparabilité s'applique à tout ce qui ne tombe pas sous notre observation, mais qui ne peut être conçu autrement que séparable. — Tous les atômes d'un minéral, d'une pierre par exemple, qui son arrivés par la pensée à la limite de la divisibilité ont encore entre eux la séparabilité ou *khòriston*.

Sept et **Septénaire.** — Le chiffre 7 est un nombre sacré ayant une grande importance en Magie ; le ternaire et le quaternaire ayant une grande importance, il n'est pas étonnant que leur réunion qui forme le septénaire soit également important. Le septénaire sacré représente la synthèse Universelle. — Suivant les anciens le monde était gouverné par *sept* causes secondes, les *Ælohim* de Moise ; les *Secundæi* de Trithème ; de là dérive le culte septénaire des planètes. Les sept planètes magiques correspondent aux sept couleurs du prisme, aux sept notes de l'octave musicale ; elles représentent, en outre, les sept vertus en opposition des sept vices de la morale chrétienne. Les sept sacrements de la religion catholique se rapportent également au septénaire Universel ; enfin les œuvres magiques sont également au nombre de sept, et placées chacune sous la protection d'une planète, et chacune d'elles doit être accomplie plus particulièrement un certain jour de la semaine.

L'Inde a connu le septénaire.

Un passage du *Swtasvatara Upanishad* (1, 7 ; — 1, 12 ; — 4, 5) nous laisse entrevoir un septénaire occulte, ainsi composé : 1, *Parabrahm*, le zéro, le neutre insexuel ; 2, *Purusha*, l'unité, le mâle ou esprit universel ; 3, 4, Çakti, la dualité, l'Androgyne ou force Universelle, agissant de l'esprit à la matière et réciproquement, se séparant de la matière et en partie absorbée par elle ; 5, 6, 7, *Prakriti*, la femelle passive, sous le triple aspect de *Mulà-Prakriti*, *Avyaktam-Prakriti* et *Vyaktam-Prakriti*. (1).

---

(1) Voici le passage du *Swtayataras Upanishad* : « Honneur au Suprême Brahman en qui existe la Trinité de *Bhóktri* (le sujet), de *Bhógya* (l'objet) et de *Preritri* (le moteur).... Par ceux-là qui connaissent le jouisseur, l'objet de la jouissance et le législateur, tout a été déclaré triple et c'est là Brahman... Il y a une femelle incréée, rouge, blanche, noire, uniforme, mais produisant des fruits multiples. Il y a un mâle incréé qui l'aime couché auprès d'elle. Il y a un autre être qui se sépare d'elle, tandis qu'elle dévore tout ce qui doit être dévoré. »

Seroch, Serosch, Pers. — Ized ou Génie qui, chez les Parsis, préside à la terre et à la pluie, ainsi qu'au dix-septième jour du mois. — C'est Seroch qui préserve l'homme des pièges et des embûches tendus par le Génie du mal.

Serpent. — Le serpent cosmogonique représente à la fois la *Fatalité* et cette force mystérieuse, qui circule chez tous les êtres, force désignée par les hindous *Akasa*, *Aour* par les Kabbalistes et *lumière astrale* par les occultistes modernes. — C'est cette force créatrice par excellence qui constitue le principe de *l'amour* dans l'Univers ; entre les planètes, cette force se nomme *Attraction*, entre les minéraux *Affinité*, entre les êtres animés, *Amour*. Cette force créatrice qui est par conséquent le principe des choses correspond dans l'alphabet hébreu à la lettre première א, (Aleph.).

Sesach. — Déesse, qui chez les Babyloniens présidait à la nuit, au repos.

Sesha, Sans. — Serpent à sept têtes qui porte Vishnu sous la forme d'un jeune enfant ; de son nombril sort une fleur de lotus ; à ses pieds, on voit son épouse Laskmi ou Crî ; voyez notre figure à la page suivante.

Shamavêdas. — Livre sacré des hindous qui renferme la science des augures et des divinations.

Shamir et **Shamir**. — Symbole des alchimistes ; c'est le nom de l'unique et mystérieux diamant qui ouvrit à Salomon, les *portes d'or* de la connaissance intégrale.

Shangna (Robe de), Sans. — Métaphore qui désigne l'acquisition de la sagesse avec

Sesha

laquelle on peut entrer au Nirvâna de destruction (de la personnalité). C'est littéralement la robe d'*Initiation* des néophytes. — Edkins « déclare que ce *vêtement d'herbe*, fut importé du Tibet en Chine, sous la dynastie des Tongs. Les légendes chinoises et tibétaines disent que « lorsque naît un Arhan, on trouve cette plante poussant dans un lieu pur. »*(La Voix du silence.)*

Shekinah, Héb. — Principe féminin ; quelques ésotéristes croient que ce terme est synonyme d'akasa ; nous pensons que c'est une erreur.

Shermah, voyez Samir.

Shîla, Sans. — Clef d'harmonie dans les actes et les paroles ; la Shîla contrebalance la cause avec l'effet, elle suspend pour ainsi dire, l'action du Karma ; c'est le nom de la seconde clef qui ouvre une des portes qui conduisent l'aspirant au Nirvâna.

Shiva, voyez Çiva.

Shou, Egyp. — Shou est fils de Ra ; c'est un des noms du Soleil levant, déification de la lumière du disque solaire. Les représentations de ce dieu, nous le montrent soulevant la voûte du ciel, et la tête surmontée du signe *Peh* (force), ou bien encore de la plume d'autruche, hiéroglyphe de son nom. Ce dieu est représenté agenouillé et les bras en l'air ; il est quelquefois aux côtés de la déesse *Tewnout*, on les désigne dès lors, sous le nom de *Couple des Lions*. Shou a triomphé des puissances typhoniennes qui représentent le chaos, en soulevant le ciel et en refoulant la terre, ce qui est expliqué par ses représentations figurées, comme nous venons de le voir.

Shoukchaks, Sans. — Bouddhas réincarnés que certains voyageurs ou explorateurs considèrent comme des Mahatmas.

Sibylles. — Prophétesses de l'Antiquité qui prédisaient en vers, l'avenir. Les sibylles sont au nombre de douze que voici : Les sibylles de Perse, de Lybie, de Delphes, d'Erythrée, la sibylle cimmérienne ; celles de Samos, de Cumes ; de l'Hellespont, de Phrygie, de Libur dénommée Albunèe, d'Epire, enfin la sibylle Egyptienne. — On sait qu'une des sibylles apporta à Tarquin les célèbres *livres sibyllins,* qu'il fit placer dans le temple de Jupiter Capitolin qu'un incendie du Capitole détruisit.

Sicoupala, Sans. — Radjah de Tékédi, le fiancé de Roukmini qui lui fut enlevée par Krischna. Aussi lutta-t-il longtemps contre le dieu, mais il finit par périr dans un combat contre les Pandous.

Siddha, Sans. — Les noms des Dieux ou Génies Hindous sont si nombreux qu'à eux seuls, ils rempliraient un volume, en voici cependant quelques-uns : Adityas, Asuras, Dévas, Ghandarvas, Marouts, Rakchasas, Rudras, Saddhyas, Siddhas, Souras, Vasous, Visouas, Yakchas, etc., etc. — Parmi ces noms beaucoup ne sont que des noms patronymiques pour ainsi dire, par exemple, il y a dix-huit Siddhas qui ont chacun une sorte de prénom comme Kaduvali-Siddha, par exemple. — Ce dernier dieu a donné à l'homme d'excellents conseils, tels que ceux-ci par exemple :

« Ne pèche pas, homme ; demain la mort va venir te prendre et s'enfuir avec toi, comme une bête furieuse. »

« A quoi bon maudire ? Nous est-il possible d'empêcher notre destinée d'avoir son cours ! »

« A quoi bon entretenir dans notre cœur la colère ? »

« Pas de mauvais mots, pas de ruse, pas de mensonges, pas de traîtrise, car tout cela emporte les amitiés. »

« C'est pourquoi nous devons être des hommes de bonne volonté, nous devons avoir confiance en tous les hommes et les aimer tous. »

« Notre corps d'à présent est pareil à une bulle d'air qui monte dans l'eau. Sa durée ne sera pas longue ; tout à l'heure, il va s'évanouir ; ce n'est qu'un produit de Mâyâ. »

« A quoi bon éprouver de l'amour pour ce monde, sachant que dans quelques années, dans quelques jours peut-être, il aura pour jamais disparu de notre conscience. »

« Cherchons donc seulement les moyens de n'éprouver aucun attachement pour les objets de cette terre. »

Siddhi, voyez Iddhi.

Sidéromancie. — Divination qui se pratiquait au moyen d'un fer rouge sur lequel on projetait des paillettes qui, s'enflammant, montraient des reflets brillants comme des étoiles.

Sidragasum. — Esprit élémentaire qui fournit aux femmes mondaines la force nécessaire pour danser longuement.

Siffler-le-vent. — Bien des marins instruits invoquent les vents en sifflant, c'est une idée très accréditée chez les hommes de mer, qu'on peut évoquer les esprits de l'air pour obtenir des vents. — Un de nos amis, officier supérieur de notre marine, un esprit très distingué, nous a affirmé avoir amené un orage épouvantable à son bord, par suite d'une imprudente évocation, cet orage survint alors que rien ne pouvait le faire prévoir, aussi tout l'équipage en fut très surpris.

Siga, Phén. — Déesse Phénicienne dont les attributions se rapprochaient de celles de Minerve chez les Grecs.

Sigeani. — Esprit élémental qui préside à l'ordre des éléments et qui, invoqué, peut amener des orages, des éclairs et même la foudre, c'est Sigeani qu'invoquent souvent les marins pour obtenir des vents favorables.

Signatures. — Preuves qui témoignent de l'influence des astres sur les différents êtres de notre monde ; chacun de ces astres a un domaine particulier. — Les formes générales du corps et les formes particulières de certaines parties de celui-ci, désignent des qualités ou des défauts afférant à tel ou tel astre, en rapport avec ces corps ou parties du corps ; ce sont ces traits caractéristiques, qu'on nomme *Signatures*. Des personnes diverses, mais nées sous une même planète, c'est-à-dire dès lors influencées de même, ont toutes les signatures semblables. C'est là un fait constaté et qui prouve la valeur réelle des signatures. — Quand on a recueilli sur un homme des signes certains de ses penchants, de sa nature, de ses vices ou passions, un homme de sens, doué d'intelligence et de perspicacité, cet homme pourra certainement définir le sujet, étudier et prévoir bien des faits qui pourront témoigner des penchants de l'individu, ce sont encore ces signes qu'on nomme *Signatures*; mais il ne faut jamais perdre de vue que les signatures quelles qu'elles soient n'indiquent pas ce qu'est l'homme, mais ce qu'il doit ou pourrait être. *Astra inclinant, non necessitant*, dit l'astrologue, les astres prédisposent, mais ne nécessitent point.

Il ne sera pas hors de propos de citer ici un grand hermétiste.

Dans une partie de ses œuvres, Paracelse émet cette théorie que chaque forme naturelle est pour ainsi dire, l'expression du pouvoir intérieur de cette forme. Il y a, disent les Sages, une sorte d'alphabet naturel avec lequel la Nature semble s'entendre ; aussi les secrets invisibles de la nature peuvent être dévoilés à l'aide de cet alphabet et en utilisant une force corrélative correspondante, on peut mettre en jeu l'aspect dynamique de cet alphabet naturel. Alors les lettres peuvent former des mots et les mots des phrases, qui nous font connaître les mérites supérieurs.

Et Paracelse ajoute alors : « L'âme ne perçoit pas la construction extérieure ou intérieure des herbes, des plantes et des arbustes, mais elle sent intuitivement leurs puissances et leurs vertus, et les reconnaît de suite à leur *Signature*.

Cette signature (*signatum*) est une dose d'activité organique vitale qui imprime à chaque objet naturel, une certaine ressemblance avec une condition spéciale provenant de la maladie ; cette signature est souvent exprimée et visible à l'œil, dans la forme extérieure des objets.

Donc, si on observait bien cette forme, on pourrait apprendre quelque chose des qualités intérieures de la plante et cela, sans avoir recours à notre vue intérieure.

Alors le grand alchimiste nous dit : « Tant que l'homme resta dans l'état de nature, il put reconnaître les signatures des choses et connaître ainsi leurs véritables propriétés ; mais à mesure que son esprit se laissa captiver par les apparences illusoires, et extérieures, il perdit ce pouvoir.

« Il n'y a rien de mort dans la nature, dit Paracelse ; Il n'y a rien de matériel qui ne possède une âme cachée en soi. »

Donc pour le grand alchimiste, mourir, n'était que changer de forme ou substituer une sphère d'existence à une autre.

« La vie est un principe universel, omnipotent et rien n'est sans vie. »

Il ajoutait (nous résumons), chaque élément a ses existences vivantes spéciales, ce sont les esprits élémentaires de la nature, ils ne sauraient manifester une activité spirituelle plus élevée, mais, en dehors de cela, ils vivent à la manière des animaux ou bien encore comme des humains ; ils propagent leurs espèces.

« Quelques-uns parmi eux connaissent tous les mystères des éléments. »

Paracelse nous dit encore, que la matière et l'esprit sont reliés par un principe intermédiaire qui vient « de l'esprit central. » Ce principe est le corps astral des minéraux, des plantes, des animaux et des hommes ; un élément intermédiaire réunit « chaque être vivant au macrocosme. »

« Toutes choses sont *une* et les différences qui existent entre deux choses dissemblables, viennent seulement de la différence des formes sous lesquelles l'essence primordiale (le fluide astral) manifeste son activité. »

Nous avons trouvé curieux de signaler ce qui précède à nos lecteurs, au moment surtout où l'on commence chez les néo-occultistes à s'occuper beaucoup des signatures.

Simagorad. — Grimoire au moyen duquel un empirique de la Guyenne se flattait de pouvoir guérir Charles VI, roi de France.

Simon-le-Magicien. — Ce mage passe pour le chef des Gnostiques, il accomplit pendant sa vie beaucoup de prodiges et nous savons par Saint-Justin que les Romains le considéraient et l'estimaient si fort, qu'après sa mort, ils lui élevèrent une statue.

Simourg. — Oiseau merveilleux chez les Persans, analogue au Rok ou Griffon. — C'est dans son nid que fut élevé *Sal*, père de Rustem, qu'on nomme non-seulement grand et fort, mais même le *Sage*. — Quelques auteurs écrivent à tort *(Simorgue)*.

Sirius. — L'étoile Tistar-Sirius ou le chien, Tistryd dans l'Avesta, et le Tishya dans les Védas ; elle est invoquée chez les Persans comme l'astre radieux et puissant qui apporte les pluies bienfaisantes. Souvent les livres sacrés des Perses mentionnent cette étoile, qui est une de celles qui forment la constellation de la canicule. Les anciens redoutaient beaucoup son influence.

Sita, Sans. — Femme de Ramâ, de qui elle eut deux fils jumeaux Kusa et Lava. Elle avait été élevée à la Cour du roi Djanaka ; elle fut enlevée par Ravana, reprise par son mari, mais à la suite d'épreuves réitérées, elle mourut fort jeune.

Siva ou **Chiva,** voyez ÇIVA.

Skalda, Sans. — Une des vierges magiciennes, sortes de Parques, grâce auxquelles tout ce qui existe se modifie et meurt pour renaître ; au nombre de trois, elles portent les noms de : *Ourda* (le passé) *Vérandi* (le présent) et *Skabda* (l'avenir), c'est celle-ci qui aurait fait donner le nom de *Skaldes* ou *Scaldes* aux Bardes Scandinaves, qui prédisaient l'avenir.

Skanda, Sans. — Dieu de la guerre chez les hindous ; il naquit de l'œil de Çiva ou de ce Dieu et de Bhavani. On le nomme aussi *Soubramania ;* c'est à tort qu'on identifie Skanda avec Kartikeia.

Skandhas, Sans. — Il existe cinq Skandhas dans l'Univers manifesté ; ce sont eux qui l'ont créé ; chaque homme qui fait son apparition dans la vie, n'est que l'agrégation des cinq Skandhas. C'est leur combinaison qui fait que chaque individu a sa personnalité propre et ne ressemble pas à un autre.

Mais qu'est-ce qu'un Skandhas ?

C'est-là une question à laquelle, il est difficile de répondre avec précision.. — Les Skandhas seraient d'après les Esotéristes, des forces actives, spirituelles et matérielles tout à la fois ; elles sont donc saisissables et insaisissables, tangibles et non tangibles. Le Skandhas est une sorte de matière à l'état radiant, mais plus subtile encore. Voilà tout ce que nous pouvons dire pour donner une définition à peu près exacte sur les Skandhas en général.

En ce qui concerne plus spécialement l'homme, les Skandhas sont les attributs de chaque personnalité, qui forment après la mort de l'individu, la base d'une nouvelle réincarnation Karmique ; et cette réincarnation s'effectue par le désir de vivre ou Tanha (voyez ce mot).

Nous venons de dire que l'agrégation des Skandhas forme l'homme ; donc quand les Skandhas se désagrègent l'homme meurt ; mais les Skandhas ne disparaissent pas pour cela, aussi allons-nous voir quelle est leur destinée après la mort. — En tant que facultés actives, ils sont entièrement détruits, c'est là ce qui arrive aux Skandhas inférieurs, à la partie purement matérielle des Skandhas, pourrions-nous dire ; mais la partie subtile, spirituelle, éthérée des Skandhas survit. — Donc en tant que personnalité, une partie des Skandhas est détruite mais pour l'individualité seulement, car les Skandhas existent toujours comme effets Karmiques Ce sont pour ainsi dire des germes en sommeil, suspendus dans l'atmosphère astrale du plan terrestre et prêts à revenir à la vie dès qu'ils seront sollicités par Tanha. Ils sortent alors de leur sommeil pour s'attacher à la personnalité de *l'Ego*, lorsque celui-ci se réincarne. Les Skandhas sont donc, pour ainsi dire, des atômes moléculaires qui attendent la réincarnation de leur ancienne personnalité. — Devant la définition et l'explication qui précède, bien des lecteurs se demanderont peut-être si les Skandhas et les *Tatwats* ne sont pas des termes synonymes, identiques. Nous ne le pensons pas. — Pour nous les Skandhas seraient des forces plus matérielles que les Tatwats, voyez ce mot. — D'après les enseignements Bouddhiques, les cinq *Skandhas* ou attributs sont : « *Rupa*, la forme ou corps (qualités matérielles) ; « *Vadana*, sensations ; *Sanna*, idées abstraites ; *Samkhara*, tendances de l'intelligence ; *Vinanana*, facultés mentales. » (H. P. B., *Clef de la Théosophie.*)

Donc, d'après le Bouddhisme, il n'y aurait que cinq Skandhas dénommés, dès lors : *matière, perception, conception, volonté, connaissance*. Les hommes étant tous formés par l'agrégation des cinq Skandhas seraient différenciés entre eux par la proportion de chaque combinaison des Skandhas ; le mode d'agrégation des Skandhas forme l'essence de chaque espèce d'êtres.

Ainsi l'espèce humaine est formée d'une certaine agrégation propre à faire cette espèce ; les espèces animales, végétales, minérales sont formées d'une agrégation spéciale à chacune d'elles.

Donc tous les êtres quels qu'ils soient, aussi bien ceux de notre plan terrestre que ceux des autres plans sont caractérisés par le Skandhas qui est leur dominante.

Dans l'espèce humaine, l'homme est plus ou moins perceptif, conceptif, volontaire, gnoscent, suivant que dominent en lui les Skandhas de perception, de conception, de volonté, de connaissance ; car il ne faut pas oublier que les perceptions, les conceptions, les vouloirs et les savoirs sont aussi non seulement des facultés, mais des choses réelles, matérielles bien que faites de substances plus éthérées. — Suivant leur manière de vivre, les hommes peuvent influencer leur constitution physique en développant tel ou tel autre Skandhas ; et le Skandhas développé sera d'autant plus puissant, que les autres le seront moins ou même pas du tout.

Ainsi par exemple, si l'homme ne s'occupait plus du tout du plan physique, du matériel, il est certain que l'espèce humaine disparaîtrait de la terre en tant qu'animal, revêtu de chair, de *vêtement de peau,* comme dit la Bible ; il en serait de même pour les autres plans : *perception, conception, volonté ;* alors l'homme retournerait à son émanation première, car il ne générerait son *Karma* que pour le plan de connaissance, dès lors, il pourrait entrer en Nirvâna.

Skotos agnoton, Grec. — Littéralement : les *Ténèbres inconnues ;* c'est l'identification du plus ancien des êtres, d'après la Cosmogonie Egyptienne de Damascius.

Smourianaka, Sans. — Sœur de Ravanâ qui devint amoureuse de Ramâ, lors de l'expédition de celui-ci contre les Daïtias. Ramâ ayant méprisé son amour se vit enlever sa femme la belle Sitâ, par le frère de Smourianaka, que celle-ci avait excité contre Ramâ.

Soham, Pers. — Monstre très redouté chez les Parsis ou Guèbres ; c'était une sorte de dragon hippocéphale, mais ayant quatre yeux.

Sohar. — Livre qui contient toute la science et toute la doctrine ésotérique ; il fut écrit par Siméon-Ben-Jochaï, qui en avait reçu l'ordre d'en haut. Auparavant, toute cette doctrine avait été transmise par la tradition orale depuis Moïse qui, sur le Mont-Horeb, eut la vision du buisson ardent, c'est-à-dire la connaissance par la lumière divine du *Tétragrammaton*, la vraie science des *Initiés*; plus tard, sur le Sinaï, pendant 40 jours, les esprits les plus élevés des plus hautes hiérarchies célestes, l'initièrent à la complète science ésotérique, dont il devint ainsi le Maître parfait sur la terre. Il transmit cette doctrine à Josué de même qu'aux Princes des prêtres, mais oralement. C'est ainsi que pendant les siècles, la doctrine ésotérique fut transmise de bouche à bouche jusqu'à la prise de Jérusalem par Titus.

La ville détruite, les Princes des prêtres et les Princes de la maison de Juda, seuls dépositaires de la doctrine périrent, sauf six qui échappèrent à la mort. Ce fut alors, que la tradition orale ne pouvant plus se perpétuer au milieu de la dispersion du peuple de Dieu, Siméon-Ben-Jochaï reçut l'ordre d'en haut, d'écrire la doctrine ésotérique. Le texte est écrit en Syro-Chaldéen, dont il y a eu deux éditions; mais il en existe aussi en manuscrit une traduction latine, que possédait le Baron Vitta, à Lyon.

Soma, Sans. — Liqueur tirée d'une plante qu'on nomme bien *Soma*, mais qui est l'*Asclepias acida*. — On extrait le suc de cette plante, puis on le filtre à travers un tamis fait avec de la laine de brebis. Le suc exprimé est reçu dans des vases en bois *(Koça,* cuve) dans lesquels, on le laisse fermenter, puis on le tire au clair et on le sert dans des coupes, soit pur, soit mélangé avec de l'eau ou du lait. — Le goût du Soma est à la fois doux et fort ; il procure une douce ivresse qui est même bienfaisante, si nous nous en rapportons aux écrits hindous, puisqu'elle communique « l'enthousiasme poétique et la force héroïque » ; mais si l'ivresse est poussée trop loin, c'est une liqueur redoutable. — Le Soma a été divinisé ; premier-né du ciel et de la terre, il est le premier inventeur de la prière et le premier législateur. — Offrande et sacrificateur à la fois, comme Agni, il est le père et le prototype des sacrificateurs et, comme lui aussi, il a des formes célestes : soleil, éclair, etc. — Savitry est le gardien avare de Soma. — Avec la pluie, le Soma entre dans toutes les plantes pour les féconder et d'après les poètes, la lune ne serait bienfaisante à la végétation que parce qu'elle sert de « réceptacle au Soma. »

Soma descend du ciel avec la pluie, venons-nous de dire, mais il y remonte par le sacrifice ; par sa vertu, il ne préserve pas seulement l'homme des maladies, mais il lui assure l'immortalité en lui infiltrant dans le sang, une essence immortelle ; c'est donc une liqueur autrement puissante que l'élixir de longue vie. — Nous venons de dire aussi que Soma remonté au ciel par le sacrifice, mais il y arrive également avec les morts.

C'est Agni, qui amène Soma au sacrifice pour y boire la liqueur de son nom.

Dans les hymnes, Soma figure souvent comme un dieu allié à Indra dans les combats ; consommé en l'honneur de ce Dieu, il ne l'est que par l'entremise d'Agni ; c'est dans l'ivresse de Soma qu'Indra accomplit ses exploits, parce que cette liqueur augmente le pouvoir de ce Dieu. Une hymne invoque Indra à titre de grand Buveur : Boire le Soma est devenu une passion générale, ajoute-t-elle. Le Rig-Véda nous dit que « le Soma est un beurre divin, un lait, l'essence du sacrifice ; par lui l'Ariah a de nombreuses familles et par elles, il obtient la dépouille de l'ennemi vaincu : de l'or, des chevaux, des vaches et des hommes. »

De même qu'Indra, Somâ est l'époux ou l'amant de la Prière, celle-ci est l'épouse du Dieu « qu'elle séduit et qui la rend féconde. »

Les représentations figurées de ce Dieu sont diverses, car de nombreux textes attribuent à Soma des bienfaits analogues à ceux des autres Dieux ; aussi le voit-on, tantôt en taureau, en cheval ou en oiseau ; c'est alors le personnage mythique du générateur qui peut représenter sous une ou plusieurs formes : le soleil, l'éclair et le breuvage du sacrifice, voyez Hom.

Sommeil. — Nous n'avons pas besoin de définir ce terme, puisque tout le monde sait ce que c'est que dormir. De tout temps, le sommeil a été étudié à des points de vue divers par les physiologistes, les médecins et les philosophes ; mais malgré les nombreux écrits sur la question, ses caractères psychologiques et psychiques sont encore fort peu connus.

Le docteur Liébault prétend que le sommeil naturel, (le seul dont nous nous occupons dans cet article), est le résultat de l'auto-suggestion. Pas toujours, dirons-nous, fort peu souvent même, ajouterons-nous. — Quand un travailleur de la terre ou un travailleur intellectuel par exemple, ont pioché l'un et l'autre leur terrain, je ne crois pas qu'ils aient besoin de l'auto-suggestion pour dormir. Quand le pauvre gamin, à la fin de son repas, *tombe* de sommeil, dans les bras de sa chère mère, il n'y a pas non plus auto-suggestion ; on emporte le petit bonhomme dans son lit et bien souvent, il aurait voulu rester en société. Nous sommes donc ici, bien loin de l'auto-suggestion, il y a lutte au contraire pour ne pas dormir ; mais la fatigue, l'emporte sur la volonté et l'on dort. — Donc, la définition du docteur Liébault n'est que l'exception. — La vérité est celle-ci :

c'est que l'homme ne vit pas seulement de pain, qu'il lui faut encore d'autres substances pour vivre, et ces substances peu matérielles, éthérées, il va les puiser dans l'astral, de là, le sommeil sans lequel, le corps astral ne saurait se dégager du corps physique. Telle est la vraie raison de l'utilité de l'indispensabilité du sommeil. Aussi sont très fausses toutes les idées émises dans les données suivantes : Le sommeil est ce qui ressemble le plus à la mort, car il est la condition négative de l'activité...

Quand le sommeil est absolument complet, — toutes les facultés de l'esprit paraissent en repos (*paraissent*, mais ne sont pas) ; quant aux fonctions corporelles, elles s'accomplissent pour ainsi dire sans efforts, c'est pour cela que le sommeil est réparateur. — La nuit est négative, aussi contribue-t-elle à rendre l'esprit négatif ; etc., etc.

Dans un volume intitulé *Les Mystères du Sommeil et du Magnétisme* et où il n'est question que de celui-ci, nous lisons : « Le sommeil est la suspension de la vie de relation et des sensations qui en découlent. Il résulte de cette suspension que l'homme perd la conscience de sa propre existence et de celle des rapports avec les objets extérieurs. Les physiologistes n'ont pas encore déterminé si cette suspension des sensations provient de l'inaptitude du cerveau à recevoir les impressions transmises par les nerfs ou si ce sont les nerfs qui cessent de les transmettre au cerveau. » (1).

Tout ceci est complètement faux, dans le sommeil, l'homme ne perd pas conscience de sa propre existence, nous en donnerons deux preuves qui nous paraissent concluantes.

Premièrement ; pourquoi l'homme s'éveille-t-il à point nommé, pour rejeter le superflu de la boisson, comme dit Molière ; secondement, pourquoi un homme en se couchant le soir à 9 ou 10 heures, dit-il, demain, il faut que je m'éveille à 5 heures du matin et que juste à l'heure fixe, à quelques minutes près, il s'éveille.— Quelque chose veille donc dans l'homme, tandis qu'il dort, cela est de toute évidence. Nous ne pouvons insister ici sur cette question ; mais le peu que nous venons de dire suffira, pensons-nous, à ouvrir au lecteur de nouveaux horizons et démontrera aussi que tout ce qu'on a écrit sur le sommeil jusqu'ici est à peu près entièrement faux, parce que nos bons physiologistes ne voient dans l'homme que la matière et rien que la matière ; dès lors, il est tout à fait impossible d'expliquer la nature psychique de l'homme. — Pour

_____
(1) A. Debay, Les *Mystères du Sommeil et du Magnétisme*, p. 3, ch. 1ᵉʳ, Paris, 1857, 7ᵐᵉ éd. — Ce livre en a eu un bien plus grand nombre, 30 ou 32 ?

ce qui concerne le sommeil nerveux, artificiel, provoqué, etc., voir *Hypnotisme*, *Magnétisme*, etc.

Somnambule, Somnambulisme. — Celui ou celle qui dort d'un sommeil artificiel, naturel ou provoqué. En état de somnambulisme, l'homme exécute des actes qu'il ne saurait exécuter éveillé. Il existe des somnambules lucides et extra-lucides; c'est-à-dire qui voient plus ou moins bien, loin d'eux, qui prédisent le passé et l'avenir, qui voient dans l'intérieur du corps humain, comme s'il était de verre, etc., etc. — Voyez MAGNÉTISME, HYPNOTISME, SUGGESTION, etc.

Songes. — Les dictionnaires de l'usage définissent ainsi ce mot : « Opération irrationnelle des facultés intellectuelles en partie éveillées, chez une personne qui dort. » J'avoue ne pas bien comprendre, nous préférons dire qu'un songe est une sorte d'hallucination qui nous fait croire pendant le sommeil, que nous accomplissons des actes analogues à ceux que nous exécutons éveillés.

Suivant les songes que nous avons pendant notre sommeil, les devins nous expliquent ce qui doit nous arriver en bien ou en mal. — L'art de la divination par les songes se nomme ONEIROCRITIE, voyez ce mot.

Sonteb ou **Seb**, Egypt. — Déesse égyptienne dont les attributions nous sont peu connues. Une peinture du grand temple d'Edfou nous représente cette déesse portant un vase sur la tête et suivant une Théorie dans laquelle figurent Haroéri, Isis, Nephtys et quatre génies.

Sorcellerie. — On confond à tort la magie et la sorcellerie, ce sont deux sciences tout à fait différentes ; le Mage utilise les forces de la nature pour faire le bien, tandis que le sorcier, bien souvent très ignorant, possédant à peine quelques notions occultes, les emploie empiriquement pour faire du mal à ses semblables. Mais il y a lieu d'observer ici, qu'il y a sorciers et sorciers ; qu'il s'agit de distinguer un Mage d'un sorcier, ce dernier, souvent, n'est pas même un Mage noir, tant est grande son ignorance. — La sorcellerie a pour aïeule la Goëtie, elle remonte donc à la plus haute Antiquité ; ajoutons que beaucoup de gens font de la sorcellerie sans s'en douter, par exemple tous ceux qui utilisent sans aucun savoir les forces de la nature ; sont dans ce cas, des médecins, des magnétiseurs, bien des spirites et même bien des occultistes, qui n'ont pas un profond amour de leur prochain.

Sorciers. — Individus qui jettent des sorts, qui pratiquent des sortilèges et des maléfices, qui font, en un mot, de la *magie noire*. — A toutes les époques il y a eu des sorciers, surtout pendant le moyen-âge. — Du temps même de Charles IX, il y avait à Paris de 25 à 30.000 sorciers; sous Henri III, on en comptait en France près de 100.000. Mais on les traqua avec une telle violence sous Louis XIII et sous Louis XIV, qu'il n'en resta guère plus à la fin du règne du Roi-Soleil. — En sanskrit, on nomme *Dhed*, le sorcier; dans le Tibet *Bhon* et *Dugpa*; les sorciers font partie de la secte des *Bonnets rouges*; ils sont tous *Tantrikas*; on ne doit pas confondre les Bhons ou Dugpas avec les *Bonnets jaunes* ou Geloupas, voy. ce mot. — Les Dougpas se sont emparés de la Dordjé (en sanskrit Vajrà) pour s'en servir et pratiquer avec son aide de la Magie noire.

Sorts, Sortilèges. — Certaines formules, paroles ou imprécations conjuratoires lancées contre les personnes pour leur porter un préjudice quelconque. Ce sont les sorciers et les sorcières qui *jettent des sorts* ou qui pratiquent des *sortilèges*. — La superstition populaire redoute surtout les bohémiens et les bergers, comme étant des *jettatori* dangereux. Qu'y a-t-il de vrai dans cette question ? Il y a lieu de dire que des personnes au courant de la Magie noire, peuvent véritablement jeter des sorts et pratiquer des maléfices plus ou moins dangereux contre certaines personnes plus ou moins susceptibles de les recevoir.

Du reste, à l'aide des sorts on pratique aussi la divination ; celle-ci, en usage depuis l'antiquité la plus reculée, ce fut au moyen des sorts, que les Hébreux reconnurent que Saül avait été choisi comme roi par Dieu.

Dans l'antiquité on obtenait les sorts au moyen de dés, qui portaient inscrits sur leurs faces, certains caractères, dont on cherchait l'explication sur des tables dressées à cet usage, d'après les règles de l'Astrologie. *Le sort en est jeté*, est une expression proverbiale qui est fort ancienne.

Sotoktais. — Nom du Bouddha japonais ; avant sa naissance, il apparut à sa mère entouré d'un halo lumineux, lui annonça son incarnation et sa divine mission. En effet, douze mois après, la Vierge-Mère mit au monde, sans douleur, un garçon qui s'appela successivement : Fatsisindo, Taïs, enfin Sotoktais.

Soualambhouva, Sans. — L'un des 7 Menous.

Souam, Egypt. — Déesse égyptienne, sorte de Lucine ou du moins d'Ilythie des Grecs ; ce qui le ferait supposer, c'est qu'un bas-relief d'Hermonthis, la représente à la suite d'Ammon-Ra, qui assiste une femme dans son accouchement. Ce qui nous confirme dans notre supposition, c'est que Diodore de Sicile parle d'une Ilythie Egyptienne, qui ne peut être que Souam.

Souapna, Sans. — Etat de rêve dans le sommeil, qui est constitué par les rapports du Moi avec l'ambiance astrale, au moyen de son corps astral. — Guymiot, Lotus Bleu, p. 166, année 1895.

Souargas et **Swargas**, Sans. — Nom des sept sphères qui se trouvent au-dessus de la Terre et qui sont par conséquent opposées aux Patalas. La première Swarga, celle qui est la plus rapprochée de notre globe, sert de demeure à Suria ; au-dessus, se trouve la sphère Tchandra, qui parcourt les cieux dans un char traîné par deux anti-

Tchandra ou Soma

lopes. Notre représentation figurée d'après un bronze, montre Tchandra ou Soma sur son char, mais attelé seulement d'une seule antilope. La troisième Swarga, est la résidence de Mangala qui commande l'armée céleste et les Dévatas.

Bouddha, fils de Tchandra, gouverne la quatrième ; tandis que la cinquième Swarga, sous la Présidence de Vrishaspati, sert de résidence aux Richis et aux Munis. La sixième et la septième Swarga, sont respectivement gouvernées par Soukra et Sani ; cette dernière, la plus élevée, est dite *Demeure de vérité*, en sanskrit *Satialoka*.

Soubhadra, Sans. — Sœur de Krischna, qui fut enlevée par un des Pandavas : Ardjuna, qui en eut un fils nommé Abhimaniou.

Souchoupti, Sans. — Etat de sommeil profond, constitué par les rapports du Moi avec l'ambiance spirituelle au moyen de son corps spirituel. — Guymiot, Lotus Bleu, p. 166, année 1895.

Soudarsana, Sans. — Arme en forme de disque ou Roue, dont Krishna est parfois armé dans ses représentations figurées.

Soudra, Sans. — Quatrième fils de Brahma, né de son pied droit et qui fut la souche de la caste servile.

Sougriva, Sans. — Fils de Tapama, et l'un des chefs de l'armée de Hanoumam.

Soukra, Sans. — Cinquième prince de la dynastie lunaire, célèbre Pandit, qui devint le régent de la planète que nous nommons aujourd'hui Vénus. Il était le père de la femme de Yanati : la belle Devanayani.

Soumati, Sans. — Fille de Garudha, et l'une des femmes de Sagara.

Soumbha, Sans. — Géant qui fut détruit en même temps que Nisumbha, par Dourga.

Soumitra, Sans. — Une des femmes du prince Daçaratha, mère de Lakshamana et de Satrouchna.

Soura, Sans. — Synonyme de Dévas.

Souraoéna, Sans. — Roi d'un empire du même nom et père de Vaçoudéva.

Souria, voyez Suria.

Sphinx. — Monstre symbolique de la mythologie Egyptienne. — Le petit conte d'Œdipe et du Sphinx est une fable des plus puériles ; nous ne l'ignorons pas aujourd'hui. Cette fable n'a servi qu'à défigurer le magnifique symbole égyptien que la Philosophie Grecque ne connut qu'au temps de Platon. — Le sphinx n'est qu'une clef voilée de la science occulte, en voici l'explication: Le sphinx, dont l'étymologie grecque Σφιγξ ou Φιξ, (forme Béotienne) signifie *embrasser*, lier étroitement, est un composé de quatre symboles dans son unité: le corps du taureau, les pattes du lion, les ailes de l'aigle, enfin la tête et la poitrine d'une femme ; cet ensemble symbolise le Quaternaire occulte: Savoir, Vouloir, Oser, Se Taire ; ces quatre qualités sont représentées respectivement : le savoir par la tête et la poitrine de la femme, le vouloir ou puissance par le corps du taureau ; l'audace par les pattes et les griffes du lion ; le silence, c'est-à-dire savoir se taire jusqu'à l'accomplissement de l'acte médité, par les ailes repliées sur le corps du taureau.

Ce symbole explique donc admirablement les paroles que l'Hiérophante disait à l'Initié : « Sache voir avec justesse et vouloir avec justice, puis sache oser ce que permet la conscience, sache enfin taire tes desseins jusqu'au moment de leur exécution. — Si devant ta persévérance le lendemain, n'est que la continuation des efforts de la veille, marche droit et avec assurance vers ton but. Les sept génies gardiens de la clef sacrée qui ferme le passé et ouvre l'avenir placeront sur ton front la couronne des maîtres du temps !.... »

Ainsi donc, le sphinx n'était ni un monstre dévorant, ni une idole, ni une vaine figure, décorative ; c'était le symbole de la force incommensurable de la volonté humaine dirigée par une haute intelligence ; En un mot, le sphinx était l'A et Ω, c'est-à-dire le premier et le dernier mot de l'initiation aux Grands Mystères.

Spiritisme. — Doctrine des *Esprits*, qui existe de toute Antiquité et qui a été remise en lumière de nos jours en Amérique puis est venue en Europe et a été lancée en France par un ancien instituteur du nom de Rivail plus connu sous le nom d'Allan Kardec.— Les Phénomènes spiritiques existent-ils ? On ne saurait en douter ; et de nos jours MM. Littré et A. Maury ne pourraient soutenir, comme il y a cinquante ans environ, que les phénomènes spirites « n'étaient que le simple résultat d'une hallucination collective. » — Aujourd'hui les faits spirites très-nombreux sont incontestables et incontestés par les gens de bonne foi qui ont étudié la question ; l'autorité des noms de quantité de savants qui ont affirmé leur existence a clôturé toute discussion à ce sujet ; mais il reste une question pendante que voici : *ces phénomènes, sont-ils dûs à l'intervention des esprits, c'est à-dire à l'âme des morts, des* DÉSINCARNÉS, *comme disent les spirites ?*

Ceci est une autre question. — L'Ecole d'Occultisme moderne, ne nie point dans certaines circonstances tout-à-fait exceptionnelles l'intervention d'entités de l'astral, provenant d'êtres défunts ; mais ce serait une grave erreur de croire que toutes les manifestations spiritiques, manifestations fort nombreuses, sont dues exclusivement à des âmes de désincarnés. — Nous pouvons affirmer le contraire ; nous pouvons dire que des personnes mêmes vivantes, peuvent, dans certaines conditions, se manifester dans un cercle d'amis, faire écrire, donner des coups dans des tables, etc., etc., absolument comme le font les âmes des morts. Nous n'insisterons pas ici davantage sur un sujet connu et qui a fait écrire tant de volumes ; et nous nous bornerons à donner une page de Laotseu, qui d'après nous résume admirablement la question spirite ; voici cette page : « Toute vérité se rapportant à la vie à venir, a été apportée à l'homme par les Messagers de Dieu. La prière, l'abnégation, sont les *Charmes* qui ouvrent les yeux de l'esprit et nous permettent de voir les êtres spirituels qui nous entourent. Il y a eu des revenants depuis le commencement du monde. Invisibles aux yeux troublés de la chair, les esprits bons ou mauvais, planent constamment au-dessus de la terre, pour aider ou entraver l'essor de l'homme. Le monde illimité ne renferme qu'une seule famille ; la terre, le ciel, les esprits de ceux qui sont morts ne forment qu'un seul empire régi par la raison éternelle de Schang-ti. Les êtres qui sont auprès de l'homme, veillent constamment sur ses actes. Si nous nous laissons aller au mal, les êtres pervers entrent et se retranchent en nous, en raison de leur affinité avec les ténèbres de notre âme. Si, méprisant la tentation, nous chassons loin de nous ces démons, les anges tutélaires nous accompagnent et entretiennent dans notre âme une lumière, qui se fait de plus en plus brillante, jusqu'au jour où nous arrivons à la perfection divine. »

Ces simples lignes montrent bien l'échange qui s'accomplit constamment entre les vivants et les morts ; elles expliquent aussi fort bien le danger des possessions, obsessions et substitutions ; et c'est là le grand danger du spiritisme.

Spodomancie ou **Spodanomancie.** — Divination que les peuples de l'Antiquité pratiquaient au moyen des cendres provenant des sacrifices. Aujourd'hui, ce genre de divination se pratique dans quelques contrées de l'Allemagne, voici comment on y procède. On écrit avec le bout de l'index sur de la cendre exposée en plein air, ce que l'on désire savoir, on laisse la cendre à l'humidité de la nuit et le lendemain, suivant ce qu'il reste des caractères ou de leur disparition, le devin tire des conclusions...fort problématiques.

Sraddha, Sans. — Superstition qui a cours encore dans l'Inde. — C'est une cérémonie posthume observée pendant neuf jours par le plus proche parent du défunt. Elle consiste à éparpiller des boulettes de riz cuit devant la porte de la maison du mort. — Si les oiseaux de la mort (les corneilles et les corbeaux) dévorent promptement le riz (rij), c'est un signe certain que l'âme du mort est délivrée et se trouve en paix. Dans le cas contraire, quand les oiseaux ne touchent pas à cette nourriture, c'est la preuve que le fantôme (Pisatcha ou Bhout) est encore là pour empêcher les oiseaux de s'approcher des boules de riz et, par conséquent, de les manger.

Sraddhéva, Sans. — Un des noms de Yama, le Dieu de la mort.

Srâvaka, Sans. — Celui qui écoute, celui qui apprend, étudiant qui suit des cours d'instructions religieuses. — L'étudiant devient *Sramana* (celui qui pratique) quand de théoricien, il devient pratiquant. La racine de Srâvaka et *Srou* et celle Sramana vient de *Sramana* (acte, action).

Sri, Sans. — Un des noms de Lakshmi ou Crî, femme de Vishnu.

Srouta-Srava, Sans. — Nom d'un Richi célèbre par sa piété qui passe pour le père de Soma-Srava.

Statuvolisme. — Doctrine de la volition : lois qui président à la volition, c'est-à-dire à l'acte par lequel la faculté de vouloir se détermine à quelque chose, en un mot à agir.

Stéganographie et mieux **Sténographie.** — Art d'écrire en abrégé, mais aussi en chiffres ou d'une manière cachée de façon que ceux-là seuls qui ont la clef de ce genre d'écriture peuvent la lire ; l'abbé Trithème a écrit un ouvrage célèbre à ce sujet, beaucoup d'ignorants entre autres Ch. de Bouelles, ont pris son traité pour un livre de magie et Trithème pour un sorcier.

Sternomancie. — Divination au moyen du sternum, du ventre ; bien souvent le sternomancien n'est qu'un vulgaire ventriloque.

Sthulé, Sans. — Plan physique ; plan matériel sur lequel l'homme se meut.

Sthulopadhi, Sans. — Corps physique à l'état de veille, tandis qu'on nomme le même corps *Suksmapadhi* en état de rêve ou en *Swapna* ; enfin on nomme *Karanopadhi*, le corps causal ou individualité, qui passe d'une incarnation à l'autre. — D'après l'Ecole du *Taraka Raja Yoga*, les trois corps susnommés sont tous doubles dans leurs aspects, ils forment donc six corps et si à ceux-ci, on ajoute le principe divin impersonnel *(atma)*, on obtiendra les sept principes.

Stoicheiomancie. — Divination qui se pratiquait au moyen des livres d'Homère ou de Virgile ; on les ouvrait au hasard et le premier vers servait d'oracle, comme venant des Dieux.

Stolisomancie. — Divination au moyen des accidents qui surviennent dans la manière de s'habiller : un bas ou une chaussette mis à l'envers, un soulier du pied droit mis au pied gauche, etc.

Stryges. — Femmes ayant des ailes, sorte d'oiseaux nocturnes ou de vampires, qui allaient téter avidement le sein des enfants et les faisaient mourir en leur buvant le sang. — Les stryges étaient connues au V° siècle puis qu'on fit une loi contre elles. — Dans les Capitulaires de Charlemagne concernant les Saxons, le roi condamne à la peine de mort, ceux qui auront fait brûler des hommes ou des femmes stryges, ce qui prouve qu'on devait abuser du bûcher envers de pauvres diables ; le texte emploie le terme de *stryga* pour les hommes et *masca* pour les femmes. Le terme languedocien *masqua*, est aujourd'hui employé pour désigner une sorte de bohémienne : *una masqua*.

Substitution. — Aux mots OBSESSION et POSSESSION, nous avons donné des explications utiles à lire avant d'étudier le présent article. — Les personnes versées dans l'occultisme, savent très bien qu'un élémental peut entrer dans un corps abandonné, mort, encore chaud ; ils se substitue donc à l'individualité qui vient de disparaître, mais il ne peut se servir longtemps de ce corps ; tandis qu'un homme vivant peut, par certaines pratiques, faire pénétrer son astral dans le corps d'une autre personne et le renforcer pour ainsi dire. Et de même que nous pouvons nous représenter à l'esprit (l'hypnotisme permet la chose), un homme transférant la puissance de sa volonté à une autre personne, de même nous pouvons nous imaginer une individualité organisée, d'une façon particulière, capable de transférer sa vie, sa conscience, son intelligence ou tout autre principe de sa constitution personnelle aux vibrations substantielles qui constituent ce que nous nommons *force*. Cette individualité renforcera donc la conscience, la puissance, l'intelligence d'autrui. — Mᵐᵉ Blavatsky, d'après le colonel Olcott, aurait reçu ainsi diverses individualités dans sa personnalité. — Mais, nous n'insisterons pas davantage sur ce sujet, car il touche à l'un des points les plus curieux et les plus dangereux de l'occultisme et par conséquent des mieux gardés par les véritables adeptes de la magie blanche.

Succubes, voyez Incubes.

Sugillations. — Terme dérivé du latin *sugillationes*, qui est utilisé par les Démonologues pour désigner des taches violacées qu'on remarque sur certaines parties du corps des personnes ; ces taches seraient occasionnées par un afflux de sang sur ces parties, par suite du contact, pendant le sommeil, d'incubes et succubes.

Le célèbre physiologiste Burdach nous apprend que l'on vit une tache bleue ou violacée sur le corps d'un homme qui venait de rêver, avoir reçu à cette partie de son corps, une contusion. Ceci pourrait bien être un fait d'auto-suggestion ; d'autant plus que nous n'ignorons pas que les Solitaires de la Thébaïde par exemple, montraient sur certaines parties de leur corps des marques rougeâtres ; ils supposaient que c'étaient des traces de coups de fouet d'un démon ou d'un ange qui les avait châtiés pour leurs fautes.

Sukhavati, Sans. — Ce terme est synonyme de Devakan, comme le prouve la note suivante tirée du Lotus Bleu, page 403, n° 9, nov. 1894 : « Le monde Sukhâvati, emprunté au Bouddhisme du Tibet remplace parfois le mot Dévachan. Selon Schlagnitweit, Sukhâvati est « le pays des Bienheureux auxquels parviennent tous ceux qui ont accumulé des mérites, grâce à la pratique de la vertu. » Ceci comprend aussi « la délivrance de la métempsycose. » — Bouddhisme dans le Tibet, p. 99. — « Selon l'Ecole de Prasanga, le sentier élevé mène à Sukhâvati. »

Eitel (In Dict. Sanskrit-chinois) appelle Sukhâvati « le Nirvâna des gens ordinaires, où les Saints jouissent des plaisirs physiques, pendant des Œons, jusqu'à ce qu'ils entrent de nouveau dans le cercle de la transmigration. »

Sukshma, Sans. — Ce terme est synonyme de Linga Sarira ou Sharira ou corps du désir ; le Sukshma, est façonné par le plus fort désir de la personne, au moment de sa mort.

Sukshmapadhi, voyez Sthulopadhi.

Suria, Sans. — Fils de Kaciapa et d'Aditi et le

Dieu du soleil; c'est l'un des plus grands dieux de la mythologie hindoue.

Surtur, Celte. — Sorte de Dieu ou de génie celtique, dont l'identification est fort peu connue. — C'est une sorte de génie destructeur, qui viendra, à la fin du monde armé d'un glaive flamboyant pour incendier la terre et le monde entier.

Sutta Pittaka, Sans. — Collection des livres, contenant des instructions pour les laïques Bouddhistes.

Swabhavat. — Terme sanskrit dont la racine dérive du terme *Swayambhu*; le Swabhavat est la substance plastique plus matérielle que l'aither; elle est éternelle et intelligente, bien qu'impersonnelle. — Ce terme est difficilement explicable par la langue usuelle. L'Arahat (voy. ce mot) s'efforce d'assimiler le Swabhavat en s'identifiant avec le tout de l'Univers pour arriver au Nirvâna. — D'après Bouddha, le monde ne sera jamais sans arahats, il le dit formellement dans le Digha-Vikaya : « Ecoute Subhadra, le monde ne sera jamais sans Rahats, si les *Bisku* (ascètes) de mes congrégations observent bien et en vérité mes préceptes (1) » Comme on vient de le voir dans la traduction qui précède, on dit aussi *Rahats*

___
(1) *Imecha Sabaddà Bisku Samma Viharaiyum asanyoloka arahantchi.*

Swarga. — Etat heureux dans un certain lieu *(Urdhwalokas)* où *Jivatma* jouit d'un bonheur sans mélange, revêtu d'une sorte de corps issu du *Suksmasarira*, après la séparation du corps.

Swartika ou **Swastika.** - Est une sorte de croix dont les branches figurent celles d'un cabestan ; c'était un symbole religieux usité chez les Aryens, surtout comme signe funéraire ; on le retrouve jusque dans les catacombes de Rome et sur les pierres sépulcrales d'origine celtique, ce qui confirme l'opinion généralement admise que les celtes sont d'origine aryeme — Cf. — Lamairesse, l'INDE.

Swayambhu, Sans. — La Divinité non révélée ; c'est l'être existant par lui-même, et en lui-même ; c'est le germe central et immortel de tout ce qui existe dans l'Univers. Trois Trinités ou Triades sont confondues en lui, et forment une UNITÉ SUPRÊME, qui émane de lui. Cette triple TRIMOURTI (voy. ce mot) se compose de la Triade initiale : Lenara, Nari, Viradj ; de la Triade manifestée : Agni, Vayu, Surya ou Suria ; et de la Triade créatrice : Brahmâ, Vishnu, Çiva, ces triades sont de moins en moins métaphysiques ; la dernière même devient le symbole de l'expression concrète.

Swedenborg. — Célèbre mystique Suédois, qui après avoir été ingénieur des mines, se mit à l'âge de 50 ans à écrire des ouvrages mystiques très considérables. Swedenborg était un voyant, qui avait la faculté de dégager son astral, d'où l'intérêt des aperçus qu'il a donnés dans ses ouvrages sur des mondes extra-terrestres.

Sweta-Dwipa, Sans. — Continent qui dans le *Vendidad* est désigné sous le nom de Aria-Vaego (voy. *Bund.* p. 79. 12) ; on dénomme ce continent dans les *Puranas*, Mont Méru. Demeure de Vishnu ; la Doctrine Secrète le dénomme simplement : *Terre des Dieux*.

Syamantaka, Sans. — Nom du joyau que Vishnu porte parfois à l'un de ses poignets, dans ses représentations figurées.

Sycomancie. — Divination au moyen des feuilles de figuier ; elle se pratiquait de manières diverses.

Sylphes. — Esprits élémentaires de l'air.

Symbole et **Symbolisme.** — Manière de représenter à l'esprit à l'aide de figures ou d'images, certaines idées, certaines formes religieuses, etc. Le symbolisme remonte à la plus haute Antiquité ; au sujet du symbolisme égyptien, voici ce que nous lisons dans les *Lois de Platon* : « Et si on veut y prendre garde, on trouvera chez eux (les Egyptiens) des ouvrages de peinture et de sculpture faits depuis dix mille ans (quand je dis dix mille ans) ce n'est pas pour ainsi dire, mais à la lettre. »

Sympathie. — Penchant instinctif qui attire des personnes les unes vers les autres. La question de sympathie et d'antipathie est digne de l'attention du philosophe, il y aurait là tout un volume à écrire pour le voyant : échange de fluide, antériorité d'existence, etc., etc. ; quantité de faits télépathiques ne sont dûs qu'à la sympathie éprouvée par une personne pour une autre. De l'échange de sympathie pourrait résulter des faits même matériels très curieux ; nous n'en mentionnerons ici, qu'un seul; mais caractéristique.

Dans ces dernières années, on a beaucoup étudié la télépathie et, fait curieux à noter, il n'a jamais été question dans ces travaux, des alphabets dits *sympathiques* ; or voici en quoi ils consistent : Deux personnes désirant correspondre entre elles, tracent des lettres sur leur bras au moyen de piqûres faites à l'aide d'une aiguille. Dans les trous ainsi obtenus, les personnes introduisent immédiatement du sang l'une de l'autre, ou de l'ami avec lequel ils désirent correspondre. C'est, on le voit, une sorte de tatouage ; d'aucuns pourront même dire que c'est une sorte d'envoûtement; parce que les personnes, quel que soit leur éloignement, peuvent correspondre, au moyen de nouvelles piqûres très légères faites sur les anciennes ; parce que la personne correspondante ressent immédiatement la même piqûre sur la lettre piquée par l'envoyeur. On peut donc de cette façon correspondre comme avec un appareil électrique.

On peut, du reste, apporter quantité de modifications dans les combinaisons à établir au moyen de l'alphabet sympathique, on peut tracer des chiffres, des points de réponse, signifiant oui ou non, etc., etc.

Le lecteur comprendra le système sans que nous ayons besoin d'insister davantage sur ce sujet.

Syrènes. — Monstres marins, qui par leurs chants attiraient à elles les matelots pour les dévorer :

Monstra mari Syrenes erant qui voce canorâ.

Taaut, Phén. — Dieu de la Phénicie qui ne paraît être que le Thoth des Egyptiens, car Sanchoniathon nous apprend que ce Dieu passait pour l'inventeur de l'écriture, des sciences et des arts.

Tabou. — Solennel interdit, qui chez certaines peuplades (dans la Polynésie par exemple) met une contrée, un temple, un objet sous une protection divine ; tout objet déclaré tabou est *sacré*, et considéré comme tel ; personne n'oserait y toucher ; aussi un lieu *tabou* devient-il un asile inviolable pour celui qui s'y réfugie.

Tacheter, Pers. — Ized de la religion parsi qui préside le treizième jour de chaque mois et à l'Orient, aux eaux pluviales. C'est un ennemi acharné des Devs.

Tachygraphie. — Les anciens connaissaient parfaitement l'écriture chiffrée. Le mode secret employé variait suivant les personnes et les peuples, Aulu-Gelle. *(Noctes Atticæ XVII,* 9.) et Plutarque dans *la Vie de Lysander* (XXXVI, XXXVII) nous apprennent un moyen employé par les Ephores de Lacédémone pour correspondre avec leurs chefs d'armée. On avait de part et d'autre des baguettes de bois ou rouleaux identiques en grosseur et en longueur, on roulait autour d'eux une lanière de peau ou de parchemin en ayant soin de rapprocher soigneusement les bords qui devaient être juxtaposés, on écrivait alors la dépêche en longueur sur le rouleau, comme si la surface ne formait qu'un seul morceau, de sorte qu'en déroulant la lanière une fois la dépêche écrite, la lettre et les mots étaient coupés et l'écrit devenait illisible pour celui qui ne pouvait remettre la peau sur un rouleau identique à celui sur lequel on avait écrit. Inutile d'ajouter que par tâtonnements et avec un peu d'habileté, on aurait pu arriver à déchiffrer l'écriture. Ces dépêches se nommaient *Scytales*.

La Tachymétrie ou Sténographie antique utilisait aussi des abréviations, soit des signes spéciaux. Dans le premier cas, on prenait le C pour signifier *Caius*, le D. pour *dedicavit* et S. P. Q. R. pour *Senatus Populusque Romanus*, *Coss*. pour *Consulibus*, etc., etc. ; c'est ce que les Romains appelaient *Litteræ Singulæ*, d'où par contraction *Siglaæ*, *Sigles* ; du reste *Sigillum*, cachet à la même étymologie.

Dans le second cas, dans l'autre espèce de notes tachygraphiques, les figures n'avaient aucun rapport avec les lettres de l'alphabet. Ces signes étaient divers, suivant les personnes qui l'employaient, ils étaient donc innombrables, puisque leur représentation n'était due qu'au caprice de la personne qui les utilisait. Ce genre de notes fut introduit à Rome par Ennius, perfectionné et pratiqué par Tiron, affranchi d'Auguste, avec une habileté et une célérité telles que ce genre d'écriture fut dénommé après Tiron *Notes Tironiennes*.

Plutarque (*Vie de Caton*, C. XXIII) nous apprend que c'est par ce moyen que Cicéron put se procurer le texte littéraire d'un discours de

Caton ; il avait distribué dans l'auditoire de nombreux scribes *sténographes*.

Suétone nous rapporte *(Aug., C.* 64) qu'Auguste enseignait lui-même la tachygraphie à ses petits-fils ; il leur apprenait aussi à contrefaire son écriture *(Nepotes et litteras, et notare aliaque rudimenta, per se plerumque docuït : ac nihil æque elaboravit quam ut imitarentur chirographum suum)*

Cette sorte de sténographie fort répandue chez les Romains était d'origine Grecque et fort ancienne, puisque le philosophe Diogène de Laërce en fait remonter l'usage jusqu'à Xénophon, qui d'après lui l'aurait utilisée le premier pour sténographier un discours de Socrate. Diogène emploie même le terme ὑποσημειωσάμενος (écrivant par signes) tandis que Cicéron dit διὰ σημείων, *per notas* (Notes tironiennes).

Tacocains. — Fées orientales très jolies ayant des ailes, ce sont des sortes d'apsaras qui prédisent l'avenir.

Tafné, Egyp. — Déesse Egyptienne à tête de lionne, qui a beaucoup d'analogie avec Neith.

Talchaka, Sans. — L'un des princes des Nagas, lesquels habitent le Patala.

Talisman. — Objet quelconque consacré par certaines cérémonies et qui porté par une personne, la protège dans une certaine mesure de malheur, d'accidents, ou même peut lui porter bonheur dans ses entreprises. — On comprend d'après ce qui précède, combien peut être variée la forme des Talismans. — Du reste, les talismans n'ont une valeur véritable, qu'autant que celui qui le porte à foi en cette valeur ; ainsi donc tout réside dans l'intention. — Eliphas Lévi nous dit (1) : « Les talismans ressemblent en cela à la sainte hostie catholique, qui est le salut pour les justes et la damnation pour les pécheurs et qui ainsi, suivant les dispositions de celui qui la reçoit, réalise Dieu ou le Diable.

« La consécration du talisman est un pacte que l'on fait avec le bien, si votre intention est pure et avec le mal, si votre intention est mauvaise. — C'est une mauvaise intention que de vouloir acquérir une puissance exceptionnelle qui vous rende supérieur aux autres hommes, quand même vous ne voudriez user de cette puissance que pour faire du bien, car, suivant la parole de l'Initiateur des chrétiens « celui qui s'exalte sera humilié et celui qui s'humilie sera exalté. »

Un puissant talisman était le sceau de Salomon, voyez PANTACLE.

Talmud et **Thalmud**, Hébr. — Livre qui renferme la doctrine, la morale et la tradition des Juifs ; voyez MISCHNA.

---

(1) Dans le *Voile d'Isis*, n° 116, 10 mai 1893.

Talys, Hind. — Talisman en usage dans le mariage hindou ; suivant la caste à laquelle appartient le couple qui se marie, le Talys est un simple disque d'or sans image, ni gravure, ou bien c'est une petite pièce d'orfévrerie, ou une dent de tigre ou de tout autre animal sauvage.

Tamas, Sans. — Impureté ou obscurité, méchanceté ou ignorance ou même stupidité ; voyez Tatwas.

Tanaquil. — Femme de Tarquin l'*Ancien* qui était très habile dans la science des Augures.

Tanha, Sans. — Insatiable désir d'exister ; ferme volonté de vivre ; c'est Tanha qui fait que bien des moribonds qui allaient trépasser, ont pu prolonger leur existence. Tanha est aussi l'amour de la vie, la force ou l'énergie qui cause les renaissances. — Quand un être a fait ce qu'il faut pour être récompensé ou puni dans l'avenir et qu'il possède *Tanha,* il se réincarne, sous l'influence de Karma. Ce qui renait alors, c'est une nouvelle agrégation des *Skandas* ou personnalités, qui cependant procèdent encore des dernières dispositions morales qu'elles avaient avant de mourir. — Il y a cinq Skandas : *Rupa* (matière), qualités matérielles ; *Védana* (la perception, la sensation) ; *Sanna* (la connaissance, les idées abstraites) ; *Sankara* (la conception, les tendances de l'intelligence) *Vinnana,* (le statuvolisme, la

volonté ou pouvoir mental). Ce sont ces éléments dont nous sommes formés, et c'est par eux que nous avons conscience de l'existence et que nous communiquons avec le monde qui nous entoure.
— C'est Tanha qui dirige le Karma dans la production de l'être nouveau. — Voyez Tatwas et Skhandas.

Tao, Chin. — Matière qui lors de la formation du globe aurait précédé Thaï-Ki, (voy. ce mot) ; ce principe serait identique à Wou-Ki, principe négatif que Lien-Ki dénomme *l'Illimité*, par opposition à Thai-ki, la grande limite, qui fit son apparition sur le globe, après la raison infinie. — Voy. Thaï-Ki.

Taraka, sans. — Mauvais génie hindou aux formes changeantes et diverses, sorte de Protée, qui fut tué par Ramâ.

Taran, Taranis ou Taranos. — Divinité gauloise, sorte de Jupiter qui présidait au tonnerre ; on le nomme aussi *Taranucus* et *Taranuchus*; on le confond même parfois avec le Dieu Thor, le Dieu au maillet.

Tarmad, Voyez Nekaed.

Tarni. — Formule d'exorcisme en usage chez certains peuples et qui passe pour guérir diverses maladies. Les Tarnis sont écrits sur parchemin et doivent être portés par le malade ; c'est, on le le voit, une sorte de scapulaire.

Tarots. — Livre hiéroglyphique basé sur la kabbalah ; on le nomme le *Livre de Toth Hermès* ; il se compose de 78 feuillets ou lames, qui se décomposent en 22 arcanes majeurs et 56 arcanes mineurs. — Aliette, dit *Eteilla,* a fourni sur ce livre des déductions qui ont été plus ou moins copiées par les cartomanciens modernes, par tous ceux, qui se sont occupés du Tarot. — C'est Court de Gébelin qui a démontré dans son *Monde primitif* que ce livre était bien d'origine Egyptienne.

Tarvos Tricaranus, Gaul. — Dieu celte ou gaulois, symbolisé par un taureau, comme le montre notre figure, qui provient d'un bas relief d'un autel gaulois trouvé à Notre-Dame de Paris.

Tatwas, Sans. — Eléments au nombre de sept,

mais que l'homme n'aperçoit qu'au nombre de cinq, par suite de ses sens incomplets. — En Esotérisme, ce terme paraît désigner comme nous allons le voir, les *forces subtiles* de la nature : électricité, magnétisme, aura, son, etc.

Pour définir et faire comprendre les Tatwas nous ferons un emprunt à un livre Hindou fort ancien, au *Sivagama* (1) ; il est écrit dans ce livre : « Parvati, l'épouse de Çiva, dit au Seigneur : Sois assez bon pour me donner quelques informations sur l'Univers ? — Par quelle cause est-il venu à l'existence ? Qui l'entretient dans cette existence ? Qui le perpétue dans sa durée ? Enfin, comment finira-t-il ?

« Et le Seigneur s'en rapportant aux forces subtiles de la nature et ne s'occupant nullement des forces matérielles, le Seigneur répond :

« L'Univers est composé par les Tatwas au nombre de cinq. »

Disons en passant que ceci rappelle tout à fait le Pimander d'Hermès Trimégiste et son dialogue avec Thot, *le Seigneur des Ecrits Sacrés* (2).

---

(1) Le *Sivagama* est un ancien livre Sanskrit dans lequel nous trouvons des théories et des vues scientifiques qui ont une analogie frappante avec certaines découvertes modernes.

(2) On peut lire ce dialogue pages 43 à 50 de notre Isis Dévoilée, ou *l'Egyptologie Sacrée*, 1 vol. in-8° de 304 p. avec un portrait de l'auteur, Paris, Chamuel, 1892.

Les Tatwas, avons-nous dit, sont au nombre de sept, d'après le Sivagama de cinq ou même de quatre seulement, suivant quelques auteurs, qui confondent l'aither et la chaleur en un seul et même Tatwa.

Voici les noms des cinq Tatwas, avec leur couleur, car ces forces sont diversement colorées et c'est là, ce qui a pour nous une grande importance. Nous savons en effet, que le fluide magnétique, force subtile par excellence, possède également des couleurs, de même que le fluide odique ou l'od de Reichembach.

On voit par l'étude que tous ces fluides des forces subtiles ont une commune origine, s'ils ne sont pas identiques.

Voici les noms des Tatwas et leur couleur :

1. Akasa. — Aither....... Noir.
2. Vayu. — Gaz, Essence. Bleu.
3. Tejas. — Chaleur..... Rouge.
4. Upas. — Liquide..... Blanc.
5. Prithivi.— Solide....... Jaune.

Du reste, tout dans la nature ayant son *aura* propre, c'est-à-dire son rayonnement *essentiel* (1) a également sa couleur, non-seulement les idées ont donc leur couleur mais même les mots ; ce dernier fait a été constaté par M. Alfred Binet, directeur-adjoint au Laboratoire de Psychologie

---

(1) Par ce terme il faut entendre liquide subtil, gazeux.

physiologique à la Sorbonne ; voici en effet ce qu'il nous dit à propos d'un calculateur prodige Diamandi (1) : « M. Diamandi a également de l'audition colorée pour les jours de la semaine ; voici les couleurs indiquées : Dimanche : blanc et gris ; — Lundi : marron clair ; — Mercredi : blanc et noir ; — Jeudi : rouge café ; — Vendredi : blanc et noir ; — Samedi : rouge café. »

Pour nous, Diamandi est un haut sensitif, qui non-seulement entend les solutions qu'on lui demande sur des opérations de mathématique, mais il voit, paraît-il, les couleurs des jours. Après cette digression, revenons à notre sujet.

Si les Skandhas et les Tatwas étaient une seule et même chose, on pourrait dire que les skandas supérieurs sont : Akasa, Vayu et Tejas et que les Skandhas inférieurs seraient : Upas et Prithivi. Mais poursuivons notre citation : le Seigneur répondit à Parvâti, épouse de Civa : L'Univers est composé par les Tatwas ; il est soutenu par les Tatwas ; il disparaîtra par les Tatwas.

Les Tatwas sont donc à la fois une création, un entretien ou vie et une destruction. Pour nous qui croyons à l'unité de la matière, les cinq tatwas ne font qu'un, c'est-à-dire sont une force unique, l'akasa ou aither primordial auquel on

---

(1) Dans *Psychologie des grands calculateurs*, page 117, in-8°, Paris, Hachette, 1894.

a donné des noms divers, car l'akasa est composé de potentialités diverses, qui se succèdent dans un ordre décroissant, ce sont des essences de moins en moins subtiles, puisqu'elles arrivent jusqu'à la matière, au solide, à Prithivi.

Mais de même que tout ce qui existe dans la nature, est composé d'un mélange des cinq Tatwas, de même chaque être, chaque chose, chaque idée, chaque pensée a, pour ainsi dire, son Tatwa particulier, c'est-à-dire sa force propre et par suite sa couleur spécifique. Cette émanation particulière qui se retrouve même dans l'homme et qui se nomme *Aura*.

On a donc les Tatwas ou *couleurs primaires* et les Tatwas ou *couleurs secondaires*, qui ont chacun leur nuance propre et déterminée ; le bleu et le rouge fournissent suivant la combinaison de leurs proportions : le pourpre, le violet plus ou moins foncé, etc., etc.

Mais ces couleurs et ces nuances ne peuvent être perçues que par les hauts sensitifs, par un yogui par exemple ; cependant par suite d'un long entraînement, par une forte volonté et une pratique constante, tout le monde peut apercevoir ces nuances, en développant son *sixième sens*.

On voit d'après ce qui précède que les Skhandas et les Tatwas se ressemblent beaucoup et de là à conclure que ces deux termes expriment la même chose, bien des lecteurs pourront le penser et cependant nous n'oserions donner la même conclusion ; car la matière étant unique peut par une alliance quelconque, un changement de milieu produire des potentialités extrêmement diverses, comme par exemple la combinaison du bleu et du jaune peut produire deux ou trois mille verts différents ; dans une fabrique de tapis à Nimes, nous avons vu en 1860 une carte d'échantillons contenant dix-huit cents verts.

Nous serions donc disposés à conclure que les Skandas et les Tatwas sont une seule couleur mais de nuance différente. — Voyez Skandhas.

Nous corrigions les épreuves de ce qui précède, quand nous avons reçu le Lotus n° du 27 mai 1895, dans lequel nous trouvons une étude fort savante de M. Guymiot, notre collaborateur à cette Revue, de laquelle étude nous donnerons l'extrait suivant : « Ces éléments sont au nombre de sept et on les nomme Tatouas ; l'homme n'en perçoit que cinq, au moyen de ses sens. Ces cinq Tatouas qui sont de matière subtile se nomment *Akasa*, ayant pour propriété le son, *Vayou*, ayant pour propriété le mouvement et le toucher, résultat du mouvement ; *Tejas*, ayant pour propriété la forme ; *Apas* ou

Jala ayant pour propriété la saveur ; *Prithivi*, ayant pour propriété l'odeur.

« Akasa est l'espace, Vayou l'air, Teja la lumière ou feu, Apas l'eau et Prithivi la terre, mais au plan astral et non au plan physique. Les choses physiques ne sont pas des tatouas distincts, mais seulement leurs combinaisons passagères.

La formule du plan astral, relativement à la constitution de l'homme, est la suite des Tatouas : Akasa, Vayou, Tejas, Jala, Prithivi, ce qui donne en prenant leurs initiales : AVTJP.

« Les trois matières astrales, la Satouasique, la Radjasique et la Tamasique ont la même formule ; l'une désigne les éléments spirituels ou intellectuels, ou, si l'on veut, dans lesquels l'esprit se manifeste, l'autre, les éléments émotionnels et passionnels et la troisième les protyles de la matière physique, produisant celle-ci par leurs combinaisons.

« Les Orientaux, Indous, Chinois et Japonais, ne regardent pas le corps physique comme un élément essentiel de la nature humaine ; ce corps n'est pour eux, qu'un agrégat temporaire de matière physique formé par des énergies contenues dans l'être véritable de l'homme constitué par la matière subtile que nous nommons *astrale*. Ils pensent que l'homme peut vivre hors de son corps physique, tout aussi bien et même mieux que lorsqu'il est dedans. — Pour former la matière physique, les Tatouas astraux sont combinés de la façon suivante : étant donnée une certaine quantité de chaque Tatoua tamasique, elle est divisée en deux parties égales : l'une de ces moitiés reste ce qu'elle est, l'autre est fragmentée en quatre portions : la moitié non fragmentée de chaque Tatoua est un centre autour duquel viennent se grouper un fragment de chacun des autres Tatouas. Il suit de là, que pour apparaître au plan physique, l'Akasa prend la composition suivante : PA AV JA AT, si nous supposons le groupement effectué de gauche à droite dans le sens du mouvement des aiguilles d'une montre, afin d'avoir un système fixe de représentation. Les formules des autres éléments seront analogues et nous donneront pour la manifestation physique de Vayou

AV VT
PV VJ   pour celle de Tejas :   VT TJ
                                 AT TP ;

pour celle de Jala   TJ JP
                      VJ JA

pour celle de Prithivi JP PA
                        TP PV

« La matière physique n'apparaît que par ces combinaisons de la matière astrale tamasique et ne subsiste, qu'autant que ces combinaisons durent ou se renouvellent incessamment.

« La matière physique ne peut exister qu'indépendamment de la matière astrale, dont elle n'est qu'une manière d'être ; il n'y a pas de corps simples physiques comme ceux admis par nos chimistes ; il y a seulement des combinaisons plus ou moins stables de la matière astrale, c'est une des raisons pour lesquelles les Hindous disent que la matière physique est illusoire, comme l'est pour eux tout ce qui n'a pas sa raison d'être en soi-même.

« Les êtres quels qu'ils soient, depuis un caillou jusqu'au plus grand des Dieux, s'il y en a un plus grand que les autres, sont essentiellement comme Substance, une certaine quantité de matière astrale qui se distingue de l'ambiance par une aptitude à grouper, à condenser, de la matière astrale.

« La possession d'un corps physique n'est qu'un accident de leur existence, mais n'a pas d'importance pour leur être lui-même ; sans corps physique, ils sont aussi bien eux-mêmes que lorsqu'ils en sont pourvus. La formule de la constitution astrale de l'homme est AVTJP, d'après les données ésotériques. — Rien en dehors de l'amour-propre humain ne prouve que cette constitution soit la seule possible et que l'ordre dans lequel les Tatouas sont groupés pour constituer l'homme soit l'ordre parfait, absolu. En développant quelques possibilités de cette formule nous trouvons le tableau suivant : et nous n'avons pas grand peine à penser que si la première ligne est la formule de la constitution des hommes, les quatre autres lignes donnent la formule de constitution d'êtres équivalents à l'homme, en rapports avec des aspects différents du plan physique. »

```
AVTJP
ATJPA
TJPAV
JPAVT
PAVTJ
```

Tattwagnyani, Sans. — Celui qui connaît ou discerne du moins, les principes de la nature ou de l'homme, comme l'Atmagnyani est celui qui connaît l'*Atman* ou Soi universel Unique.

Tchakra, Sans. — Roue, sorte de disque, arme enchantée, dont est armé Vishnu. Krischna possède également une arme qui affecte cette forme ; mais les poèmes Indous la nomment *Soudarsana*. Cette arme démontre la haute et ancienne origine celtique, puisque les Gaulois, l'utilisaient comme ornement.

Tchanda, Sans. — Mauvais génie hindou.

Tchandaravali, Sans. — Fille de Vishnu et de Laskmi, qui se maria avec Skanda et prit, dès lors, le nom de Tédjavani.

Tchandika, Sans. — L'une des huit Matris

ou énergies personnifiées des Dieux ; c'est celle qui préside au Nord-Ouest.

Tchandra, Sans. — Un des noms du dieu de la lune ou Soma premier, roi de la dynastie lunaire.

Tchandragupta, Sans. — Fils d'un roi de Magdha et d'une femme Soudra qui monta sur le trône, comme premier roi de la dynastie des Morias, après avoir anéanti ses neuf frères et par suite la dynastie des Manda.

Tchatriya, Sans. — Deuxième fils de Brahma, qui fut le père de la caste des guerriers, seconde classe noble des Hindous, lesquels furent dénommés Tchatriyas ; leur mère se nommait Tchatriyani. — On écrit aussi Kchatriya et Kchatriyani.

Tchétanya, Sans. — Au XIVe siècle, il s'est formé dans l'Inde, une secte de Vichnavas qui n'admet pas les castes et qui eut pour fondateur Tchétanya, qui passe auprès de ses fidèles pour une incarnation nouvelle de Vishnu.

Tchiavana, Sans. — Petit-fils de Brahma, qui épousa Soacanyâ, fille du roi Saryati.

Tchitragupta, Sans. — Secrétaire d'Yama, qui tient le livre, sur lequel sont inscrites les actions humaines ; c'est lui qui efface de son livre le nom de ceux qui vont mourir.

Tchitralika, Sans. — L'une des Apsaras.

Tchitraratha, Sans. — Nom du chef des Gandharvas à la Cour d'Indra.

Tchmunda, Sans. — Emanation de Dourga, épouse de Siva ; elle était sortie de son front toute armée, afin de combattre deux açouras Tchanda et Munda.

Tchoubdaras, Sans. — Ouvriers de Viçouamitra et considérés comme architectes divins.

Tedjavani, voyez Tchandaravali.

Telchines. — Personnifications des rayons solaires, transformées en magiciens, par certains auteurs. Stobée *(Serm.)* dénomme ces personnifications : Βασκανοὶ καίγοντες.

Téléologie. — Science ou *Traité* des causes finales.

Télépathie. — Sous ce terme générique, on comprend aujourd'hui, tout ce qui concerne la transmission de pensées ou de sentiments, sans que la personne qui transmet sa pensée ou son sentiment ait prononcé une parole, écrit un mot ou fait un signe quelconque pour se faire comprendre. Du reste, la télépathie s'exerce de près comme de loin. — Sous le nom d'*Hallucinations télépathiques*, certains savants français abordent l'étude de ces phénomènes curieux de communications de pensée ou de vision, de fantômes, constatés par un nombre considérable de personnes. Ce genre d'étude se rattache, soit à la

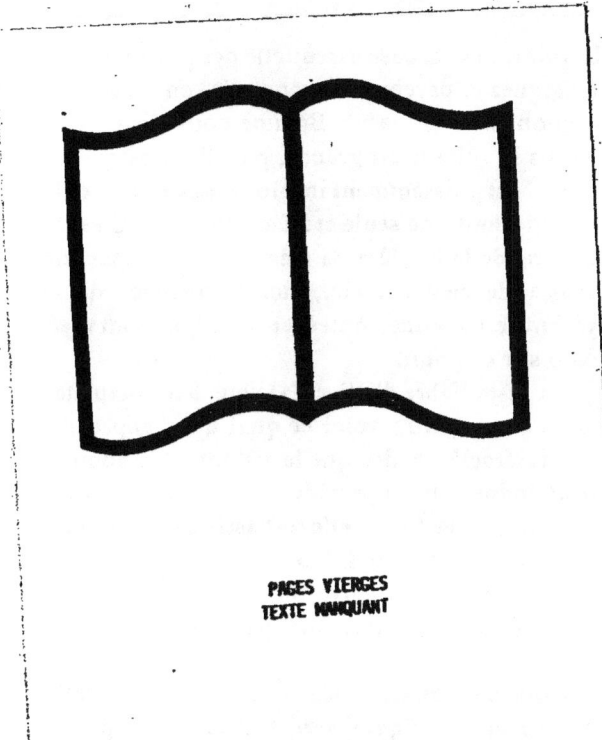

la volonté est la base essentielle des phénomènes, magiques et psychiques, sans elle, on ne saurait rien obtenir. — Jacob Bœhme nous dit (1) que « Plus la volonté est grande, plus l'être est grand, plus il est puissamment inspiré. » « La liberté et la volonté sont une seule et même chose... C'est la source de la lumière, la magie qui fait quelque chose de rien.... etc., etc. L'influence de la volonté est *absolue*, toutes les traditions sont d'accord sur ce point.

Du reste Fabre d'Olivet (2) nous fixe complètement à cet égard ; voici ce qu'il nous apprend :

« Hiéroclès a dit que la volonté de l'homme peut influer sur la providence lorsque, agissant dans une âme forte, elle est assistée du secours du ciel et opère avec lui. »

Cette citation prouve bien la puissance de la volonté ; nous n'avons donc pas à insister sur ce sujet.

Vols ou Voust. — Ce terme dérivé du latin *Vultus* visage, figure, sert à désigner de petites figures ou images de cire employées par les envoûteurs pour agir à distance sur les personnes représentées par ces figures ; voyez ENVOUSSURE et ENVOUTEMENT.

---

(1) Question sur l'âme, XL, *Quest.* 1 et IX, *posdins.*
(2) Vers dorés de Pythagore, Hiéroclès *Aurea Carmina.*

Vrichabaketou, Sans. — Un des noms de Çiva.

Vrichala, Sans. — Epithète de mépris, donnée à Tchandragupta, parce que ce prince était fils d'une Soudrâ.

Vrihaspati, Sans. — Régent de la Planète, dénommée par les Européens Jupiter ; il était fils d'Angiras et prêtre des Dieux ; Tchandra lui enleva sa femme et en eut Bouddha.

Vrikcha, Sans. — Géant de la mythologie hindoue, qui avait une force extraordinaire que lui donnait Çiva, dont il était un adorateur fervent. — Ce géant avait le pouvoir de réduire en cendres tout ce qu'il touchait ; c'est même pour cette faculté, qu'on le surnomme Vasmaçoura, c'est-à-dire *Démon des cendres*.

Vrindha, Sans. — Incarnation de Laskchmi ou Cri. Elle naquit un jour que Naréda, furieux contre celle-ci lui souhaitait de devenir la femme d'un géant ; en effet, Vrindha épousa Djalendra. Voyez Salgrama.

Vrirtchica, Sans. — Scorpion ; voyez Rasi-Tchakra.

Vue, clairvue, claire-vue, voyez Clairvoyance.

Walhalla ou **Walhalhall.** — *Portique des guerriers.*—C'était un palais situé dans le *Glads-Heimour* ou monde de la joie, et dans lequel se rendent les guerriers tués dans les combats.

Walkiries. — Fées Scandinaves.

Walter Scott. — Romancier anglais qui a écrit un volume très-intéressant sous forme de lettres sur la Démonologie et les sorciers.

Wang-Pi, Chin. — Célèbre commentateur chinois de l'ouvrage mystique : Yih-King, voyez ce mot. — Né sous la dynastie des Wéi en 226, il est mort âgé seulement de 24 ans, on considère Wang-Pi comme le fondateur de la science divinatoire moderne. Ce philosophe définit le *Thai-Ki* en ces termes : « L'existence devant précéder la non-existence, Thai-Ki produisit les deux formes élémentaires; c'est le nom de ce qui ne peut être nommé ; mais toutes choses doivent avoir une extrémité ; on l'appelle le *Grand Extrême.*

Wier, Wierus (Jean). — Célèbre Démonographe Brabançon, élève d'Agrippa ; il a écrit un livre latin sur les prestiges des Démons, traduit en français sous ce titre : *Cinq livres* de l'imposture et tromperies des démons, des enchantements et sorcelleries, traduits du latin de Jean Wier, médecin du Duc de Clèves et faits en français par Jacques Grévin de Clermont. Paris, in-8°, 1569. — Le même auteur a publié *Pseudomonarchia Dæmonum*, curieux traité des lamies, qui a fourni de nombreux matériaux aux démonographes.

Willas. — Jeunes et belles fées analogues aux Roussalkis des Slaves ; elles portent une belle chevelure flottante, de longs voiles blancs et habitent les nues, les bois et les montagnes.

Wiriadika ou **Gneyya,** Sans. — Une des trois sortes de Bouddhisants, c'est celle dont les membres atteignent le moins vite la perfection. — Voyez Panyadika et Saddadika.

Xanh, Anna. — Vert ou bleu, les Annamites n'ont qu'un terme pour désigner le bleu ou le vert ; du moins les indigènes dont les villages sont loin des centres des civilisations. Les lettrés au contraire, ont distingué le mot bleu de vert ; ils disent par exemple *Xanh da gioi*, ce qui signifie littéralement bleu comme *la peau du ciel*. *Xanth là cam* signifie vert ; littéralement comme la feuille de l'oranger.

Xéiroscopie. — Nouvelle science imaginée par un docteur allemand, M. Sargenhœnig d'Iéna, laquelle science consiste dans l'examen de l'anatomie de la main ; c'est de la disposition de la saillie des muscles de la main que notre Teuton prétend tirer des inductions sur le tempérament et sur le caractère des hommes ; il prétend également que son système est bien supérieur à la chiromancie et même à la cranioscopie. — Il vaudrait mieux écrire *Cheiroscopie*, puisque la racine du mot et χειρ main.

Xikouani. — Esprits japonais qui protègent les enfants et les jeunes gens.

Xilomancie et **Xylomancie.** — Divination au moyen de fragments de bois. — Le devin examine la juxtaposition des fragments de bois qu'il rencontre sur sa route, la combustion de branches ou celle du bûcher dans le feu, etc.

Yab-yum-chud-pa. — Ce terme probablement tibétain signifie littéralement, *le Père qui embrasse la Mère*. C'est un Dev ou génie *(Dragshod* en Tibétain) qui combat les démons, assiste les hommes dans les luttes morales qu'ils ont à soutenir. C'est une divinité primitive du Tibet acceptée, paraît-il, par le Bouddhisme. — On peut voir deux ou trois représentations de yab-yum au Musée des religions du Trocadéro, à Paris.

Yajna, Sans. — La yajna (sous-entendu vidya) est la connaissance des pouvoirs occultes que, par certaines cérémonies ou certains rites, on peut tirer de la nature. — Martin Hauge nous dit (1) : « D'après les Brahmanes, la yajna existe de toute éternité, car elle se trouve latente dans l'Unité suprême. C'est la clef de la TRAIVIDYA, la science trois fois sacrée, contenue dans le Rig-véda, qui enseigne les *yagus* ou Mystères des sacrifices. La yajna existe en tout temps à l'État invisible ; elle est comme l'électricité statique dans une machine électrique, ne demandant qu'une occasion de se manifester. On suppose qu'elle monte de l'*Ahavaniya* ou feu du sacrifice jusqu'au ciel formant ainsi une échelle à l'aide de laquelle le sacrificateur peut communiquer avec le monde divin et y monter même pendant sa vie. »

Yama, Sans. — Fils de Suria et de Sati, ou d'Aditi et de Kaciapa, l'un des huit vaçous de la hiérarchie brahmanique. Il est considéré comme le Dieu de la nuit et des Enfers. Le lieu de sa

---

(1) *Aitareya Brahmana.*

résidence est dénommé Yama-Loka. Ce terme signifie *celui qui retient ;* Yama est le frère jumeau de Yamuni, il personnifie le premier couple humain ; on le représente monté sur un Buffle, tenant d'une main un sceptre et de l'autre une corde ou *Lasso* ; voy. notre figure.

Yama-Loka ou **Yama-Pur**, Sans. — Enfer hindou, résidence du vaçou yama. Avant d'arriver dans ce lieu des ténèbres, l'âme est jugée et, suivant qu'elle a suivi une des trois impulsions dont nous allons parler, elle est dirigée en des lieux divers. — Si l'âme a obéi à Satoua (la vérité) elle s'élève vers les Swargas, mais si elle a suivi les impulsions de Raga (passion) ou de *Tanna* (Ténèbres) elle descend aux enfers. — De même que les trois grandes impulsions peuvent avoir des nuances variées, de même le yama Loka comporte des divisions diverses : vingt-une suivant la mythologie hindoue ; voici leurs noms : Tamisra, Andha-tamisra, Mahouraoura, Raourava, Naraka, Kalaçouta, Mahanaraka.

Sandjivana, Mahafitchi, Tapana, Sampratapana, Sanhata, Sakokola, Koudmala.

Poutimrittika, Lohasaukou, Ridjicha, Panthana, Salmala, Acipratravana, Lohangaraka.

Yamouna, Sans. — Déesse hindoue, sœur de Yama et fille de Suria. — Cette divinité passait pour une personnification de la Djemnah, affluent du Gange.

Yâna, Sans. — Ce terme signifie littéralement *Véhicule*. — Le Bouddhisme du Nord nomme deux écoles religieuses et Philosophiques : grand véhicule *(Mahayâna)* et petit véhicule *(Hinayâna)*.

Yang, Chin. — Principe masculin, actif, chaud, lumineux, l'essence du soleil, *le Grand mâle* (Thaiyang) ; on le représente par une simple ligne forte (Kang).

Yao ou **Tcheou**, Chin. — Commentaire détaillé, composé par le fils de Wan ou Wen-Wang, sur les hexagrammes connus sous le nom de Yih-King ; voyez ce mot.

Yasa, Sans. — Jeune et riche hindou, qui un des premiers adopta, avec son père, les préceptes de Bouddha, c'est-à-dire qui embrassa la religion Bouddhique.

Yeux, voyez Œil.

Yih-King, Chin. — Ce terme désigne le cercle des permutations entre les forces naturelles représentées par les changements de place des lignes qui composent les hexagrammes ou Emblèmes ; ceux-ci au nombre de 64 sont formés de six traits superposés. Klaproth et de Rémusat les attribuent à un Empereur antédiluvien nommé Fou-Hi, qui vivait 3,082 ans avant J.-C. Cet Empereur aurait puisé l'idée de ces emblèmes dans le ciel étoilé.

D'autres auteurs nous apprennent qu'un dragon ailé sortit du fleuve Ho devant Fou-Hi, et que le sage aurait construit ses figures d'après le dessin que présentaient les écailles de l'animal.

Aux hexagrammes connus sous ce nom de Yih-King sont joints :

1° Un sommaire explicatif (le *Thouan*) attribué à l'empereur Wan ou Wen-Wang, qui vivait vers 1143 ans avant J.-C. ;

2° Un commentaire détaillé de Yao-Tcheou composé par le fils de cet empereur, le prince Yao ou Tshou-Kong ;

3° Sept appendices ou *Kouan*, dénommés aussi les dix ailes et dont Confucius serait l'auteur.

Malgré de savants commentaires et les travaux de Sinologues distingués, le Yih demeure incompréhensible pour le profane. Aussi quelques auteurs l'ont traduit sans le commenter, d'autres le considèrent comme un Recueil d'enfantillages ; ceux-ci comme le Lexique d'une langue primitive. Il est probable que ces figures étaient accompagnées d'un texte qui doit avoir été perdu, soit lors du grand autodafé littéraire, qui eut lieu à la fin du III° siècle avant J.-C. sur l'ordre du tyran *Rhin*, soit que des Initiés l'aient retiré de la circulation. — Quoiqu'il en soit comme tous les livres occultes, le Yih-King possède un triple sens : divin, cosmique et humain.

Les chinois modernes le considèrent comme un Traité de divination et comme une sorte de Cryptogramme contenant, à les en croire, toutes les lois de l'Univers. Ce qui est certain, c'est que c'est un document qui remonte à une antiquité très reculée.

Yin, Chin. — Principe féminin, passif, froid, obscur, la lune, la *Grande femelle* (Thai-Yin). On la représente par une ligne segmentée, ligne faible *(Zan)* — — —. Ne pas confondre ce terme avec *Yih*.

Yliaster. — Ce terme est employé par Paracelse pour traduire *Anima Mundi*, l'âme du monde.

Yoga. — Philosophie ou système qui a pour but de donner à celui qui le pratique le pouvoir de s'abstenir de manger et de respirer pendant un temps très-considérable et le moyen de devenir insensible à toutes les impressions extérieures. — La yoga est l'un des six systèmes de la doctrine hindoue. — Les mystiques de l'Inde dénommés *Yoguis* ou *Yoghis* parce qu'ils pratiquent la yoga, habitent dans des demeures souterraines *(Goup-ha)* ; ils s'abstiennent de sels dans leur nourriture, mais sont extrêmement friands de lait qui est leur principale nourriture. Ils ne promènent que la nuit, ont les mouvements très-lents ; ils ont deux postures principales appelées *Padmasâna* et *Sidhâsana*, ces deux postures leur permettent de respirer le moins possible. — Quand les yoguis sont arrivés à pouvoir se tenir pendant deux heures dans ces postures, ils peuvent alors commencer à pratiquer le Prânâyâma ou phase de *Transe volontaire*, qui est généralement caractérisée par une transpiration abondante, par des sortes de frissons ou tremblements dans tout le corps et un sentiment de légèreté corporelle qui leur fait pressentir ce que peut être la *Lévitation*. Arrivés à ce point de l'entraînement, le yogui pratique le *Patyahara* ou phase d'auto-magnétisation, durant laquelle toutes les fonctions des sens sont suspendues ; aussi le corps peut-il passer bientôt par un état cataleptique dénommé *Dyâna*, dans lequel les yoguis sont clairvoyants. Enfin, ceux-ci atteignent l'état de *Samâdhi*, dernière phase de l'auto-trance, ce qui donne au Yogui, le pouvoir de se passer de l'air atmosphérique et de n'avoir besoin, ni de nourriture, ni de boisson.

Il peut alors hiverner comme la chauve-souris la marmotte, le hérisson, le hamster, le loir et autres animaux.

Disons en terminant, qu'il y a deux états de Samadhi, dénommés respectivement *Samprajna* et *Asamprajna* ; dans le premier de ses états, on peut arrêter les mouvements de son cœur et de ses artères à volonté, et mourir ou du moins expirer à son gré, puis revivre ; dans l'Asamprajna, le yogui ne peut ressusciter qu'avec l'aide de personnes qui le manipulent avec de l'eau chaude et lui remettent la langue en place, après l'avoir retirée du pharynx.

Yoga-Vasishta, Sans. — Ouvrage classique de la Philosophie *Adwaita*, dans lequel on trouve des choses fort curieuses, entre autres, de nombreux récits au sujet de personnes mortes, qui sont restées attachées aux demeures qu'elles habitaient pendant leur vie, le *linga sarira* ou corps de désir, n'ayant au moment même de leur mort manifestée qu'une chose, celle de rester dans leur demeure.

Yogi, Yogui et **Yoghi,** Sans. — Sorte d'ascète qui par un entraînement dénommé *Yoga* arrive à posséder des facultés peu communes parmi les hommes ; ce terme est trop souvent considéré comme synonyme de Fakir ; celui-ci est au yogui, comme un prestidigitateur ou un escamoteur est à un haut sensitif, à un excellent médium. Il est très souvent question des yoguis dans la *Bagavad Gîta*, ainsi dans la yoga de la science (Sl. 25 et 26), nous lisons : « Parmi les yoguis, les uns s'asseoient au sacrifice des Dieux ; d'autres dans le feu Brahmanique, offrant le sacrifice par le moyen du sacrifice lui-même. — Ceux-ci dans le feu de la continence offrent l'ouïe et les autres sens ; ceux-là dans le feu des sens font l'offrande du son et des autres objets sensibles.

Le yogui doit posséder trois conditions ou états de conscience ; ce sont: *Djagrat,* la veille, *Swapna,* le rêve et *Soushoupté* le profond sommeil ; ces trois conditions mènent à une quatrième dite *Etat Turiya,* qui est au-delà de l'état sans rêve, l'état suprême, celui de haute conscience spirituelle.

Aussi le yogui arrivé si haut, ne doit plus renaître, comme nous le dit la *Bavagad Gîta (Yoga de Dieu VIII,* s. 15, 16) : « L'homme qui ne pensant à nulle autre chose se souvient de moi sans cesse, est un Yoghi perpétuellement *un* et auquel je donne accès jusqu'à moi. — Parvenues jusqu'à moi, ces grandes âmes qui ont atteint la perfection suprême ne rentrent plus dans cette vie, périssable séjour de maux. — Les mondes retournent à Brahma, ô Ardjouna ! mais celui qui m'a atteint ne doit plus renaître. »

Il est une expression hindoue que nous devons expliquer ici ; le Yogui doit souvent monter *Hamsa* (oie ou cygne), c'est-à-dire méditer sur le terme sacré AVM. La lettre ou plutôt la syllabe sanskrite A est considérée comme l'aile droite de Hamsa, U comme l'aile gauche, M comme la queue et l'ardhamatra (le demi mètre) comme sa tête. Voilà ce que nous apprend la *Nada-Bindou Upanishad* (Rig-Véda) :

Certains mystiques de l'Inde placent dans Kala-Hamsa, sept plans d'êtres, les sept Lokas ou Mondes spirituels. Kala-Hamsa, le cygne hors du temps et de l'espace, qui devient le cygne dans le temps, lorsqu'il devient Brahmâ, au lieu de Brahma (neutre). D'après le même ouvrage : « Un Yogui qui monte Hamsa n'est pas affecté par les influences Karmiques, ni par les milliards de péchés. »

Voici ce que nous dit le *Dnyaneshwari*, le plus beau traité mystique : dans le 6ᵉ Adhyaya, le corps du yogui devient comme formé de vent, comme « un nuage d'où les membres auraient poussé ». Après quoi « le yogui aperçoit les choses qui sont au-delà des mers et des étoiles ; il entend le langage des Dévas et le comprend, et perçoit ce qui se passe dans l'esprit de la fourmi. »

Voici résumé, d'après la Bagava-Gita, ce qu'est le véritable Yogui :

L'homme qui se complaît dans la connaissance et dans la science, le cœur en haut, les sens vaincus, tenant pour égaux le caillou, la motte de terre et l'or, a pour nom Yôgî ; car il est Uni spirituellement.

. . . .

Que le Yôgî exerce toujours sa dévotion seul, à l'écart, sans compagnie, maître de sa pensée, dépouillé d'espérances.

. . . .

Le cœur en paix, exempt de crainte, constant dans ses vœux comme un novice, maître de son esprit, que le Yôgî demeure assis et me prenne pour unique objet de sa méditation.

Ainsi continuant toujours la sainte extase, le Yôgî dont l'esprit est dompté, parvient à la béatitude, qui a pour terme l'extinction et qui réside en moi (yoga de la soumission de soi-même, VI. 8, 9, 10, 14, 15.) et plus loin (19), le même ouvrage nous dit : « Le Yogui est comme une lampe qui, à l'abri du vent, ne vacille pas, lorsque, ayant soumis sa pensée, il se livre à l'Union Mystique. »

Yug ou **Yuga**, Sans. — Long espace de temps, une division du Pralaya ou Manvantara ; voyez ces mots.

Il y a quatre yugas, le Crita-yuga, le Tetra-yuga, le Dvapara-yuga et le Kali-yuga ou l'âge noir, lesquels réunis forment une période de temps, dénommée Manvantara, qui embrasse 4,320,000 ans.

Zanyade, Pers. — Ange ou Génie de la mythologie Parsi, qui gardait des vierges, aux yeux noirs, à la disposition de ceux qui obtenaient le paradis. C'était donc comme les houris du Paradis de Mahomet ; celles-ci, en effet, étaient des vierges divines, dont l'amour doit récompenser la vertu et la foi des vrais *Croyants*. La chair du corps de ces jeunes vierges sent le musc, le safran, l'encens et l'ambre. Leur front est radieux et elles possèdent une voix douce et harmonieuse.

Les vierges placées sous la garde de Zanyade sont comme les Houris du Paradis musulman divisées en quatre classes distinguées par quatre couleurs : blanc, vert, jaune et rouge ; elles jouissent d'une éternelle virginité. Comme on voit, Mahomet a emprunté l'idée des Houris à la mythologie Parsi.

Zelem. — Êtres purement psychiques, desquels Loriah nous dit : « Chez l'homme pieux, ces Zelem sont purs et clairs, chez le pécheur, ils sont troublés, sombres et même noirs.

Zervane-Akérène, Pers.—Ce terme signifie la durée incréée : l'éternité.—On ne le trouve que dans un passage pehlvi du Boundehesch, livre Mazdéen, d'une rédaction fort postérieure à l'*Avesta*, Zervane n'est pas comme l'ont écrit divers mythographes une puissance placée au-dessus d'Ormuzd et d'Ahriman. D'après Burnouf et le Vendida-Sadé, Zervane-Akérène voudrait dire Ormuzd a créé « dans le temps incréé. » — Cf. Em. Burnouf, *Commentaires sur le Yaçna*, p. 555.

Zizis, Héb. — Noms que les juifs modernes donnent à leurs phylactères.

Zodiaque. — Espace de ciel que le soleil parcourt dans l'année, lequel espace est divisé en douze parties, qui contiennent chacune une constellation. Ces douze parties du ciel sont représentées par des signes dits *zodiacaux*, lesquels signes symbolisent la Divinité. « Depuis les temps les plus reculés la Divinité suprême, nous dit le Dr Pascal (n° 138 de la Cvriosité), a été sans cesse représentée par la figure du signe zodiacal dans lequel le soleil se trouve à l'équinoxe du printemps. Or, chaque année le soleil entre sur un point un peu en arrière de celui dans lequel il se trouvait l'année précédente : on appelle ce retard la *Précession des Equinoxes*. Au bout de 2150 années, le recul est équivalent à l'étendue de l'un des signes du zodiaque, et, comme il y a 12 de ces signes, après 25,900 ans, le soleil est revenu, au moment de l'équinoxe du printemps, au point du ciel qu'il occupait 25,900 ans auparavant.

« En calculant de cette manière, on voit que, 4.000 ans avant J.-C., le soleil entrait à l'équinoxe du printemps, dans le signe du *Taureau*. A ce moment la Divinité était partout représentée sous le symbole du bœuf: en Egypte, dans l'Inde, en Assyrie, en Phénicie, dans toutes les nations civilisées.

« Le bœuf *Apis*, sur la terre des Pharaons et *Nandi*, sous le ciel de l'Inde en sont restés les deux types les plus populaires. Quelques auteurs chrétiens, pour rapetisser un symbolisme qu'ils ne pouvaient comprendre, ont essayé de l'expliquer par le côté phallique, oubliant que ces bœufs étaient les emblèmes de la pure création cosmique et non humaine. Nandi et Apis, en effet, étaient blancs et hermaphrodites, ce qui, pour tout étudiant de la symbologie sacrée, délimite nettement leur place ; il n'y a de phalliques que les divinités lunaires, et ceux qui compareront Osiris avec Jéhovah sauront dans quel rang ils devront placer chacun d'eux.

« Deux mille ans plus tard, vers 1707 avant J.-C., la Précession équinoxiale faisait rentrer le soleil à l'équinoxe du printemps, dans le signe du *Bélier*. Moïse régnait alors sur le peuple hébreu et, en Initié des sanctuaires égyptiens, il suivit la loi et obligea son peuple, malgré sa résistance, à adopter le symbole nouveau du Dieu de l'univers.

« L'agneau, — le fils du bélier, le fils de Dieu, — prévalut chez les Hébreux ; les autres peuples prirent le Bélier. C'est ce dernier qui représentait Ammon et plus tard Zeus et d'autres divinités nationales ; c'est pourquoi aussi Moïse est représenté avec deux cornes sur la tête, car il était le chef spirituel de son peuple et, comme tel, il avait droit à ce symbolisme.

« Les Initiés des temples païens savaient comme Moïse que 2.000 ans après, le soleil passerait dans le signe des *Poissons* et que, dès lors, le poisson deviendrait le glyphe de la Divinité Suprême. Déjà les Phéniciens avaient le culte de Dagon, l'Homme-poisson, ce dont les chrétiens ont fait, plus tard, Jonas dans la baleine ; mais, comme on était sous le règne du Taureau à cette époque, ce culte devait être l'héritage des peuples émigrés de l'Atlantide et avait dû se perpétuer de génération en génération depuis le dernier passage du soleil dans les poissons, 20.000 ans auparavant. De là aussi, sans doute la première incarnation de Vishnu en poisson *(matsya)*. Les Chaldéens avaient Oannès, c'est-à-dire Dagon, le même homme-poisson que les Phéniciens et les Juifs, rapportèrent de leur captivité de Babylone, le nouveau signe mystique du Messie futur : le poisson.

« *Dag*, signifie : Messie. Arbanel dit que ce Messie devait naître au moment de la conjonction de Saturne et Jupiter dans le signe des poissons, ce qui est une réminiscence travestie de l'entrée du Soleil dans ce signe. Les chrétiens adoptèrent cet hiéroglyphe comme symbole du Christ et un amulette chrétien, très commun au Moyen-Age encore, était formé de trois poissons placés en triangle et surmontés de cinq lettres grecques. Sur les tombeaux des catacombes se trouvait gravée fréquemment la *Vesica piscis*(1), qui n'est qu'une représentation du signe zodiaque des poissons. Parmi les symboles que Saint-Clément recommande aux chrétiens de choisir spécialement, se trouve celui du poisson.

« Ce symbole, pourtant, a été pris trop tôt ; pour rester d'accord avec la science des Hiérophantes initiés, le christianisme aurait dû attendre le cinquième siècle de notre ère avant de l'adopter, car le soleil n'est entré à l'équinoxe du printemps, dans le signe des Poissons, que vers l'an 440 après J.-C. De plus, il n'a été adopté définitivement ; celui de l'agneau a prévalu ; il ne reste

---

(1) Au sujet de la VESICA *piscis*, consulter le DICTIONNAIRE DE L'ARCHÉOLOGIE ET DES ANTIQUITÉS *chez les divers peuples*, p. 561, v° VESICA. — In-18, Paris, Firmin-Didot.

guère aujourd'hui que la mitre comme souvenir du poisson mystique ; elle couronne nos évêques et a la forme d'un museau de tanche.

« Vers l'an 3.200, le soleil entrera dans le *Verseau* et la prophétie symbolique de l'Evangile sera réalisée : « Vous rencontrerez un homme portant un vase d'eau. » C'est bien, en effet, la figure du verseau.

« Deux mille ans plus tard, la terre sera régie par le *Capricorne*, le bouc honni de Mendès, qui figure le pentagramme renversé, signe de la magie noire qui prévaudra alors parmi les hommes.

Nous avons essayé de présenter ici en quelques lignes, la raison *astronomique* des symboles zodiacaux de la Divinité ; il est six autres raisons qu'il faudrait donner encore pour avoir l'explication complète de ce fait bizarre en apparence ; l'on verrait alors combien profonde était la science des temples hindous, chaldéens, égyptiens, étrusques et grecs, et combien déchue celle des représentants des religions modernes qui sont affublés d'ornements symboliques dont ils ignorent la signification et qui ont perdu la clef des Mystères qu'ils enseignent. »

Zodiaque des Brahmes, voyez Rasi-Tchakra.

Zohar, Héb. — Un des livres fondamentaux de la Kabbalah, c'est là, la véritable orthographe, mais l'usage a prévalu d'écrire Sohar, v. ce mot.

Zoroastre. — Réformateur mythique du Mazdéisme.

On ne sait absolument rien de certain, sur la vie de ce grand philosophe. On ne connaît même pas l'époque de sa naissance et celle de sa mort. Il existe de si nombreuses légendes sur ce personnage qu'il est bien difficile, pour ne pas dire impossible, de démêler le vrai du faux, de ce qui est historique ou légendaire. — Nous allons essayer cependant de nous rapprocher le plus près de ce qui est la vérité, nous étayant pour cela, sur les auteurs anciens, plutôt que sur les nombreuses légendes qui ont pris naissance dans les poésies Persanes du Moyen-Âge; puis, nous parlerons de la *Doctrine* prêchée par Zoroastre et répandue autour de lui dans un rayon assez étendu.

Disons, tout d'abord, que les livres sacrés de la Perse nomment ce philosophe *Zarathustra* ou Etoile d'or, en Zend *Zérétochtro*, astre d'or. — Comme bien des prophètes, avant leur naissance, un devin prédit la haute destinée qui l'attendait. Mais à quelle époque est-il venu au monde?

Les mages nous disent que c'est mille trois cents ans après le Grand Déluge.

D'après les auteurs Grecs, Eudoxe cité par Pline, fait naître Zoroastre 6000 ans avant

Platon ; Plutarque 5000 ans avant la guerre de Troie, tandis que Suidas se contente d'indiquer seulement 500 ans. Après avoir cité Eudoxe, Pline, finit par conclure que le Prophète vivait quelque temps avant Xercès. De son côté, Justin nous dit que le législateur des Perses vécut du temps de Ninus, c'est-à-dire treize siècles avant le grand Sardanapale. — Apulée le fait contemporain de Cambyse et nous apprend que Pythagore a été son disciple. Un philosophe, Porphyre, et un Père de l'Eglise, Clément d'Alexandrie le font naître à l'époque de Cyrus, tandis que Ctésias le fait vivre à l'époque de Darius, fils d'Hystaspe.

Dans quel pays serait né Zoroastre ?

Sa patrie aurait autant varié que la date de sa naissance ; en effet, on l'a fait successivement chaldéen, assyrien, perse et mède, et chacune de ces versions a, pour elle, des autorités dignes de foi, car nous retrouvons les mêmes auteurs que nous avons cités ci-dessus, savoir : Suidas, Pline, Platon, Clément d'Alexandrie, Justin et d'autres encore. Nous n'insisterons pas plus longuement sur les faits et relations hypothétiques concernant notre législateur et nous nous bornerons à rapporter la version la plus accréditée sur Zoroastre, version qui nous paraît aussi la plus plausible ; la voici : Zoroastre naquit en Perse, il aurait étudié sous le prophète Daniel et aurait longtemps vécu en solitaire dans une retraite cachée, partageant son temps entre l'étude et la contemplation des astres. Sa retraite était une caverne de la Médie. C'est dans la solitude qu'il lui vint à l'esprit de réformer la religion des Mages et c'est pendant le règne de Darius, fils d'Hytaspe suivant Ctésias, après vingt ans de retraite qu'il voulut commencer la réforme du peuple Persan, en gagnant tout d'abord Darius à sa cause. Ce monarque régnait depuis plus de trente ans, quand Zoroastre se présenta à lui pour lui lire et lui expliquer le Zend-Avesta, qu'il avait écrit dans sa solitude, dans lequel livre il avait résumé toute sa doctrine. Il avait écrit son livre sur douze cents peaux formant douze volumes, qui contenaient vingt-un Traités appelés *Nosks* et ayant chacun un titre spécial. Dans le seizième, dénommé *Zerdoutschnama*, Zoroastre a écrit sa vie. Il est bien fâcheux qu'on ait perdu la plupart de ces traités, par exemple celui contenant l'autobiographie du Prophète, car il nous aurait fixé sur son compte. Suidas nous apprend que quatre livres traitaient des choses naturelles, des pierres précieuses entre autres et un cinquième d'astrologie.

D'après Pline, le Zend-Avesta renfermerait un *Traité d'agriculture* et un livre sur les *Visions* de Zoroastre. — Après la mort de son auteur, un mage abrégea le *Zend-Avesta;* cet abrégé fut écrit en persan vulgaire et fut intitulé le *Sad-Der* ; le Dr Hyde en a donné une traduction latine. Le vingtième livre aurait été un *Traité de médecine,* du moins au dire d'Eusèbe ; une partie de son *Traité des oracles* est parvenu jusqu'à nous. Pic de la Mirandole a même prétendu posséder un manuscrit chaldéen de ce traité avec des commentaires également chaldéens.

Abordons maintenant la doctrine Zoroastrienne. Suivant l'esprit du Mazdéisme, Ormuzd n'a rien produit que de bon, cela est évident, non seulement par l'aspect de l'Univers terrestre, mais en contemplant aussi l'ensemble des mondes. Et cependant le monde renferme un principe du mal; d'où donc provint-il? La doctrine de Zoroastre nous dit qu'Ormuzd n'avait pas plutôt ordonné l'harmonie de l'Univers qu'Ahriman fit son apparition et refusa d'accomplir la parole *(Honover)* c'est-à-dire de ceindre le *Kosti* ou cordon sacré et de s'humilier devant la toute-puissance et la toute-bonté. De là naquit la lutte entre les deux principes : le bien et le mal; aussi dès qu'Ormuzd fait quelque chose de bien, Ahriman crée quelque chose de mauvais. Ainsi Ormuzd crée le taureau *Aboudad,* qui contenait en germe toute matière, aussitôt Ahriman, expulsé du ciel, se transforme en serpent et blesse l'animal d'une blessure mortelle. De l'épaule d'Aboudad naît le premir homme Kaïomorts, et les différentes parties de son corps donnent naissance aux races d'animaux bienfaisants et aux plantes utiles, Ahriman de son côté crée les animaux et les plantes nuisibles. Il tue Kaïmorts, mais de celui-ci naît le premier couple Melchia et Meschiane, qu'Ahriman séduit avec des chèvres et des fruits et il leur fit perdre ainsi les béatitudes célestes.

Ormuzd et Ahriman ne luttent pas seuls dans les espaces, chacune de ces puissances, en effet, a son armée qui le seconde, Ormuzd a les Amschaspands et Ahriman les Devs et tandis que les génies bienfaisants s'occupent de faire le bien, les Génies malfaisants les contrecarrent en faisant le mal, ils sont secondés dans leur funeste tâche par les Kharfesters ou animaux impurs. Zoroastre a formulé des prières pour invoquer les Amschanspands et les Izeds et d'autres pour repousser les Devs, auteurs de l'hiver, des maladies et des fléaux de toute sorte. Voici une prière pour la destruction des Kharfesters : « Que pour purifier son âme et expier son crime, le coupable frappe dix mille de ces couleuvres qui marchent sur le ventre et se replient sur elles-mêmes, qu'il frappe dix mille de ces couleuvres à corps de chiens ; qu'il frappe dix mille tortues ; qu'il frappe dix mille grenouilles de terre et autant de grenouilles d'eau ; qu'il frappe dix mille de ces fourmis qui traînent les grains, qu'il frappe dix mille de ces fourmis qui marchent sur une seule ligne (file indienne) et font du mal sur la route ; qu'il frappe dix mille mouches qui se reposent sur les divers êtres. » (Vendidad Farg. 14.) — Telle doit être la conduite de tout fidèle adorateur d'Ormuzd.

Tous les reptiles et les insectes dont il est parlé ci-dessus, ne sont que des sortes de larves ; c'est du moins ce que nous pensons.

D'après la Doctrine de Zoroastre, le châtiment des méchants ne doit pas être éternel ; en effet, quand le Monde approchera de sa fin, Ormuzd enverra le Prophète Socioch afin de préparer les hommes à la résurrection générale. Après cela la comète Gourzcher, traversera l'espace avec une vitesse foudroyante, heurtera la terre et la réduira en cendres ; mais la comète, à son tour, deviendra un fleuve de lave, un torrent de feu qui se précipitera dans le Douzak d'où elle purifiera les âmes des méchants, ainsi qu'Ahriman et ses satellites, c'est alors que naîtra un nouvel Univers pur et parfait dans lequel le chef ou Prince des Devs dira éternellement le *Hanover*.

Si nous comparons les Védas aux Naçkas,

nous y trouvons des traces évidentes d'une communauté de cultes et d'une scission religieuse qui dut se faire à l'apparition de Zoroastre. Cette scission du culte hindou et Aryen date certainement de l'époque de ce réformateur. Suivant la remarque de J. Reynaud, il résulte de ce fait que les deux religions Brahmaïque et Mazdéenne, identiques dans l'origine, se separèrent à une époque dite *Période des Nabâmaȝdista,* ou hommes de la nouvelle loi, période qui se distingua par le culte d'Ormuzd ; c'est cette période que le Rig-Véda symbolise par une prétendue scission entre Manou et son fils Nabhanedichta, enfin d'autres traditions par la guerre des Asuras et des Dévas.

Nous terminerons ce que nous avons à dire sur la religion de Zoroastre en faisant remarquer, que les lieux des sacrifices des prêtres étaient singuliers par leur aspect de nudité. La religion, ne réclamait que des parfums, de l'eau bénite, quelques vases et produits végétaux et surtout le feu immortel, symbole de la Divinité sur la terre.

L'eau était également d'un usage constant dans la liturgie Mazdéenne, parce qu'elle était le symbole de la purification. — Il y avait deux sortes d'eau consacrées pour les libations : l'eau Zour et l'eau Padiave (voy. ces mots.) Enfin le suc du Hom du *Soma* en sanskrit était, plus en-

core que le feu, considéré comme l'image d'Ormuzd, voyez ce mot.

Il ne nous reste plus qu'à dire comment finit
Zoroastre ; ici encore, nous nous trouvons en
présence de nombreuses versions, nous ne donnerons que celle qui nous paraît la plus vrai-
semblable. Nous savons que Zoroastre s'établit
dans la ville de Balk, c'est là, qu'il communiqua
aux Mages la science qu'il avait acquise ; c'est
dans cette ville qu'il aurait été massacré dans
son temple, lors de la prise de la cité par les
scythes orientaux, ayant à leur tête le roi
Argiasp. Ce roi battu dans une première rencontre par Darius, rassembla bientôt une nouvelle armée et défit complètement les Perses
dans le Khoraçan, après la prise et le sac de la
ville de Balk.

Zour, Pers. — La plus puissante des eaux
sacrées, qualifiée par les Naçkas de Reine et de
fille d'Ormuzd, elle était en usage dans la Liturgie Mazdéenne, pour baptiser les enfants et les
néophytes, ainsi que dans le sacrifice de l'Izes-
chné. Voyez Padiave.

Zyzygies. — Terme gnostique, qui sert à désigner les *contraires*, sans lesquels rien ne saurait exister, car ce sont les contraires qui créent la
loi de l'évolution. — En effet, sans les contraires,
pas de souffrances, sans celles-ci pas d'évolution.

— Dans une pile électrique, les Zyzygies sont constituées par le pôle positif et le pôle négatif ; si l'on supprime l'un, on supprime l'électricité ; il en est de même pour l'aimantation, pour l'aimant, en supprimant un pôle on annule l'électricité. — La respiration pulmonaire a ses Zyzygies ; la Systole *(contraction)* et de la diastole *(dilatation)* cardiaques ; la mer a les siennes : le flux et le reflux ; en un mot sont zyzygies les contraires : la veille et le sommeil ; la force et la faiblesse, le jour et la nuit, l'été et l'hiver, la vie et la mort.

Les Zyzygies sont la loi, la grande Loi du Cosmos, aussi ont-elles été symbolisées dans toutes les religions, par des Binaires très divers.

N.-B. — *Une fiche égarée à l'imprimerie pendant l'impression de cet ouvrage, nous a fait omettre le terme suivant dans le tome premier :*

Anggiras, Sans. — Nom de l'un des sept richis ; il était fils de Brâhma et père de Vrishaspati.

Imprimerie des Alpes-Maritimes et de la *Cvriosité*
Rue Saint-François-de-Paule, 16 — Nice

www.ingramcontent.com/pod-product-compliance
Lightning Source LLC
Chambersburg PA
CBHW060050190426
43201CB00034B/647